Das Buch

Spektakuläre Prozesse und aufregende Plädoyers sind seine literarische Stärke: Wie John Grisham ist auch William Bernhardt ein ehemaliger Strafverteidiger und wie dieser mit packenden Justizthrillern bekannt geworden. *Tödliche Justiz* ist die dramatische Geschichte eines jungen Rechtsanwalts, der plötzlich selbst unverschuldet in die Mühlen der Justiz gerät. Ben Kincaid ist nicht gerade ein Staranwalt. In Tulsa, Oklahoma, gibt es nur wenige Anwälte, die Geld und Schlagzeilen machen. Ben Kincaid ist keiner von ihnen, und so nimmt er ohne zu zögern das finanziell sehr lukrative Angebot des Apollo-Konzerns an, in die exklusive Rechtsabteilung des Unternehmens einzutreten. Ben ist ein guter Anwalt, und so gewinnt er mit Bravour auch seinen ersten Fall. Und er gewinnt Feinde und Rivalen. Eines Tages findet er in seinem Büro die Leiche eines ermordeten Kollegen: Der Verdacht fällt auf Ben. Die Polizei gibt ihm acht Tage, um den Mörder zu entlarven. Eine vage Spur führt ihn zu einem obskuren Club, wo mehrere höhere Angestellte des Konzerns Sexorgien mit jugendlichen Prostituierten gefeiert haben. Und drei von ihnen sind innerhalb weniger Tage umgebracht worden. Bens Verdacht, daß in dieser Rechtsabteilung nicht nur Recht gesprochen wird, nimmt monströse Formen an.

Der Autor

William Bernhardt arbeitet als erfolgreicher Anwalt in einer großen Kanzlei in Tulsa, Oklahoma. Er wurde 1993 von der Vereinigung der amerikanischen Rechtsanwälte unter die Top Twenty der jungen amerikanischen Anwälte gewählt.

Sein erstes Buch, *Primary Justice*, erschien Anfang 1992 und erreichte in kurzer Zeit mehrere Auflagen. Im Wilhelm Heyne Verlag liegt als Taschenbuch bereits vor: *Blinde Gerechtigkeit* (01 / 9526)

WILLIAM BERNHARDT

TÖDLICHE JUSTIZ

Roman

Aus dem Amerikanischen
von Peter Meier

Deutsche Erstausgabe

WILHELM HEYNE VERLAG
MÜNCHEN

HEYNE ALLGEMEINE REIHE
Nr. 01/9761

Titel der Originalausgabe
DEADLY JUSTICE

Umwelthinweis
Dieses Buch wurde auf
chlor- und säurefreiem Papier gedruckt.

2. Auflage

Copyright © 1992 by William Bernhardt
Copyright © 1996 der deutschen Ausgabe by
Wilhelm Heyne Verlag GmbH & Co. KG, München
Printed in Germany 1996
Umschlaggestaltung: Atelier Ingrid Schütz, München
Gesamtherstellung: Elsnerdruck, Berlin

ISBN 3-453-09286-4

Für Joe und Barbara

Gesetze sind für ehrliche Menschen unnötig,
von korrupten Menschen werden sie gebrochen.
Benjamin Disraeli (1804–1881)

Auch Anwälte waren vermutlich einmal Kinder.
Charles Lamb (1775–1834)

Prolog

Der schwarze Transporter hielt auf der südlichen Seite der Eleventh Street am Bordstein an. Lächelnd kurbelte der Fahrer die getönte Scheibe herunter. Er war ein gutaussehender Mann – besonders wenn er lächelte.

»Bist du wohl diejenige, welche?« fragte er.

Das Mädchen an der Straßenecke hörte auf, ihren Kaugummi zu bearbeiten. »Kommt ganz drauf an, was du für eine suchst, Süßer.«

»Dich suche ich.«

»Na, dann bin ich vermutlich diejenige, welche.« Das Mädchen erwiderte sein Lächeln und zog eine Augenbraue hoch, um ihrer Botschaft Nachdruck zu verleihen. Sie trug ein enganliegendes, türkisfarbenes Top, eine schwarze Stretchhose und eine schwarze Lederjacke mit Fransen. »Was hast du dir denn so vorgestellt?«

»Ruhe und Frieden. Die Qual soll ein Ende haben.«

»Keine Kleinigkeit. Kostet vermutlich was extra.«

Er zuckte die Schultern. »Das ist allemal billig, egal, was es kostet.«

»Billig? Soll das heißen, ich bin billig?«

»Aber nein, keineswegs.« Wieder lächelte er gewinnend. »Tritt doch ins Licht, schönes Fräulein, damit ich dich besser sehen kann.«

Sie zögerte einen Augenblick, bevor sie auf den Transporter zuging. Im Licht der blinkenden Neonreklamen der Massagesalons und Sexshops waren ihre Gesichtszüge jetzt deutlich zu sehen.

Der Mann musterte sie eingehend. Sein Blick glitt von den widerspenstigen, wasserstoffblonden Haaren über die langen, dünnen Beine bis zu den rotlackierten Zehennägeln hinunter. Weder ihre Kleidung noch ihr Make-up konnten kaschieren, was ihre schlanke, jungenhafte Figur nur zu deutlich verriet: Sie war noch sehr jung, höchstens sechzehn.

Der Mann warf einen Blick auf ein Polaroid-Foto, wobei er es so hielt, daß sie es nicht sehen konnte. Ja, sie war in der Tat diejenige, welche.

»Wie wär's mit einem kleinen Ausflug?« fragte er.

»Gar nicht nötig.« Jetzt, da sie sein hübsches, ehrliches Gesicht sehen konnte, war sie nicht mehr so nervös. »Ich habe oben ein Zimmer.«

»Bestimmt irgend so ein Loch in einem Haus, das aus nichts anderem besteht, wo auf jedem Quadratmeter ein anderes Paar draufloshämmert. Ich finde, wir haben etwas Besseres verdient.« Er machte die Autotür auf. »Steig ein.«

»Das geht nicht.« Beunruhigt zog sie die Stirn in Falten. »Wir dürfen bei keinem einsteigen. Seit letzter Woche sind zwei Mädchen von der Promenade verschwunden. Eine von ihnen habe ich gekannt. Sie hieß Angel.«

Der Mann schien überrascht zu sein. »Was ist mit ihr geschehen?«

»Das weiß man nicht. Aber es gibt Gerüchte ...« Eine Gänsehaut lief ihr über Hals und Schultern. »Ich kann nur hoffen, daß das alles nicht wahr ist.«

»Wann hast du sie zum letzten Mal gesehen?«

»An dem Tag, an dem sie verschwunden ist. Es war ihr Geburtstag. Trixie hat ihr eine Halskette mit einem auseinandergebrochenen Goldherzen geschenkt. Wirklich hübsch. Den Lohn einer ganzen Nacht hat sie dafür ausgegeben. Trixie macht immer so tolle Sachen. Sie ist wirklich süß.«

»Vielleicht ist Angel einfach nur woanders hingegangen«, sagte der Mann mitfühlend. »Wer weiß, am Ende hat sie einen Zipfel vom Paradies erwischt.«

»Ja, vielleicht ... Trotzdem ...« Sie beugte sich vor und berührte ihn am Arm. »Warum kommst du nicht mit rauf? Du wirst es nicht bereuen. Alle sagen, ich bin wirklich gut. Ich mache fast alles. Manche Sachen kosten allerdings was extra.«

»Tut mir leid, aber ich mag nun mal keine Massenveranstaltungen.«

Das Mädchen trat von dem Wagen zurück. »Dann fährst du jetzt besser weiter. Ich soll hier mit niemand reden – außer mit Kunden.«

Der Mann holte seine Brieftasche hervor, entnahm ihr fünf Hundertdollarscheine und legte einen neben den anderen auf das Armaturenbrett. Die gehören dir, wenn du mitkommst. »Ich habe ein Zimmer im Doubletree-Hotel. Nur zehn Minuten von hier.«

Das Mädchen starrte mit offenem Mund auf die Scheine. »Für … wie lange?«

»Um Mitternacht bist du zurück«, log er.

»Ich weiß nicht recht …«

»Nun komm schon. Oder sehe ich aus wie einer, der einem armen, arbeitsamen Mädchen wehtun könnte?«

Unwillkürlich entspannte sich ihr Gesichtsausdruck. Nein, der Mann machte wirklich keinen gefährlichen Eindruck. Im Gegenteil, er war ein richtiger amerikanischer Junge, freundlich und unkompliziert. Einen Mann wie ihn hätte sie nach Hause bringen können (wenn sie noch ein Zuhause gehabt hätte), ohne daß ihr Vater gleich in die Luft gegangen wäre.

Vielleicht war es einfach albern, sich durch irgendwelche Gerüchte einschüchtern zu lassen. Immerhin bot ihr der Mann für eine halbe Nacht mehr Geld, als sie sonst in einer ganzen Woche verdiente. Was der für einen Packen Geld mit sich herumtrug! Der mußte ganz schön reich sein. Man konnte ja nie wissen … Wenn Sie ihm wirklich gut gefiel …

»Also gut«, sagte sie. »Du Charmeur.« Sie ließ sich auf den Beifahrersitz gleiten, schob die Scheine zusammen und steckte sie in den Gummibund ihrer Stretchhose.

»Freut mich.« Er legte den Sicherheitsgurt an, stellte den Rückspiegel richtig ein und ließ den Motor an. »Jetzt erwartet dich das größte Abenteuer deines Lebens.«

»Prima.« Sie streichelte sein Gesicht. »Ich bin schon ganz aufgeregt.« Das war nicht einmal gelogen. Doch sie konnte nicht genau sagen, ob es an dem Mann oder an seinem Geld oder an beidem lag. Aber auf jeden Fall war sie ganz schön gespannt.

Der schwarze Transporter fuhr los und flitzte die Straße hinunter. In der Dunkelheit blieb ihr verborgen, wie sein Lächeln gefror und einem ganz anderen Ausdruck wich. Auch entgingen ihr der schwarze Müllsack, der Seidenschal und das Halsband mit einem abgebrochenen Goldherzen – hinten in dem Transporter.

Erster Teil

Das Gold Tennessees

1

Ben kaute auf seinem Bleistift herum. Es sah überhaupt nicht gut aus.

Der Verteidiger der Topeka Natural Gas Limited hatte soeben die Befragung des hauseigenen Sachverständigen beendet. Der Experte war großartig gewesen: respektgebietend und doch entspannt, selbstbewußt, aber nicht arrogant. Genau so mußte ein Sachverständiger auftreten. Die Jury jetzt noch davon zu überzeugen, daß die geplante Erdgasraffinerie zu einer dauerhaften Schädigung der Lebensräume bedrohter Arten führen würde, war hoffnungslos – es sei denn, Ben fand doch noch einen Weg, den Experten im Kreuzverhör auseinanderzunehmen.

Ben hatte sich zwar Fragen überlegt, doch der Sachverständige hatte vorausgesehen, welche Manöver er versuchen würde, und ihm schon im voraus den Wind aus den Segeln genommen. Daß Christina immer noch nicht aufgetaucht war, machte die Sache nicht besser. Es war zwar nicht ungewöhnlich, daß sie zu spät kam, doch gerade heute morgen brauchte er sie dringender denn je – nicht nur ihre Dienste als Anwaltsgehilfin, sondern auch ihre Intuition und ihre schnelle Auffassungsgabe. Loving, Bens privater Ermittler, hatte sich auch noch nicht blicken lassen. In solchen Situationen wünschte sich Ben, einen Anwaltskollegen anstellen zu können, doch da er ohnehin finanziell gerade so über die Runden kam, war an solchen Luxus gar nicht zu denken. Wieder einmal war Ben ganz auf sich gestellt.

Schwungvoll stellte er seine Aktentasche vor sich hin und ließ die Schlösser aufschnappen. Etwas Schwarzes flog heraus und fiel auf den Boden. Die Richterin blickte auf. »Mr. Kincaid, was liegt da auf dem Boden?«

»Also, das scheint eine Plastikspinne zu sein, Euer Ehren.« Es war wohl allmählich an der Zeit, daß er seiner Katze, Giselle, verbot, in seiner Aktentasche zu spielen.

»Aha. Vermutlich von zentraler Bedeutung für Ihr Kreuzverhör?«

»Nun … man kann nie wissen, Euer Ehren. Beim Kreuzverhör muß man auf alles vorbereitet sein.«

»Verstehe.« Ben war froh, daß die Richterin Hart die Verhandlung führte. Sie hatte wenigstens Humor.

»Um zum Kern der Frage vorzustoßen: Wollen Sie den Zeugen denn ins Kreuzverhör nehmen, Mr. Kincaid?«

»Äh … ja. Auf jeden Fall. Ich habe seitenweise Fragen.«

Die Richterin machte einen überraschten Eindruck. Genau wie Ben hatte offenbar auch sie in den Ausführungen des Zeugen keinerlei Schwachpunkte entdeckt. »Rechnen Sie mit einem zeitraubenden Kreuzverhör?«

»Durchaus möglich, Euer Ehren. Dürfte ich vorher um eine kurze Verhandlungspause bitten?« Damit ich mir ein paar neue Fragen aus den Fingern saugen kann, setzte er in Gedanken hinzu.

»Ich würde sagen, ja. Zehn Minuten Pause.«

Gott sei Dank. Eine Gnadenfrist.

Die Richterin verließ den Saal, die Gerichtsdiener vertraten sich die Beine und streckten sich.

Mit den Augen suchte Ben den Gerichtssaal von oben bis unten ab – und wurde schließlich fündig, als er eine gelbe Strumpfhose erspähte, die ihm bekannt vorkam. Hilfe nahte.

»Christina! Schön, daß du doch noch vorbeischaust.«

»Ich bin gekommen, so schnell ich konnte.« Sie war außer Atem – genau wie Jones, Bens Sekretär, der neben ihr stand. »Hast du den Sachverständigen schon ins Kreuzverhör genommen?«

»Nein, aber in knapp zehn Minuten geht's los. Was hast du denn so gemacht?«

»Gearbeitet, was sonst?« Sie schleifte eine riesige Plakattafel mit sich herum, die ihr bis zu den Schultern reichte, obwohl sie in der Mitte zusammengeklappt war. Christina war nur knapp über einen Meter fünfzig groß. »Bin ich etwa nicht dein getreuer *aide-de-camp*?«

»Verschone mich mit deinem Französisch.« Ben deutete auf die Plakattafel. »Was soll denn das sein?«

»Dein Beweisstück Nummer eins. Suchen wir uns mal eine stille Ecke, wo wir reden können. *Entre nous.*«

Ben folgte ihr in einen relativ ruhigen Winkel des Gerichtssaals. Christina trug einen nicht einmal annähernd knielangen braunen Lederrock, einen Gürtel aus klirrenden Kettengliedern und eine seidig glänzende Bluse. Und bei dieser Aufmachung wunderte sie sich auch noch, warum er sie nicht am Tisch der Verteidigung sitzen ließ!

»Hat Loving irgend etwas herausgefunden?«

»Nein«, antwortete Jones, dessen Augenbrauen ständig auf und ab wanderten.

»Jones, wann geht es endlich in deinen Kopf, daß du Sekretär bist? Keiner erwartet von dir, daß du in finsteren Gassen herumschleichst. Dafür ist Loving zuständig. Deine Aufgabe besteht darin, Anrufe entgegenzunehmen.«

»Mensch, Chef, es ruft ja sowieso niemand an. Außer deinen Gläubigern. Dieser Kopierer-Fritze macht mich schier wahnsinnig.«

»Ich habe ihm doch gesagt, sobald ein bißchen Geld reinkommt, bezahl ich ihn.«

»Ja, aber das ist vier Monate her. Also, Loving war jedenfalls sauer, weil du ihm nicht erlaubt hast, sich direkt mit dem Sachverständigen zu unterhalten.«

»Dem anwaltlichen Standeskodex zufolge ist es mir und meinen Angestellten verboten, Kontakt zu den Zeugen der Gegenseite aufzunehmen.«

»Richtig kaltgestellt ist er sich vorgekommen.«

»Es gibt auch noch andere Methoden, sich Informationen zu beschaffen, als sie aus dem Zeugen herauszuprügeln!«

»Kann schon sein«, brummte Jones, »aber das ist nun mal Lovings Spezialität …«

»Okay«, sagte Ben. »Und was hast du gemacht? Aber wahrscheinlich bereue ich diese Frage gleich.«

»Ich bin dem Sachverständigen nachgegangen, als er gestern abend aus der Anglin-Kanzlei rausgekommen ist.« Anglin war der Verteidiger von Topeka Natural Gas Limited.

»Und wo ist er hingegangen?«

»In einen Seminarraum im Tulsa Junior College.«

»Nun komm schon, Jones, ein bißchen schneller. Ich habe nicht viel Zeit. Hast du herausgefunden, um was es da ging?«

»Das war nicht schwer. In dem Raum ist ab und zu eine öffentliche Veranstaltung, und da bin ich auch schon mal gewesen. Mit Christina.«

Das klang nicht gerade vielversprechend. »Welche zweifellos verdienstvolle Gruppe trifft sich denn da?«

»Die Gesellschaft für Reinkarnation.«

Ben tippte sich an die Stirn. Das war wohl ein Witz.

»Siehst du, Ben!« warf Christina ein. »Sage ich dir nicht schon seit Monaten, du sollst bei Gelegenheit mal zu einer dieser Sitzungen mitkommen? Aber du weigerst dich ja permanent.«

»Ich finde es nun mal nicht sonderlich aufregend, den Abend mit Leuten zu verbringen, die sich einbilden, daß Shirley MacLaine im Raum schwebt.« Er warf einen Blick auf die Uhr. »Ich nehme an, du hast dich um die Sache gekümmert?«

»Na, klar.« Mit einem Schwung warf sie ihre langen rotblonden Haare hinter die Schulter. »Oder glaubst du, was ich getrieben habe? Ich war gestern zwar nicht selber bei der Sitzung, aber meine Freundin Sally Zacharias war dort. Sie sagt, der Experte war ausgesprochen süß, sehr höflich und dazu noch Vegetarier ...«

»Nun schieß dich mal auf unser Problem ein, Christina.« Ben wurde nervös, als er sah, daß die Gerichtsdiener schon wieder zu ihren Plätzen gingen. »Was hast du herausgefunden?«

Sie lächelte. »Schau dir einfach mal unser Beweisstück an.«

Ben griff nach dem Plakat. Irgendwie hatte er ein ganz ungutes Gefühl.

»Mr. Kincaid, können Sie mit Ihrem Kreuzverhör beginnen?« fragte die Richterin.

»Ja, Euer Ehren.«

»Und rechnen Sie immer noch damit, daß es sich hinziehen wird?«

»Nun … möglicherweise komme ich früher als erwartet zum Schluß, Euer Ehren.«

Die Richterin lächelte. »Na, das ist ja erfreulich, Mr. Kincaid. Sie wissen doch – in der Kürze liegt die Würze.«

»Ja, Euer Ehren.« Er ging zum Zeugenstand. »Herr Lindstrom, Sie sind Dr. phil., nicht wahr?«

Schon seinem Äußeren nach war Lindstrom der typische Geisteswissenschaftler – Schildpattbrille, Tweedjackett, Salz-und-Pfeffer-Bart. »Ja, das ist richtig. Zuvor habe ich freilich ein Diplom in Umwelttechnik erlangt mit Schwerpunkt auf toxischen Gasen.«

»Außerdem sitzen Sie in einer Vielzahl von Expertenkommissionen.«

Er schien sich darüber zu freuen, auf seine überaus eindrucksvollen Qualifikationen näher eingehen zu können. »Ja. Des weiteren bin ich Mitglied im Umweltkongreß von Nordamerika.«

»Mit einer Litanei Ihrer zahllosen Stipendien und Auszeichnungen wollen wir die Geschworenen ja sicherlich nicht langweilen?«

Nun wirkte er verschnupft. »Wie Sie meinen.«

»Zudem sind Sie Inhaber eines renommierten Lehrstuhls an der University of Oklahoma?«

»Ja. Ich schätze mich glücklich, daß man mich auf den John-Tailor-Ross-Lehrstuhl berufen hat.«

»Den Löwenanteil Ihres Einkommens beziehen Sie jedoch derzeit nicht von der Universität, oder?«

Er blieb eine Weile stumm. »Also, ich weiß nicht recht, worauf Sie hinauswollen?«

»Sie verdienen doch inzwischen sehr viel mehr in Ihrer Funktion als Sachverständiger vor Gericht, oder nicht?«

»Ich werde hin und wieder um ein Gutachten gebeten …«

»… und zwar stets von rechtslastigen Organisationen oder Firmen, die ein Stück Natur zerstören wollen.«

Anglin erhob sich. »Einspruch.«

Die Richterin nickte. »Stattgegeben.«

»Euer Ehren, es geht mir nur darum klarzustellen, daß der Zeuge in den letzten drei Jahren zwölfmal bei ähnlich gelagerten Fällen für Gerichtsgutachten hinzugezogen wurde und stets zu dem Ergebnis kam, daß die bedrohten Arten durch die Eingriffe in ihren Lebensraum nicht geschädigt würden.«

»Dann sollten Sie dies durch Fragen an den Zeugen klarstellen – und nicht mit umständlichen Statements.«

»Ja, Euer Ehren. Ich komme zum nächsten Punkt.«

Ben wußte, wann man eine Sache auf sich beruhen lassen konnte. Wenn er durch seine Berufspraxis irgend etwas gelernt hatte, dann dies. Im übrigen hatte er ohnehin erreicht, worum es ihm ging. »Dr. Lindstrom, bitte sehen Sie sich dieses Beweisstück an.«

Lindstrom griff nach den Papieren, die bereits als Beweismittel registriert waren.

»Nein, nein, Dr. Lindstrom«, sagte Ben. »Ich möchte, daß Sie sich ein *neu hinzugekommenes* Beweisstück ansehen.

Er klappte das Plakat auseinander und lehnte es an den Tisch der Verteidigung. Es zeigte eine attraktive Blondine in einem weißen Partykleid.

Sowie er das Bild sah, sprang Anglin auf. »Einspruch, Euer Ehren. Was könnte dies zur Klärung der Frage beitragen, ob die geplante Raffinerie umweltverträglich ist oder nicht?«

Die Richterin rückte ihre Brille zurecht. »Auch mir ist das zugegebenermaßen ziemlich schleierhaft …«

»Die Relevanz dieses Beweisstücks wird sich schnell zeigen lassen«, versicherte Ben.

Anglin protestierte noch einmal. »Euer Ehren, mir ist absolut nicht klar, was das soll.«

»Nun ja, das Leben ist ein Abenteuer«, erwiderte die Richterin. »Lehnen wir uns zurück und harren der Dinge, die da kommen werden.«

Widerstrebend setzte Anglin sich. Offensichtlich war ihm gar nicht wohl in seiner Haut.

Ben wandte sich wieder an den Sachverständigen. »Dr. Lindstrom, wissen Sie, wer die Frau auf dem Foto ist?«

»Äh … ich würde sagen, das ist Jean Harlow.«

»Ich würde sagen, Sie haben recht, Dr. Lindstrom. Miss Harlow ist Ihnen keine Unbekannte, nicht wahr?«

Er nestelte an seinem Kragen herum. »Ja ... Ich kenne sie ...«

»Können Sie der Jury sagen, woher Sie Miss Harlow kennen?«

»... Ich war Jean Harlow.«

»Wie bitte?« Ben drehte sich zu den Geschworenen um. »Ich bin nicht sicher, ob die Jury das verstanden hat. Was sagten Sie?«

»Ich habe gesagt, ich war Jean Harlow. In einem früheren Leben.«

Aus den Augenwinkeln sah Ben, wie Anglin auf seinem Stuhl förmlich zusammensackte.

»In einem früheren Leben. Wissen Sie, Doktor Lindstrom, es wäre möglich, daß nicht alle Geschworenen mit diesem Gedanken vertraut sind. Würden Sie bitte erklären, wie man sich das vorzustellen hat?«

Jetzt wandte sich der Experte direkt zu den Geschworenen. »1937 litt Jean Harlow an einer schmerzhaften Entzündung der Gallenblase. Bedrohlich wurde diese Erkrankung, weil ihre Nieren geschädigt waren, seit ihr früherer Ehemann sie auf der Hochzeitsreise mißhandelt hatte. Unglücklicherweise war meine ... war ihre Mutter eine ergebene Anhängerin der Christian Science und verbot Jean daher, sich ärztlich behandeln zu lassen. So lag Jean hilflos im Bett, hatte große Schmerzen und ihr Zustand verschlimmerte sich von Stunde zu Stunde. Schließlich verschaffte sich ihr Verlobter, William Powell, mit ein paar Freunden gewaltsam Zutritt zu dem Haus, trug sie auf seinen Armen hinaus und brachte sie ins Krankenhaus.« Er seufzte. »William Powell. Was für ein Mann!«

Nach einer längeren Pause riß sich Lindstrom aus seinen Träumereien. »Bill hatte getan, was in seiner Macht stand, doch es war zu spät. Jean Harlow starb.«

Ben nickte. »Und was passierte dann?«

Lindstrom beugte sich im Zeugenstand vor. »Sehen Sie, es war für Jean eigentlich noch nicht an der Zeit zu sterben. Sie war ja erst sechsundzwanzig. Im Grunde hatte ihr Leben gerade erst begonnen: Sie war verlobt, wollte heiraten. Man hatte sie um die Chance gebracht, zu leben, zu *lieben* …« Er unterdrückte ein Schluchzen und bedeckte das Gesicht mit den Händen. »Sie war noch so jung.«

Lindstrom machte erst weiter, als er seine Fassung wiedergefunden hatte. »Deshalb erlebte sie eine Reinkarnation. In meiner Gestalt.«

Erst nach einer ehrerbietigen Pause fragte Ben: »Woher wissen Sie das alles?«

»Ich habe mich unter Hypnose daran erinnert.«

»Lassen Sie sich häufig hypnotisieren?«

Sein linkes Auge begann zu zucken. »Von Zeit zu Zeit.«

»Bevor Sie vor Gericht aussagen?«

»Nun, es beruhigt die Nerven … stärkt das Gedächtnis …«

»Stehen Sie auch heute unter hypnotischem Einfluß?«

»Ich bin hellwach und vollkommen in der Lage …«

»Beantworten Sie bitte meine Frage.«

Er verzog beleidigt den Mund. »Ja.«

Bingo. »Nun, Dr. Lindstrom, wie die Geschworenen auf dem Plakat sehen können, waren Sie ein ziemlich steiler Zahn.«

»So war es eben damals in Hollywood. Man hat darauf bestanden, mich auf diese verdinglichende Weise zu fotografieren.«

»Zweifellos. Soweit ich weiß, konnte man Sie häufig in der Gesellschaft von Clark Gable sehen.«

»Ach, ein schrecklicher Mensch. Er hatte falsche Zähne – beim Küssen ganz scheußlich.«

»Tut mir leid, das zu hören. Erzählen Sie uns doch von ihrer Beziehung zu William Powell …«

»Euer Ehren, ich erhebe Einspruch!« rief Anglin. »Mr. Kincaid macht aus dieser Verhandlung eine Zirkusnummer.«

»Schon möglich«, antwortete Richterin Hart. »Den Clown hat aber nicht er in die Manege geführt. Fahren Sie fort.«

Ben registrierte, daß die Geschworenen die Vorstellung sichtlich genossen und sich nur mit Mühe das Lachen verbeißen konnten. Nun hätte es auch nichts mehr geändert, wenn dieser Typ ein Diplom von Gottvater persönlich vorzuweisen gehabt hätte. Mit seiner Glaubwürdigkeit war es aus und vorbei.

»Doktor Lindstrom«, sagte Ben. »Wenn ich mich recht entsinne, hatte Jean Harlow eine Schwäche für kleine Pelztiere.«

Als sich die Jury zur Beratung zurückgezogen hatte, packten Ben und Christina ihre Akten und ihr Beweismaterial zusammen.

»Meinen Glückwunsch, du Könner«, sagte Christina. »Deine Vorstellung war *sans pareil*. Du hast heute einer ganzen Menge Präriehunden das Leben gerettet.«

»Nun mal langsam, die Jury berät noch.«

»Ach was, die Erdgasfirma hat nicht die Spur einer Chance. Dein Kreuzverhör war einfach eine Sensation!«

»Vielen Dank, daß du mir gezeigt hast, wo's langgeht. Ohne dich hätte ich überhaupt nichts ausrichten können.«

Sie klimperte mit den Wimpern. »Keine Ursache. Es ist mir stets eine Freude, dir aus der Patsche zu helfen.«

»Wie lieb von dir.« Ben plazierte die Plastikspinne wieder auf seine Papiere, schloß die Aktentasche und ging zum Ausgang.

»Mr. Kincaid?«

Den Mann, der in einem dezenten grauen Anzug neben der Tür stand, kannte Ben nicht.

»Hören Sie«, sagte Ben, »falls es um den Kopierer geht, verspreche ich Ihnen, daß ich bezahle, sobald ich …«

»Aber nein, Sie täuschen sich«, versicherte er. »Ich will Ihnen kein Geld aus der Tasche ziehen. Ganz im Gegenteil, Mr. Kincaid. Ich will einen wohlhabenden Mann aus Ihnen machen.«

2

»Was wollen Sie?«

Der Mann lächelte verbindlich. »Ich möchte Sie weiterbringen. Wenn Sie es mir gestatten.«

»Ich fürchte, ich verstehe nicht ganz.«

Der Mann deutete auf die erste Reihe des Zuschauerraums. »Setzen wir uns doch, ja? Kommen Sie doch auch, Miss McCall. Mein Angebot geht auch Sie an.«

Ben und Christina tauschten einen verdutzten Blick. »Angebot?«

»Am besten fange ich ganz von vorne an.« Dabei fischte er eine Visitenkarte aus seinem Jackett. »Mein Name ist Howard Hamel.«

Sein selbstbewußtes Auftreten wurde durch die prägnanten Gesichtszüge noch unterstrichen. »Ich gehöre der Rechtsabteilung des Apollo-Konzerns an, eines Zusammenschlusses gleichgerichteter Geschäftsinteressen. Haben Sie schon einmal von uns gehört?«

Ben nickte. Selbstverständlich hatte er von Apollo gehört. Es handelte sich wahrscheinlich um den größten Konzern Tulsas, vielleicht sogar ganz Oklahomas. Apollo hatte als kleine Erdölexplorationsfirma begonnen, ihre Aktivitäten im Wirtschaftsboom der siebziger Jahre auf die Sektoren Verarbeitung, Verkehr und sogar Unterhaltung ausgedehnt und dank dieser Diversifizierung die Rezession der Achtziger überstanden. Ziemlich gut sogar. Unternehmen wie Apollo, die zu den führenden der USA gerechnet wurden, gab es im Südwesten nur wenige.

»Dann wissen Sie vermutlich auch, daß unserer Rechtsabteilung über fünfzig Juristen angehören«, fuhr Hamel fort. »Wir möchten, daß Sie zu uns stoßen. Über die Einzelheiten, also Gehalt, Prämien, Firmenpension, Sonderzahlungen und dergleichen können wir uns in aller Ruhe unterhalten. Ich bin mir sicher, unser Angebot wird Ihnen gefallen. Es ist für Sie ein Schritt nach vorne, wenn ich so sagen darf.«

Und was für einer. Freilich wäre fast alles ein Schritt nach vorne gewesen. »Um welchen juristischen Tätigkeitsbereich geht es?«

»Das ist einer der Vorteile, die ein Unternehmen wie Apollo bietet«, antwortete Hamel. »Bei uns liegt so viel an, daß Sie praktisch alles machen können, was Sie wollen. Sie sind von Haus aus Anwalt – sehr zu Recht, wie ich hinzufügen möchte. Sie waren heute im Gerichtssaal ganz hervorragend.«

»Nun ja … vielen Dank.«

»Ich könnte mir gut vorstellen, daß sie in unserer Prozeßabteilung die Verantwortung für einige der Fälle mit Zig-Millionen Streitwert übernehmen, die bei uns fast täglich über den Schreibtisch gehen. Wir erledigen nach Möglichkeit alles selbst. Wie Sie wissen dürften, verlangen große Kanzleien exorbitante Gebühren. Soeben wurde übrigens ein neues Produkthaftungsverfahren gegen Apollo angestrengt. Der Fall wäre ideal für Sie.«

Ben klingelten die Ohren. Firmenanwalt. Produkthaftung. Zig-Millionen Streitwert. Nach dem, was hinter ihm lag – Scheidung, Hausüberschreibung, Hundebisse – wäre das in der Tat ein Schritt nach vorne. »Ein interessantes Angebot. Wie lange wird die Stelle noch frei sein?«

»Vielleicht habe ich mich nicht klar genug ausgedrückt. Wir reden nicht von einer Planstelle, die mit irgend jemand besetzt werden soll. Nun, Ben Kincaid wollen wir in unserer Rechtsabteilung haben!«

Ben war vollkommen platt. »Aber … warum gerade mich?«

»Wir sind überzeugt, daß Ihnen als Jurist eine große Zukunft bevorsteht, und wir möchten daran teilhaben.«

Ben bezweifelte, ob er richtig gehört hatte. Es kam nicht alle Tage vor, daß einem kleinen Anwalt wie ihm solche Ehre zuteil wurde. »Ich weiß nicht recht, ob es mir Spaß machen würde, immer nur für den gleichen Klienten zu arbeiten.«

»Tatsächlich? Den meisten ist das lieber. Es ist sehr befriedigend, wenn man sich im Team für gemeinsame, sinnvolle Ziele engagieren kann, anstatt wie ein Prostituierter jeden x-beliebigen nehmen zu müssen, der in die Kanzlei stolpert.«

»Na ja, ich bin eben daran gewöhnt, mir die Zeit selber einzuteilen, viel Urlaub zu nehmen ...«

»Genau wie ich. Apollo ist ein arbeitnehmerfreundliches Unternehmen. Wissen Sie, ich bin ein leidenschaftlicher Hochseefischer. Am liebsten würde ich nichts anderes tun. Nun, Apollo gibt mir mehr Gelegenheit dazu als irgendein anderer Arbeitgeber. Übermorgen geht's wieder nach Miami und dann auf hohe See.«

Ben warf Christina einen Blick zu. Sie sagte kein Wort, machte sich aber offensichtlich ihre Gedanken.

»Schauen Sie, ich will Ihnen nichts vormachen. Ich habe schon einmal für eine große Kanzlei gearbeitet, und das hat überhaupt nicht funktioniert.«

Hamel schob Bens Bedenken mit einer Handbewegung beiseite. »Wissen wir, Ben, interessiert uns aber nicht. Ehrlich gesagt, kommen nicht wenige unserer Mitarbeiter von Raven, Tucker & Tubb und anderen großen Kanzleien. Ich auch. Man hat den Eindruck, das sind dunkle Löcher, die jedes junge Talent verschlucken. Nach ein paar Jahren fragt man sich dann aber unweigerlich, hab' ich mir mein Leben so vorgestellt? Sechzehn-Stunden-Tag, ständiger Termindruck, unsichtbare, austauschbare Klienten? Dann fängt man an, nach etwas Besserem zu suchen. Nach einem Klienten, zu dem man einen Bezug hat, nach einer Stelle, die einem Zeit läßt für Familie, Freunde und persönliche Interessen. Tja, und damit wären wir bei Apollo.«

»Ich würde bei Apollo zweifellos mehr verdienen«, sagte Ben, »und vermutlich hätte ich auch weniger Scherereien. Aber mir geht es nicht in erster Linie ums Geld. Ich bin Rechtsanwalt geworden, um mich auf der Welt ein bißchen nützlich zu machen.«

»Dann sollten Sie auf jeden Fall bei Apollo anfangen«, antwortete Hamel. »Wir nehmen unsere staatsbürgerlichen Pflichten ernst. Deshalb spielen wir eine aktive Rolle bei Wohltätigkeitsveranstaltungen und verschiedenen Sozialdiensten. Die Ressourcen des Konzerns werden für das Gemeinwohl genutzt. Nicht nur wenn es opportun erscheint, sondern aus Überzeugung. Auf diesem Gebiet nehmen wir eine Führungsrolle ein.«

Nun schaute er Ben direkt in die Augen. »Wollen nicht auch Sie dieser Führungsriege angehören, Ben? Sie können den Kurs mitbestimmen.«

Ben wußte nicht, was er sagen sollte. Er hatte das Angebot noch nicht verdaut und all die Konsequenzen, die sich daraus ergeben würden, erst recht nicht. »Ich habe aber noch ein paar offene Mandate«, brachte er schließlich heraus. »Ich habe eine Kanzlei auf der North Side.«

»Ja, ich weiß«, sagte Hamel. »Sie brauchen die Kanzlei ja nicht von heute auf morgen zu schließen. Machen Sie bei uns einen Probelauf, schauen Sie, wie es sich anläßt. Dann können Sie immer noch in Ihre eigene Kanzlei zurückgehen, wenn Sie das möchten. Behalten Sie Ihr Büro erst einmal. Von dem Gehalt, das Sie bei uns beziehen, können Sie die Miete problemlos zahlen.«

»Ich habe eine Anwaltsgehilfin«, sagte Ben und deutete mit einer Kopfbewegung auf Christina. »Ich möchte sie mitnehmen.«

»In Ordnung«, sagte Hamel. »Wir stellen Miss McCall ein und teilen sie Ihnen zu. Sie bekommt zehn Prozent mehr als das normale Anfangsgehalt, was eine erhebliche Steigerung gegenüber ihrem bisherigen wenn ich so sagen darf, unregelmäßigen Einkommen sein dürfte. Sind Ihre Verpflichtungen damit in etwa abgedeckt, Ben?«

»Nein. Da gibt es noch ein paar Sachen. Unbezahlte Rechnungen … Bürogeräte …«

Hamel grinste. »Ach ja, der Kopierer. Ich erinnere mich.«

»Dann kennen Sie ja die Schwierigkeit …«

»Wie hoch sind Ihre Schulden, Ben?«

Ben wurde es plötzlich ziemlich heiß. »Genau kann ich das nicht sagen … So um die zweitausend Dollar?«

Christina nickte bestätigend.

Hamel zog einen Scheck aus seiner Jackentasche, füllte ein Formular aus und reichte es Ben. »Wären Sie damit aus dem Gröbsten heraus, Ben? Betrachten Sie es als Eintrittsprämie.«

Ben starrte auf den Scheck, der über 5000 Dollar ausgestellt war. »Das würde zweifellos alle meine Schulden abdecken.«

Nun mischte sich Christina ein. »Woher wissen Sie eigentlich so viel über Ben und seine Kanzlei?«

»Ziehen Sie bitte keine falschen Schlüsse, Miss McCall, wir sind nicht etwa das FBI. Aber Sie werden verstehen, daß ein Unternehmen wie Apollo wohl kaum ein derart weitreichendes Angebot machen würde, ohne sich vorher über die Person zu informieren, an die es gerichtet ist.«

»Für mich klingt das ein bißchen nach *1984*.«

»Durchaus nicht. Das ist einfach nur intelligente Unternehmensführung. Wenn man einen Gebrauchtwagen kauft, versucht man schließlich auch herauszufinden, wo er herkommt. Ben, wir sind über Ihre frühere Anstellung bei der Bezirksstaatsanwaltschaft informiert wie über ihre derzeitige Geschäftsverbindung mit Clayton Langdells Tierschutzorganisation und über Ihre erfolgreiche Vertretung von Miss McCall vor ein paar Monaten. Kurz, wir sind im Bilde, und wir sind sehr beeindruckt.«

»Wirklich?« fragte Ben. »Wie beeindruckt?«

Hamel holte eine Visitenkarte heraus, schrieb eine Zahl auf die Rückseite und reichte sie Ben.

Ben nahm das Kärtchen. Es gelang ihm nicht, seine Überraschung zu verbergen. Die Zahl war sechsstellig – *vor* dem Komma.

»Nicht übel, was?« kommentierte Hamel. »Und um Ihre nächste Frage vorwegzunehmen – nein, nicht jeder ist uns so viel wert wie Sie.«

Ben mußte husten. »Ich ... ich weiß nicht recht, was ich sagen soll. Ich muß mir das überlegen.«

Hamel klopfte sich auf die Schenkel und erhob sich. »Natürlich. Nehmen Sie sich soviel Zeit, wie Sie wollen. Und rufen Sie mich unter der Nummer auf dem Kärtchen an, wenn Sie sich zur Annahme entschließen. Dann schicke ich sofort ein paar Jungs rüber, die Ihre Akten abholen und was Sie sonst so brauchen.«

»Warum so eilig?«

»Warum wollen Sie warten?« Dabei stieß er Ben kumpelhaft in die Seite. »Spricht doch nichts dagegen, so bald wie möglich mit dem großen Geldverdienen anzufangen.« Er griff nach seiner Aktentasche. »War mir ein Vergnügen, Sie beide kennenzulernen. Ich warte auf Ihren Anruf, Ben.«

3

»Du ziehst das Angebot doch nicht ernsthaft in Erwägung?«
Ben und Christina saßen im Louie D's an einem Tisch ganz hinten neben dem Grill. An der Wand hingen Renoir-Drucke und indianische Kunstgegenstände. Ben war gerade mit dem letzten Bissen des besten Cheeseburgers beschäftigt, den Downtown seiner Meinung nach zu bieten hatte.
»Wie könnte ich es nicht ernsthaft in Erwägung ziehen? Schließlich ist es ein sehr ernsthaftes Angebot.«
»Ja. Von sechsstelliger Ernsthaftigkeit.«
»Das ist nicht der einzige Vorteil, aber ein Punkt ist es schon.«
»Und ich dachte, Geld ist für dich nicht so ungeheuer wichtig.«
»Ist es auch nicht, aber von irgend etwas muß der Mensch ja leben. Überleg doch mal: Ich werde in zwei Monaten mehr Geld verdienen als das ganze letzte Jahr.«
Christina runzelte die Stirn. »Weißt du denn etwas Genaues über die Jobs, die du uns auf Teufel komm raus anhängen willst?«
Jetzt kam Ben ins Schwimmen. Es war völlig aussichtslos, Christina bluffen zu wollen.
»Nein, du weißt natürlich nichts. Hör dir erst mal ein paar Fakten an, bevor du deiner Unabhängigkeit adieu sagst. Wenn du glaubst, du brauchst keine Stundenzettel auszufüllen, dann hast du dich geschnitten. Die behaupten, es sei eine reine Formsache – für die Personalabteilung –, aber in Wirklichkeit ist es die alte Chose. Die Oberbosse kontrollieren dich, damit du genügend Profit abwirfst. Es wird genau-

so sein wie in der schlechten alten Zeit von Raven, Tucker & Tubbs.«

»Kann ich mir nicht vorstellen – es sei denn, mein alter Chef von damals ist inzwischen Firmenjurist bei Apollo. Mit dem Ausfüllen von Stundenzetteln kann ich leben.«

»Weißt du, wer bei Apollo dein Chef sein wird?«

Ben schüttelte den Kopf.

»Robert Crichton, einer der schlimmsten sexistischen Macker, die je gelebt haben. Was ich da von meinen Freundinnen so alles höre! Der muß sich aufspielen wie ein Gorilla. Ein aufgeblasener Großschwätzer, der selbstherrlich über die Rechtsabteilung herrscht. Ein absoluter Widerling.«

»Das wäre nicht das erste Mal, daß ich mit zweitklassigen Chefs klarkommen muß.«

»Du erinnerst dich doch an Emily Gozonka, nicht? Sie hat als Anwältin bei Apollo gearbeitet – bis sie rausgeschmissen wurde. Sie hat mir erzählt, daß Frauen dort andauernd sexuellen Belästigungen ausgesetzt sind. Das gehört da quasi zum guten Ton. Allen möglichen Mist hat sie sich gefallen lassen müssen – Grapschen, Spitznamen wie ›Langbein‹, Kommentare über ihre BH-Größe. Und jedesmal wenn sie es wagte, anderer Meinung zu sein, bekam sie zu hören, ›du hast wohl gerade deine Tage‹. Verstehst du? Weil sie nicht mitspielen wollte, wurde sie abserviert. Wie das ging? Man hat sie Harry Carter zugeteilt, dem Oberspezialisten für fiese Tricks. Auch so ein Widerling. Der ist mindestens fünfzig, benimmt sich aber wie fünfzehn. Fährt einen Camaro und trifft sich ständig mit jungen Mädchen. Mit Teenagern. Der läßt einfach gar nichts aus. Nun, wenn jemand wie Emily rausgeschmissen werden soll, stellt ihr Harry eine unmögliche Aufgabe, und dann tönt er in der Gegend herum, ihre Arbeit sei unter aller Kanone. Das macht man natürlich auch aktenkundig und schon hat man einen Kündigungsgrund. Wenn die Frau sich dann entschließt zu klagen, antwortet man mit einer perfekten Dokumentation ihrer Verfehlungen.«

»Christina, du weißt doch, daß Emily Gozonka immer haushoch übertreibt.«

»Diesmal glaube ich ihr.«

»Also, ich kann mir nicht vorstellen, daß sexuelle Belästigung und Diskriminierung heutzutage noch in einem solchen Ausmaße vorkommen.«

»Du lebst in einer Traumwelt, Ben.«

»Kannst du mir dann erklären, warum du dich als Frau in einer Männerdomäne durchgesetzt hast?«

»Weil ich Anwaltsgehilfin bin – in einer untergeordneten, folglich nicht bedrohlichen Position. Auch nach zwanzig Jahren bei Apollo müßte ich mir immer noch von jedem Grünschnabel von Anwalt sagen lassen, was ich zu tun habe. Bei Frauen, die als Anwältinnen ihren Weg machen wollen, ist das anders. Wenn sie in den Herrenclub einbrechen, werden die Herren nervös.«

»Christina, ich werde mir mein Urteil über ein ganzes Unternehmen nicht aufgrund eines Gerüchts bilden.«

»Und warum nicht? Das ist ja gerade dein größtes Problem, weißt du das nicht?«

»Ich wußte nicht einmal, daß ich überhaupt ein ›größtes Problem‹ habe. Wovon zum Teufel, sprichst du überhaupt?«

»Du vertraust nicht auf deine Gefühle. Das war auch heute vor Gericht dein Problem. Den Sachverständigen wolltest du auf seinem eigenen Terrain schlagen, seine empirischen Daten in Frage stellen. Dabei hast du übersehen, was nur zu offensichtlich war, nämlich daß er ein totaler Windbeutel ist. Jetzt machst du es wieder genauso, siehst nur den Karrieresprung, die hochkarätigen Fälle, die Chance, in einem großen Unternehmen auch etwas für die Allgemeinheit zu tun.«

»Und was entgeht mir?«

»Ein flaues Gefühl in der Magengrube, wie ich es verspüre, das unmißverständlich sagt: ›Laß die Finger davon!‹ Ich kann nicht erklären, warum, aber ich weiß einfach, daß du einen Fehler machst.«

»Du kannst dich aber auch täuschen.«

»Und was schon! Du hast doch ein ganz prima Leben. Wieso willst du das Risiko eingehen, dir deine Freiheit zu vermasseln? Erfolg im Leben bedeutet, daß man eine Aufgabe findet, die man gerne macht – und daß man sich treu bleibt. Das warst du doch bisher.«

Ben spülte seinen Cheeseburger mit dem Rest seiner Schokoladenmilch hinunter. »Da bin ich mir nicht so sicher, Christina.«

Sie legte den Kopf auf den Tisch. »Du hast dich also schon entschieden.«

Ben gab keine Antwort.

Als die Bedienung die Rechnung brachte, griff Christina danach. »Du denkst an deine Mutter, stimmt's? Wie begeistert sie sein wird, wenn du endlich eine richtig anständige Stelle hast.«

Ben schaute weg. »Irgendwo ist mir der Gedanke schon durch den Kopf gegangen.«

»Herrgott, wie alt müssen wir werden, bis wir aufhören, unser Leben so einzurichten, wie es unseren Eltern gefällt?«

Sie warf einen Blick auf die Rechnung. »Und was ist mit Jones? Und mit Loving?«

»Loving hat als Privatdetektiv im Grunde mehr Aufträge als er bewältigen kann. Und Jones kann erst mal eine Zeitlang für ihn als Sekretär arbeiten. Dadurch halten wir unser Büro in Gang. Wenn dieser neue Job uns zusagt und wir bleiben wollen, sehen wir zu, daß wir Jones bei uns unterbringen.«

»Ich weiß wirklich nicht recht, warum ich da mitmache. Kincaid, manchmal hat man mit dir fast mehr Ärger, als du wert bist.«

»Gott sei Dank nur *fast*.«

»Ja.« Sie schnippte die Rechnung zu ihm hinüber. »Zahlen kannst du. Demnächst wirst du ja reich.«

4

Sergeant Tomlinson betrat den Besprechungsraum und setzte sich auf seinen Platz am Ende der ersten Reihe. Alle anderen Polizisten waren bereits da, nur Morelli fehlte noch –

Gott sei Dank. Es hätte gerade noch gefehlt, wenn Morelli schon wieder einen Anlaß gefunden hätte, ihn öffentlich herunterzuputzen.

Obwohl er nicht wußte, warum, hatte Morelli seit seinem Antrag auf Versetzung ins Morddezernat keine Gelegenheit ausgelassen, ihn öffentlich zu demütigen und wie einen Idioten zu behandeln. Vielleicht gab es ja intelligentere Leute im Polizeidienst von Tulsa als ihn. Er war nun einmal nicht auf das College gegangen und konnte auch nicht (wie Morelli) aus dem Stegreif Shakespeare zitieren, doch er arbeitete hart – härter als all die anderen Kandidaten. Immer erledigte er seine Hausaufgaben, lehnte keinen Auftrag ab, und wenn er einen übernommen hatte, gab er nicht auf. Wieso mußte Morelli also dauernd auf ihm herumhacken?

Weil Tomlinson verheiratet war? Und weil er und Karen eine sechsjährige Tochter hatten? Tomlinson vermutete jedenfalls, daß da der Hase im Pfeffer lag. Einmal hatte Morelli vor allen Kollegen mit dröhnender Stimme gefragt, ob Tomlinson während der Beratung mit Papierpüppchen gespielt habe. Ein anderes Mal hatte er Tomlinson aufgefordert, an einer Beschattung teilzunehmen – sofern ihm seine Frau erlauben würde, ausnahmsweise mal länger aufzubleiben. Soweit Tomlinson gehört hatte, war Morelli selber verheiratet gewesen, bis die Ehe vor nicht allzu langer Zeit mit einem erbitterten Scheidungsverfahren geendet hatte. Jetzt war er offenbar wütend auf jeden Polizisten mit Familie.

Tomlinson blätterte in dem Ordner herum, den er auf seinem Stuhl vorgefunden hatte. Wie erwartet, ging es bei der Besprechung um die Morde an den jungen Mädchen. Nach drei verstümmelten Leichen bestand eigentlich kein Zweifel mehr – sie hatten es mit einem Serientäter zu tun.

Tomlinson ging das gesamte Material durch, aber es war nichts dabei, was er nicht schon gekannt hätte. Da er unbedingt dieser Untersuchungskommission angehören wollte, hatte er es sich zur Aufgabe gemacht, alle Informationen, die zu diesen Morden eingingen, für sich zu sammeln. Sollte es Tomlinson gelingen, diesen Serienmörder zu stellen, würde er mit Sicherheit ins Morddezernat versetzt werden. Dann würde der Polizeichef persönlich die Versetzung erwirken, ganz egal, was Morelli davon hielt. Und wer weiß? Vielleicht würde Morelli dann endlich Ruhe geben. Wenigstens eine Weile lang.

Wie aufs Stichwort stapfte Morelli in den Raum – in seinem unvermeidlichen, völlig lächerlichen hellbraunen Mantel. Was für ein affektiertes Getue! Wenn es draußen wenigstens kalt gewesen wäre. Morelli packte das Rednerpult mit beiden Händen und legte sofort los – ohne eine Begrüßung oder ein einleitendes Wort.

»Wie Sie sich vermutlich denken können«, brummte er, »sind Sie der Sonderkommission zur Aufklärung der jüngsten Mordserie zugeteilt worden.«

Tomlinson lächelte. Eine Sonderkommission. Das hörte sich gut an, klang wirklich nach etwas Besonderem. Auf seine Kumpels von der Bowling-Bahn würde es jedenfalls enormen Eindruck machen.

»Darauf brauchen Sie sich aber nichts einzubilden«, fuhr Morelli fort. Nun schien sein Blick auf Tomlinson zu ruhen. »Eine besondere Ehre ist das nicht. Sie wurden ausgewählt ... na ja, weil alle verfügbaren Kräfte mit von der Partie sind. Jeder einigermaßen taugliche Polizist in Tulsa arbeitet an diesem Fall. Nicht nur die Mordkommission, das Dezernat für Sexualdelikte und die Sonderermittlungseinheit sind daran beteiligt, sondern praktisch jeder Polizist, den wir auftreiben konnten. Daß wir seit dem Einsetzen dieser Morde unter einem wahren Trommelfeuer der Presse zu leiden haben, wissen Sie selber. Wir dürften es hier mit der abartigsten Mordserie zu tun haben, die Tulsa seit den rassistischen Morden der Zwanziger Jahre gesehen hat. Dieses Schwein hat drei junge Mädchen getötet, und wenn wir ihn nicht finden, schlägt er wieder zu.«

»Und da ist noch etwas«, fügte Morelli hinzu, »und das würde Ihnen bestimmt keine Freude machen: Wenn wir diese Verbrechen nicht schleunigst aufklären, funkt uns das FBI dazwischen. Es ist nur eine Frage der Zeit, bis diese Blödmänner mit ihrem High-Tech-Schnickschnack hier aufkreuzen. Darauf bin ich nun wirklich nicht scharf. Nein, ich möchte, daß wir diesen Fall lösen, bevor es soweit kommt.«

»Alles Weitere dazu können Sie selbst in Ihren Ordnern nachlesen. Sie finden darin die Polizeiberichte wie auch die gerichtsmedizinischen und die kriminaltechnischen Gutachten. Alles, was wir haben, liegt Ihnen also vor.«

Morellis Untergebene klappten ihre Ordner auf: Die erste Seite zeigte ein Foto von einem der Tatorte.

»Die erste Leiche wurde am Morgen des 2. Mai gefunden, die zweite am 4. Mai und die dritte gestern abend. Jedesmal war das Opfer ein junges Mädchen. Man fand die Leichen nackt, ohne …«, er holte tief Luft und starrte auf seine Notizen hinunter, »… ohne Kopf und Hände.«

Tomlinson sah, daß einige Kollegen bis zu den Bildern aus dem Leichenschauhaus vorblätterten. Offensichtlich waren sie abgebrühter als er.

»Die Leichen konnten nicht identifiziert werden. Kein Gesicht, keine Fingerabdrücke. Falls es eine Verbindungslinie zwischen den drei Opfern gibt, so wissen wir nicht, worin sie besteht.«

Tomlinson hob die Hand. »Sir, ich möchte vorschlagen, daß wir der Identifizierung der Opfer höchste Priorität einräumen, ihr sogar den Vorrang vor dem Versuch der Identifizierung des Täters geben. Wenn wir das Tatmuster verstanden haben, können wir vielleicht potentielle Opfer schützen.«

»Welch brillanter Plan«, antwortete Morelli. »Sind Sie sicher, daß Sie nicht Kommissar sind?« Ein leises Gekicher durchzog den Raum. »Oder haben Sie diese Idee bei Ihrer Frau abgekupfert.«

Tomlinson biß die Zähne zusammen. Wann würde er endlich lernen, seinen Mund zu halten.

Morelli setzte seine Ausführungen fort. »Alle drei Leichen wurden in einem Areal mit einem Durchmesser von 30 Kilometer gefunden, in einer unbesiedelten Gegend im Westen des County Tulsa. Der Täter ging äußerst sorgfältig vor, denn er hat uns nicht den geringsten Anhaltspunkt hinterlassen. Sogar die Amputationen hat er mit beinahe chirurgischer Präzision durchgeführt.«

Er blickte von seinem Notizblock auf – in ein Meer von Uniformen. »Im Endeeffekt läuft es darauf hinaus, daß wir im dunkeln tappen. Wir haben eine Serie von Schwerstverbrechen, aber keinerlei Anhaltspunkte und kaum Chancen, Wiederholungstaten zu verhindern. Leute, wir brauchen dringend Ideen. Jede Anregung wird geprüft, und jeder, der einen hilfsreichen Vorschlag macht, wird belohnt mit einen Bonbon in seiner Lohntüte und vielleicht sogar einem zusätzlichen Streifen auf den Schultern. Selbst Sie, Tomlinson.«

Wieder kam von der Menge ein verhaltenes Glucksen. Tomlinson ging allmählich auf, was hinter seiner Einladung zu dieser Besprechung steckte: Er diente Morelli als Zielscheibe für seine Witze.

»Auf der nächsten Seite des Ordners«, fuhr Morelli fort, »finden Sie einen Aktionsplan, den ich mit dem Polizeichef abgestimmt habe. Punkt eins ist, wie Sie sehen, die Identifizierung der Opfer. Wir wollen das den Tomlinson-Plan nennen.«

Allgemeine Erheiterung, diesmal weniger verhalten. Worauf hatte es dieser Mann bloß abgesehen? Auf seine Kündigung?

»Bei den nächsten Schritten geht es darum, ein Persönlichkeitsprofil es Täters zu erstellen, seinen Aktionsradius abzustecken und ihm dann eine Falle zu stellen.« Er schlug die letzte Seite auf. »Ganz hinten kann jeder von Ihnen sehen, welche Funktion Sie in der Sonderkommission haben. In der Aufgabenverteilung steckt reifliche Überlegung, ich möchte also kein Gemecker hören. Wir haben versucht, die Arbeit so aufzuteilen, daß wir die vorhandenen Fähigkeiten maximal nutzen können.«

Tomlinson blätterte nach hinten und las den Einsatzplan. Unter seinem Namen stand: TELEFON-/FUNKZENTRALE.

Telefon und Funk? Tulsa wurde von der abscheulichsten Verbrechenswelle seiner Geschichte heimgesucht – und an ihm blieb die Funktion der Telefonauskunft hängen? Tomlinson knallte seinen Ordner zu.

Morelli hörte das Geräusch, äußerte sich aber nicht dazu.

Er sagte nur noch, sie sollten nun alle ihren Hintern in Bewegung setzen, womit die Versammlung geschlossen war.

Wie alle anderen strebte Tomlinson dem Ausgang zu, um dann – schon der Gedanke war schwer erträglich – durch den Korridor zur Telefonzentrale zu gehen. Er hatte keineswegs die Absicht, sich damit abzufinden. Wenn Morelli ihm nichts zutraute, war er selber schuld. Auch ohne die Hilfe seines Chefs würde Tomlinson beweisen, was in ihm steckte. Vielleicht gelang es ihm sogar, Morelli dabei ziemlich alt aussehen zu lassen.

Er schaute in den Dienstplan. Erst um Mitternacht würde er aus der Telefonzentrale herauskommen. Na, wenn schon. Dann würde er eben danach aktiv werden.

Irgend jemand mußte schließlich den Durchbruch erzielen. Und diesmal würde er das sein.

5

Ben betrachtete das Hochhaus, in dem der Apollo-Konzern residierte. Der Bau war elegant und teuer: Spiralförmige Glaspfeiler und vergoldete Platten, die nur so funkelten, bestimmten das Bild. Das Gebäude war noch kein Jahr alt. Apollo war wohl das einzige Unternehmen in ganz Oklahoma, das in der Rezession, die den Südwesten ordentlich gebeutelt hatte, Geld für Prestigeobjekte ausgeben konnte.

Ben hatte kaum eine Minute gewartet, als Howard Hamel aus dem Lift trat. Nicht einmal meine Mutter kommt so schnell zur Tür, wenn ich sie besuche, dachte er.

»Ben! Schön, daß Sie da sind«, begrüßte ihn Hamel und streckte ihm die Hand entgegen. »Ich kann gar nicht sagen, wie froh ich bin, daß Sie unser Angebot angenommen haben.«

»Na ja, so ein Angebot kann man kaum ablehnen.«

»Gut. So war es auch gedacht. Falls Sie immer noch daran zweifeln sollten, kann ich Ihnen versichern, daß das Interesse des Apollo-Konzern an Ihnen enorm groß ist.«

»Vermutlich muß ich nun alle möglichen Formulare ausfüllen. Für die Versicherung und so ...«

»Das machen wir später. Zunächst möchte ich Sie durch
das Haus führen. Wir fangen ganz oben an – im Büro von
Robert Crichton.«

»Das ist der Direktor der Rechtsabteilung, nicht?«

»Ja. Der oberste Rechtsberater des gesamten Apollo-Konzerns.«

»Und der will mich sehen?«

»Genau. Auf dem schnellsten Wege. Er hat mir gesagt, ich
soll Sie gleich raufbringen, sobald Sie da sind.«

»Hamel führte Ben zu einem Aufzug aus Glas vor der
Südfassade des Gebäudes. Während der Lift zum obersten
Stockwerk aufstieg, entrückte der südliche Teil Tulsas all-
mählich in weite Ferne.

»Tolle Aussicht, was?« sagte Hamel. »Genau genommen
sind solche Außenlifte hier zwar verboten, doch wir haben
unsere Beziehungen zum Stadtrat ein bißchen spielen lassen
und eine Ausnahmegenehmigung erwirkt.« Er zwinkerte
Ben zu. »Es genügte, ein paar Schuldscheine zu präsentieren.«

»Kann ich mir denken.« Ben konnte Southern Hills und
das Sheraton Kensington ausmachen und auch den Oral Ro-
berts Campus mit seinen glitzernden Türmen, die an Scien-
ce-Fiction-Filme aus den fünfziger Jahren erinnerten. Plötzlich verkrampfte sich etwas in seiner Brust: Luftige Höhen
waren überhaupt nicht sein Fall. Er drehte sich um. »Bei
Nacht muß die Aussicht umwerfend sein.«

»Allerdings. Kommen Sie doch einfach mal am Abend
herauf und sehen es sich an.«

Ein Gong ertönte, und sie traten aus dem Lift. Sie durch-
querten einen eleganten Speiseraum, in dem sich herausge-
putzte Kellner zu schaffen machten, und kamen an einem
türkischen Bad vorbei.

»Ist das für die Apollo-Belegschaft?«

»Sie machen Witze, Ben. In diesem Gebäude arbeiten über
3000 Menschen. Wenn das Bad und das Restaurant jedem
offenstehen würde, käme man nicht mal mit der großen

Zehe durch die Tür. Nein, das ganze Stockwerk ist ausschließlich dem Topmanagement vorbehalten.«

»Ach, schade.«

»Keine Sorge, Ben. Wenn Sie hineinwollen, ist das kein Problem.«

Sie näherten sich einer riesigen Eichentür mit zwei massiven Türflügeln, die mit kunstvollen Einlegearbeiten verziert waren. An dem Rezeptionspult neben der Tür saß eine Sekretärin.

»Janice, ich bringe Mr. Kincaid.«

Sie deutete auf die Tür. »Mr. Crichton hat gesagt, Sie können sofort hineingehen.«

»Okay.« Hamel drückte die schwere Tür auf. Ben folgte ihm in ein großes, luxuriöses Vorzimmer. Die Glas- und Goldelemente der Eingangshalle wiederholten sich hier. Über die ganze Breite einer Wand aus weißem Stuck erstreckte sich ein Bild. Wenn Ben nicht alles täuschte, war es ein Wandgemälde von N. C. Wyett. Womöglich sogar ein Original?

Leise betraten Sie das Büro. Ein Mann, Mitte Fünfzig, saß am Schreibtisch, während eine sehr viel jüngere Frau ihm gegenüber zusammengesunken auf einem Stuhl saß.

»Hören Sie einmal zu«, sagte der Mann gerade, »ich habe nicht gemeint, Sie sollen der Arbeit den Vorrang vor Ihrem Kind geben, aber ...« Mitten im Satz bemerkte er die Besucher. »Hamel, was soll das heißen?«

Hamel verkrampfte sich ein wenig. »Ich habe Ben Kincaid heraufgebracht, Mr. Crichton.«

Als er den Namen hörte, war Crichton sofort wie verwandelt. Er erhob sich. »Ben Kincaid. Freut mich sehr.« Sie schüttelten sich die Hand. Crichton wandte sich noch einmal kurz an die Mitarbeiterin: »Shelly, vielleicht sollten wir später weitermachen.«

Die Frau war klein, hatte ein schmales Gesicht und dunkelblonde Haare. Man hatte den Eindruck, daß sie ihren Rücken richtiggehend gegen die Stuhllehne preßte. Ihre Augen waren gerötet – als ob sie geweint hätte oder jeden Moment in Tränen ausbrechen könnte. Nachdem Crichton sie entlassen hatte, lief sie wortlos aus dem Zimmer.

»Danke, Hamel«, sagte Crichton. »Ich übernehme.«

»Okay. Wir sehen uns später, Ben.« Hamel verließ das Büro. Ben nahm auf dem Stuhl, den die Frau soeben freigemacht hatte, Platz.

»Entschuldigen Sie bitte diese Geschichte mit Shelley«, sagte Crichton. »Ich weiß, es ist unangenehm, unvorbereitet in so etwas hineinzustolpern.« Crichton war ein gutaussehender Mann. Für sein Alter hatte er sich gut gehalten. Sein volles schwarzes Haar wurde durch die graumelierten Schläfen erst richtig betont. Er ließ sich auf seinen Stuhl fallen und legte unverzüglich die Beine auf den Schreibtisch. »Tja, ich hasse es, wenn die Leistungen von Angestellten zu wünschen übriglassen, und ich fasse niemand mit Samthandschuhen an. Aus irgendwelchen Gründen sind es immer die Frauen.«

»Bitte?«

Vergessen Sie es. Gelegentlich entfällt mir, daß ich eigentlich so tun müßte, als wären heutzutage alle gleich. Sie haben keine Frau und keine Kinder?«

Ben wurde unbehaglich zumute. »Nein.«

»Schade. Ich glaube ganz fest an die Familie. Meine Emma ist eine Heilige. Keine Ahnung, wie ich ohne sie zurechtkommen würde. Und meine vier Kinder sind für mich das Allerwichtigste im Leben. Natürlich arbeite ich hart und kann nur wenig Zeit zu Hause verbringen, aber ich tue das alles nur für meine Lieben. Sie möchten es auch gar nicht anders haben.«

Ben bezweifelte, ob sie wirklich nach ihrer Meinung gefragt worden waren.

»Hat Hamel schon den Papierkrieg mit Ihnen erledigt?«

»Nein, er sagte, wir machen das später.«

»Ach, lassen Sie das doch Ihre Sekretärin machen.«

»Nein, nein, meine Kollegen haben sicher wichtigere Aufgaben für sie.«

»Ihre Kollegen? Für was für eine Klitsche halten Sie uns denn? Sie haben selbstverständlich eine eigene Sekretärin.«

»Eine eigene? Eine Sekretärin allein für mich?«

»Aber sicher. Die Arbeitsbienen weiter unten im Bienenstock müssen sich zum Teil ihre Sekretärin mit anderen teilen. Aber ein Anwalt Ihres Kalibers? Wo denken Sie hin.«

»Also, ich möchte das Huhn, das goldene Eier legt, bestimmt nicht schlachten, aber es ist mir einfach nicht klar, warum Sie ein derartiges Interesse an mir haben.«

Crichton breitete die Arme auf dem Schreibtisch aus. »Darauf kann ich mit einem Satz antworten, Ben. Sie sind eine Kämpfernatur.«

»Ich …?«

»Ja, Sie passen in keine Schublade, und genau solche Leute brauchen wir in unserem eigenwilligen Unternehmen. Ihren Werdegang verfolge ich schon seit einiger Zeit. Ich rechne es zu meinem Aufgabengebiet, ständig nach begabten Leuten Ausschau zu halten, die für den Apollo-Konzern in Frage kommen. Einen waschechten Prozeßanwalt brauchen wir. Nicht irgend so eine Niete, die gelegentlich mal ein Telefongespräch führt und die eigentliche Arbeit auf andere abwälzt. Jemand, der den Stier bei den Hörnern packt! Eine Kämpfernatur eben!«

Ben fühlte sich ganz benommen. »Ich würde am liebsten in der Prozeßabteilung arbeiten.«

»Geht in Ordnung. Ich habe für Sie den idealen Fall, mit dem Sie gleich beginnen können. Vielleicht hat es Hamel schon erwähnt. Eine Produkthaftungsgeschichte, die sich zu einem Verfahren wegen fahrlässiger Tötung ausgewachsen hat. Bisher hat Rob Fiedler an der Sache gearbeitet, aber er wird nichts dagegen haben, einem Mann mit Ihrer Erfahrung Platz zu machen.«

»Ich bin eigentlich erst ein paar Jahre im Geschäft.«

»Ach was, Ben. Auf die Anzahl der Jahre kommt es doch nicht an. Was man durch seine Berufspraxis gelernt hat, das zählt. Sie sind aus dem richtigen Holz geschnitzt – so etwas spüre ich sofort.« Er hob eine Akte von seinem Schreibtisch auf und warf sie Ben in den Schoß.

»Hier ist der Fall. Die Beweisaufnahme hat noch nicht begonnen. Morgen erfolgt die Offenlegung der prozeßwichtigen Akten. Übermorgen werden die Aussagen des Klägers zu Protokoll genommen. Ich möchte, daß wir die Sache richtig anpacken und gewinnen.« Er lachte. »Ha, die Gesichter der armen Teufel von der Gegenseite möchte ich sehen, wenn Ben Kincaid im Gerichtssaal erscheint!«

Ben war völlig sprachlos. War er etwa wie Alice in ein Wunderland geplumpst? »Worum geht es bei dem Fall?«

»Unsere Abteilung Nutzfahrzeuge hat ein neues Federungssystem entwickelt, das sich XKL-1 nennt. Nun, in einer hiesigen High-School haben sie nach einem Football-Spiel eine Spritztour mit Traktoren und Erntewagen veranstaltet. Ein Junge fiel vom Wagen, wurde überfahren und starb dabei. Ein schrecklicher Unfall – aber sie wollen uns die Schuld zuschieben, weil die Federung der Wagen von uns stammt. Das ist unerhört. Verstehen Sie etwas von Kraftfahrzeugen?«

»Nicht viel.«

»Ich werde Ihnen beibringen, was Sie wissen müssen. Die Achse ist mit U-Bolzen an der Blattfeder befestigt, die ihrerseits mit dem Rahmen verbunden ist. Die Untersuchungen ergaben, daß die Blattfeder, die von einem Ende des Rahmens bis zum anderen reicht, durchgebrochen war. Dies hatte zur Folge, daß der Wagen auf einer Seite nachgab. Die Eltern des Kindes sprechen von einem Konstruktionsfehler. Wir sind dagegen überzeugt davon, daß auf einem holprigen Acker zu schnell gefahren wurde.«

»Wir lehnen also jede Verantwortung für den Vorfall ab?«

»Glauben Sie mir, niemand hat größeres Mitgefühl mit den armen Eltern als ich. Schließlich habe ich einen Jungen im gleichen Alter. Aber Apollo trifft einfach keine Schuld. Der Anwalt der Eltern versucht eben eine Geldquelle anzuzapfen, um die Arztrechnungen zu begleichen, und Apollo war die einzige, die er gefunden hat.«

»Wenn uns wirklich keine Schuld trifft«, sagte Ben, »müßte es möglich sein, gleich nach der Einvernahme des Klägers eine Einstellung des Verfahrens zu erreichen.«

»Großartig!« Crichton erhob sich. »So habe ich mir das vorgestellt. Ich wußte ja gleich, Sie gehören zur Spitzenklasse.«

Ben spürte, wie er rot anlief. Seit er in der zweiten Klasse das Gedicht ›Besuch vom heiligen Nikolaus‹ auswendig auf-

39

gesagt hatte, war er nicht mehr mit derartig überschwenglichem Lob bedacht worden. »Selbstverständlich kommt es ganz darauf an, was bei der Darstellung des Sachverhalts durch den Kläger herauskommt. Sollten die Eltern berechtigte Ansprüche haben, wäre es unrecht, sie mit formaljuristischen Mitteln darum zu betrügen. Ich bin der Meinung, daß man als Anwalt im Dienste der Gerechtigkeit steht.«

»Bewundernswerte Einstellung, Ben. Ich fürchte nur, daß im Geschäftsleben die meisten Rechtsstreitigkeiten weniger edler Natur sind. Meistens verklagt ein Idiot einen anderen, weil er Geld herausschinden will. Es geht nicht um Moral oder Recht und Unrecht, sondern einzig und allein um Dollar.«

Ben räusperte sich. »Keine Frage, in manchen Fällen ist das so, aber …«

Crichton drückte mit Nachdruck auf eine Taste seiner Telefonanlage. Nach einem kurzen Summton meldete sich Janice. »Ja, Sir?«

»Schaffen Sie mir Fielder her«, bellte Crichton. »Er soll seinen neuen Partner kennenlernen.«

»Sofort, Sir.« Die Verbindung wurde mit einem Knacksen beendet.

»Ach, übrigens«, sagte Crichton, »dieses Wochenende veranstalte ich für die Kollegen der Rechtsabteilung eine Outdoor-Freizeit. Ich möchte, daß Sie mit von der Partie sind. Sie haben doch noch nichts vor, oder?«

»Nicht, daß ich wüßte. Was ist eine Outdoor-Freizeit?«

Crichton grinste breit. »Lassen Sie sich überraschen. Auch bei unserem Softball-Spiel nächste Woche rechnen wir mit Ihnen. Wir messen uns mit der Mannschaft von Memorex-Telex. Denen zeigen wir's!«

»Ist Christina auch eingeladen?«

Crichton stutzte einen Augenblick. »Christina? Ach so, die Anwaltsgehilfin, die Sie mitgebracht haben. Ich habe ein Foto von dem Baby gesehen. Ordentlich Holz vor der Hütte. Ich sehe schon, warum Sie die Kleine mitnehmen wollen.« Wieder setzte er sein Grinsen auf. »Nun, schließlich gehört sie zum juristischen Personal. Sie ist auch eingeladen! Ich kann es kaum erwarten, sie im Trainingsanzug zu sehen.«

»Finden solche außerdienstlichen Aktivitäten häufig statt?

»Aber ja. Ich bestehe darauf. Bei uns wird mit Volldampf gearbeitet und mit Volldampf gespielt, sage ich immer. Und ich erwarte, daß Sie sich in beiden Bereichen voll engagieren.«

Bevor Ben antworten konnte, stand ein sportlicher junger Mann im Nadelstreifenanzug im Zimmer. »Sie haben mich rufen lassen, Mr. Crichton?«

»Ja. Darf ich vorstellen – Rob Fielder. Und das ist Ben Kincaid. Er übernimmt den Nelson-Fall.«

Ben schloß die Augen. Na prima. Ganz zweifellos war dies der Beginn einer großartigen Freundschaft. »Freut mich, Sie kennenzulernen.«

»Ganz meinerseits«, antwortete Rob. Daß Rob ihn seinen Ärger über den Verlust des Falles nicht spüren ließ, war beachtlich.

»Wie ich schon sagte«, fuhr Crichton fort, »morgen werden die prozeßrelevanten Unterlagen offengelegt. Rob wird Sie über alles informieren, was Sie wissen müssen.«

»Mit Vergnügen«, sagte Rob liebenswürdig, »ich komme gegen halb elf in Ihr Büro.«

»Prima«, antwortete Ben.

»Sehr schön«, sagte Crichton. »Ich sehe jetzt schon, daß ihr beide euch bestens vertragen werdet. Ben, ich will Sie nicht länger von der Arbeit abhalten. Später werden wir eine Besprechung ansetzen, bei der Sie die anderen Juristen kennenlernen können. Sie brauchen es ja nicht gleich übertreiben.« Dabei zwinkerte er Ben zu. »Ist ja schließlich Ihr erster Tag. Niemand wird Notiz davon nehmen, wenn Sie gegen Mittag verschwinden.«

Ben erhob sich.

»Ach, eine Sache noch, Ben«, sagte Crichton. »Kommen Sie einfach zu mir, wenn Sie irgend etwas brauchen – ganz egal, was es ist. Sie müssen sich wirklich nicht mit all den Wichtigtuern herumschlagen. Kommen sie einfach zu mir. Alles klar?«

Ben nickte und folgte Rob aus dem Büro. Sein Nicken war gelogen. Im Grunde verstand er überhaupt nichts.

6

Ben saß an seinem Schreibtisch und vermied es, aus dem Fenster seines neuen Büros zu blicken. Zwanzig Stockwerke hoch – für ihn genau neunzehn zuviel. Lieber konzentrierte er sich auf die Maserung seines Eichenschreibtischs, auf die vornehmen Sessel und auf das allerbeste am ganzen Büro: seinen Computer. Mit den Fingern fuhr er über die glatte Plastikoberfläche.

Plötzlich stand Christina in der Tür. »Na, wie läuft's, Ben?«

Ben betrachtete weiterhin seinen Computer. »Ich ... Ich arbeite mit meinem neuen PC.«

»Wir sind hier aber nicht im Raumschiff Enterprise, Ben. Du mußt das Ding erst mal anschalten.« Sie betätigte den roten Netzschalter an der Seite des Geräts. Der Computer begann zu brummen, und nach einigen Sekunden erschien ein blauweißes Programmenü auf dem Bildschirm.

»Schau mal«, sagte Christina. »Du hast sogar E-mail.«

»*Was* habe ich?«

Sie schaute und drückte die Eingabetaste. Auf dem Monitor erschien eine Nachricht, die als Brief gestaltet war: WILLKOMMEN BEI APOLLO. FREUE MICH SCHON AUF DIE ZUSAMMENARBEIT MIT IHNEN. ALLES GUTE. CHUCK CONRAD.

»Wer ist Chuck Conrad?« fragte Ben.

»Soweit ich gehört habe, ist das der größte Speichellecker in der ganzen Rechtsabteilung.« Sie ließ sich in einen Sessel plumpsen. »Kein schlechtes Büroambiente, Ben. Sehr bequem. Sehr viel besser als damals bei Raven, Tucker & Tubb.«

»Das kannst du laut sagen.«

»Nun, wie war dein erster Tag als *homme d'affaires* für Apollo?«

»Ganz unglaublich. Ich dachte, ich traue meinen Augen und Ohren nicht. Die haben für mich praktisch den roten Teppich ausgerollt.«

»Genieße es, solange es anhält.«

»Was soll das nun wieder heißen?«

»Nichts Konkretes. Mir ist nur bekannt, daß diese Riesenunternehmen sich nicht ohne Grund in Unkosten stürzen. Irgendwo muß es da einen Haken geben. Du hast ihn bloß noch nicht entdeckt.« Sie boxte in ein zu prall gefülltes Kissen. »Du läßt dich bisher allzu sehr vom schönen Schein einfangen.«

»Was du nicht sagst. Und wie ist dein Büro?«

»Ganz gewöhnlich. Raumteiler zwischen den Schreibtischen. Ich teile mir das Büro mit drei anderen Anwaltsgehilfinnen.«

»Das gibt's doch nicht!«

»Ich bin daran gewöhnt. Anwaltsgehilfinnen werden immer wie der letzte Dreck behandelt, besonders von solchen Menschenmaschinerien wie Apollo.

»Na ja, an mir haben sie nun mal einen Narren gefressen. Vielleicht kann ich meinen immensen Einfluß nutzen, um dir ein geräumigeres Büro zu verschaffen.«

»Ach, laß mal.« Sie beugte sich mit Verschwörermiene vor. »Sag mal, was hältst du von Crichton?«

»Er hat gute und schlechte Seiten.«

»Was für schlechte?«

»Ich fürchte, er ist ganz genau der männliche Chauvinist, als den du ihn beschrieben hast.«

»Und was für gute?«

»Er ist in mich vernarrt.«

»Aha. Paß auf, daß er dir nicht gleich beim ersten Rendezvous an die Wäsche geht.«

»Ha, ha.«

»Hat er dir von dieser doofen Beweismaterial-Offenlegung erzählt, die morgen stattfinden soll?«

»Ja. Er überträgt mir den Fall. Übermorgen kommen die Einlassungen des Klägers.«

»Na, prima. Du wirst dich mit Ruhm bekleckern. Mir

kommt der Fall allerdings eher wie eine Schlammschlacht vor. Ach übrigens, ich habe heute morgen in deinem früheren Büro vorbeigeschaut.«

»Wie geht's Jones?«

»Nicht schlecht, wenn man bedenkt, daß sein Boß sich fettere Weidegründe gesucht hat und ihn im Stich läßt.«

»Wir könnten ihm vermutlich hier einen Job besorgen.«

»Laß ihm ein bißchen Zeit. Ich bin sicher …«

»Entschuldigen Sie. Störe ich?« Rob Fielder stand in der Tür.

»Nicht im geringsten, Rob«, antwortete Ben. »Wir haben nur unsere ersten Eindrücke ausgetauscht. Kennen Sie Christina schon?« Er stellte die beiden einander vor. »Brauchen Sie etwas?«

»*Sie* bräuchte ich. Das Abteilungs-Meeting fängt gleich an. Sonst ist das immer gleich morgens, aber heute wurde es auf später verlegt, damit Sie dabei sein können.«

»Großartig. Komm Christina.« Christina schloß sich ihm an.

Fielder runzelte die Stirn. »Tut mir leid, aber ich fürchte die Besprechung ist nur für Juristen.«

Ben blieb abrupt stehen. »Oh.«

»Nehmen Sie es bitte nicht persönlich. Es ist nur so, daß wir eine Menge vertraulicher Angelegenheiten besprechen, die unter die juristische Schweigepflicht fallen.«

Ben runzelte die Stirn. »Christina, tut mir leid …«

Sie klopfte ihm sanft auf die Schulter. »Kein Problem. Ich bin, wie gesagt, daran gewöhnt. Ich verzieh' mich einfach in meine Büroecke und versuche, niemand in die Quere zu kommen.«

Sie blieb noch einmal kurz stehen und setzte hinzu: »Es könnte allerdings sein, daß ich nochmal hier reinschleiche, solange du weg bist – um mich in einen von deinen Sesseln zu setzen.«

7

Der Konferenzraum war rechteckig und länglich, ebenso der Tisch.

Fielder führte Ben zu einem freien Stuhl nicht weit vom einen Tischende. »Crichton sitzt an der Stirnseite«, erläuterte er.

»Und wer sitzt neben ihm?«

»Kommt ganz darauf an, wer sich im Kampf der Kriecher durchsetzt. Chuck gilt allgemein als König der Schleimscheißer, aber Herb schenkt ihm nicht viel.« Er schaute zur Tür. »Da kommt ja Herb. Ah! Chuck folgt ihm auf den Fersen. Schauen wir mal, was passiert.«

Ein hagerer Mann mit Bugs-Bunny-Mund betrat den Raum, gefolgt von einem etwas älteren, kräftig gebauten Herrn mit gelichtetem Haar und einem Bauch, der über den Gürtel schwappte. Herb und Chuck.

Beide bemerkten den leeren Stuhl an der Stirnseite im selben Moment, und schon war das Rennen eröffnet: Herb raste rechts um den Tisch herum, Chuck links herum. Als sie sich dem Ziel näherten, legten sie sogar noch einen Zahn zu. Fast genau gleichzeitig standen sie dann rechts und links neben dem Stuhl.

»Weg da!« brummte Chuck. »Der Stuhl ist besetzt.«

»Von wegen!« gab Herb zurück. »Ich war zuerst da.«

»Du bist letztes Mal hier gesessen.«

»Und diesmal werde ich wieder hier sitzen, Freundchen.«

»Ach ja?«

»Ja, genau.«

»Wer sagt das?«

»*Ich* sag das.«

»Kinder, Kinder!« mischte sich Rob ein. »Wir wollen uns doch nicht streiten. Ihr könnt euch doch beide auf den Stuhl setzen. Zuerst du, Chuck. Und du kannst dich dann auf seinen Schoß setzen, Herb.«

Ben mußte sich das Lachen verbeißen.

Chuck brummte etwas Unverständliches vor sich hin, schob den Stuhl beiseite und stapfte zum anderen Ende des Tisches.

»Schlechter Verlierer«, kommentierte Ben.

»Allerdings.« Rob schaute wieder zur Tür. »Da kommt Candice. Wir nennen sie Candy, um sie zu ärgern. Passen sie auf, was jetzt kommt.«

Ben sah eine schlanke Frau von Anfang Dreißig hereinkommen. Der Anzug, den sie trug, stand ihr gut. Sie war überhaupt sehr attraktiv, wenn auch etwas magersüchtig. Sie überflog den Tisch und steuerte dann den leeren Stuhl zwischen Herb und Ben an.

»O Gott«, stöhnte sie – laut genug um im ganzen Raum verstanden zu werden. »Nicht schon wieder Herb!«

»Meine Güte«, sagte Herb und wischte sich über die Stirn. »Nicht schon wieder diese Schreckschraube.«

»Was ist denn mit den beiden los?«

»Die haben eine Affäre miteinander.«

»*Die* zwei?«

»In der Tat. Hören Sie das nicht heraus?«

Ben lauschte noch eine Weile. »Das kann nicht sein.«

»Doch. Die schlafen seit mindestens einem halben Jahr miteinander. Bloß ist Herb verheiratet, weshalb sie ihr Verhältnis streng geheimhalten wollen. Diese Schaukämpfe in der Öffentlichkeit sind ein Täuschungsmanöver.«

»Das dummerweise niemanden täuscht?«

»Sie haben's erfaßt. Die einzigen, die sich etwas vormachen, sind Herb und Candy.«

»Was sagt Apollo zu Beziehungen zwischen Angestellten?«

»Im allgemeinen sagt man sich, daß Männer nun mal nicht anders sind. Es ist auch beileibe nicht Herbs erste Büro-Liebschaft. Herbert der Scharfe heißt er bei uns.«

Schließlich wurde der Wortwechsel so laut, daß Ben gar nicht mehr weghören konnte.

»Hau ab, du Mistkerl«, sagte Candice schneidend.

»Ach, keine Lust, was?«

»Nicht im entferntesten.«

»Das kommt daher, daß Sie eine frigide Ziege sind.«

»Nein, das kommt daher, daß Sie abstoßend sind.«

»Wahrscheinlich sind Sie sowieso lesbisch.«

»Das wirst du nie herausfinden, du impotente Kröte.«

»Warum schiebst du dir keinen Tauchsieder zwischen die Beine und taust dich auf?« höhnte Herb.

»Warum schiebst du dir keine Gurke in die Hose und tust so, als wärst du ein Mann?« gab Candice zurück.

Ben sah sich nach einem ruhigeren Platz um, doch leider waren bis auf Crichtons Stuhl alle belegt.

»He«, rief Chuck plötzlich, »wo sind die Doughnuts?«

»Kannst du vergessen«, sagte ein großer Mann, der einen kleinen Laptop auf dem Schoß hatte. »Shelly war heute dran.«

Er zog an seinem Zigarillo und stieß eine Rauchwolke aus.

Erst jetzt bemerkte Ben, daß die Frau, die er in Crichtons Büro gesehen hatte, drei Plätze weiter unten am Tisch saß. Sie schien fast unsichtbar und blieb stumm.

»O nein!« rief Chuck. »Sagen Sie bloß nicht, Shelly hat es schon wieder vergessen.«

»Schlimmer«, sagte der Mann mit dem Zigarillo. »Sie hat Vollkornmuffins gekauft.«

»Mann! Die kann ich nicht ausstehen!«

Shellys Gesicht bekam einen leidenden Zug. Sie sank noch mehr in sich zusammen.

»Die sehen doch ganz lecker aus«, warf Ben ein und bediente sich bei dem Anstoß erregenden Gebäck. »Was ist an Vollkornmuffins auszusetzen? Die sind viel gesünder.«

»Ich will kein Biofutter«, brummte Chuck. »Ich will Doughnuts.« Das knurrende Geräusch, das er von sich gab, sollte vermutlich ein Seufzer sein. »Ich liebe Doughnuts über alles.«

Ben flüsterte in Robs Ohr: »Wer ist der Typ mit dem Zigarillo?«

»Doug Gleason. Seit drei Jahren im Unternehmen. Hält sich für Hemingway oder mindestens für F. Scott Fitzgerald. Macht nichts anderes als schreiben. Der nimmt diesen verdammten Laptop überallhin mit. Tritt nicht vor Gericht auf, führt keine Verhandlungen, stellt keine Recherchen an. Schreibt einfach nur. Klageschriften, Schriftsätze, Verträge und was es sonst noch so gibt.«

»Hochgradige Spezialisierung. Vermutlich hat er Talent.«

»Mag sein. Vielleicht ist es aber auch das einzige, was man ihm zutraut.«

»Na, jedenfalls hat er eine Arbeit, die ihm Spaß macht.«

»Kann schon sein. Ich weiß allerdings nicht so recht, ob er wirklich gerne schreibt, oder ob er sich nur in seinem Schriftstellergehabe gefällt.«

In diesem Augenblick kam Crichton in flottem Tempo in den Konferenzraum. Ben warf einen Blick auf die Uhr. Crichton hatte stilvolle vierzehn Minuten Verspätung. Er nahm seinen Platz am Kopfende des Tisches ein und krempelte die Ärmel hoch. »Machen wir uns an die Arbeit, Leute. Kein Herumgedruckse mehr. Ich will hören, daß Sie Ihre Projekte fertigstellen und daß sich jeder den Arsch aufreißt, um für Apollo die perfekten proaktiven Lösungen zu finden.«

Proaktiv? Das tat ja richtig weh.

Chuck zog einen Stapel Papiere aus seiner Aktentasche und reichte Crichton das oberste Blatt. »Ich habe mir erlaubt, eine Tagesordnung zu erstellen, Mr. Crichton. Damit Sie besser mit uns zu Rande kommen.«

Crichton schaute den Bruchteil einer Sekunde auf das Blatt und legte es dann mit der beschriebenen Seite nach unten auf den Tisch. »Irgendwelche Krisen?«

Niemand meldete sich zu Wort.

»Dann kommen wir zu Punkt eins. Ich möchte Ihnen in aller Form unseren neuen Mitarbeiter vorstellen – Ben Kincaid. Sie sollen wissen, daß ich diesen Mann bewundere. Ben ist ein erstklassiger Anwalt, und wir können wirklich von Glück sagen, daß wir Ihn bei uns haben. Ich möchte, daß Sie alle seine Nähe suchen. Von einem geborenen Juristen wie ihm können Sie eine Menge lernen. Schauen Sie ihm über die Schulter.«

Ben spürte die Blicke aller Anwesenden auf sich, hatte aber nicht das Gefühl, daß gerade Bewunderung aus ihnen sprach.

»Sie können Ben von Anfang an in Aktion erleben«, fügte Crichton hinzu. »Er übernimmt den Fall Nelson.«

»Den Fall Nelson!« sagte Candice – viel lauter als nötig. »Aber ich dachte, Rob ...« Sie brach ab. »O Gott, tut mir leid.«

»Wer's glaubt«, murmelte Rob.

»Wo bleibt der Kaffee?« bellte Crichton plötzlich, wobei er auf seine leere Tasse starrte. »Diese verdammte Janice.« Er wirbelte in seinem Drehstuhl zu einem Tischchen herum, auf dem ein Telefon stand, hob ab und wählte eine vierstellige Nummer.

Ben sah, daß auf dem Tischchen auch eine volle Kaffeekanne auf einem Stövchen stand. »Sieht er denn nicht ...«

»Pst«, machte Rob. »Warten Sie ab.«

Als Crichton wieder auflegte, dauerte es nur ein paar Sekunden, bis Janice aufgeregt in den Konferenzraum hastete. Ihr kurzes tiefausgeschnittenes Kleid vermittelte den Eindruck, daß es im Grunde gar nicht *getragen* wurde, sondern eher an den Hüften klebte.

»Jetzt aber dalli«, brummte Crichton. »Sie halten den ganzen Betrieb auf.«

»Das tut mir leid, Mr. Crichton.« Sie ging zu dem Tischchen, holte dieselbe Kaffeekanne, die Crichton vorher beinahe mit der Hand berührt hatte, und füllte seine Tasse.

Ben sah verblüfft zu. »Weiß er denn nicht, wie man sich Kaffee einschenkt?« flüsterte er.

»Auf Crichtons Niveau schenkt man sich doch keinen Kaffee mehr ein. Außerdem ist ihm jeder Vorwand recht, um Janice hier antanzen zu lassen.«

»Wieso?«

»Werden Sie gleich sehen.«

Mit gekonntem, rhythmischem Schwung ihrer üppigen Hüften umrundete Janice den Tisch mit der Kaffeekanne in der Hand. Ben fiel auf, daß Crichton kein Hüftschwung entging.

»Möchte sonst noch jemand Kaffee?« fragte Janice fast schon bettelnd. Doch alle anderen hatten es offensichtlich fertiggebracht, sich selber zu bedienen.

»Danke, Janice«, sagte Crichton herablassend. »Ich rufe Sie, wenn ich nachgeschenkt haben möchte.«

Janice stolzierte hinaus.

Crichton blies in den dampfenden Kaffee und nahm einen herzhaften Schluck. »Gut. Chuck, geben Sie mir einen Lagebericht über unsere Vertragsverhandlungen.«

»Ja, Sir. Er zog einen dicken Notizblock aus seiner Aktentasche. »Die Verträge für das Lizenzabkommen mit Amoco sind aufgesetzt. Hier sind die Ausfertigungen …«

»Ich will nichts über Amoco hören«, unterbrach Crichton kurzangebunden. Er kippte eine weitere Dosis Koffein in sich hinein. »Verraten Sie mir, wie die Verhandlungen über das Joint-venture mit Ameritech vorankommen.«

»Ameritech? Joint-venture?« Chuck wollte offensichtlich Zeit schinden.

»Richtig. Ich habe Sie schon vor mehr als einem Monat damit beauftragt. Sie haben es doch nicht etwa vergessen?«

»Ah … nein. Natürlich nicht, Sir.« Mit den Augen suchte er den Raum angestrengt nach einem Rettungsanker ab. »Shelly!«

Sie fiel beinahe vom Stuhl. »Ja?«

»Ich habe Shelly um die Überprüfung eventueller kartellrechtlicher Probleme des Joint-venture gebeten, Mr. Crichton.« Chuck dreht sich ruckartig zu ihr herum. »Na, Shelly, wo ist das Memorandum?«

Shelly hob langsam den Kopf. Eine hektische Röte kroch ihren Hals hinauf. »Aber Sie haben mir den Auftrag erst am Freitag nachmittag gegeben …«

»Nur keine Ausreden«, bellte Chuck. »Sie wußten sehr wohl, daß am Montag Sitzung ist.«

»Aber es war schon halb fünf.«

»Dann hätten Sie eben Überstunden machen müssen.«

»Aber ich mußte Angie abholen …«

»Sonst erwartet doch auch niemand eine Vorzugsbehandlung, bloß weil er Kinder hat.«

»Sonst muß auch niemand …« Sie gab ihren Erklärungsversuch als sinnlos auf.

»Typisch Chuck«, flüsterte Rob. »Er baut Mist, wälzt die Angelegenheit im letzten Moment auf jemand anders ab, und der muß dann den Kopf dafür hinhalten.«

Chuck wandte sich wieder an Crichton. »Ist mir sehr unangenehm, Sir. Ich werde mich sofort um die Sache kümmern.« Noch einmal warf er Shelly einen bitterbösen Blick zu und grub seinen Notizblock wütend in seine Aktentasche.

Ben merkte, daß ihm richtig heiß geworden war. Dabei saß er gar nicht auf dem heißen Stuhl. Noch nicht, jedenfalls.

Crichton leerte seine Kaffeetasse. »Verdammt«, sagte er. »Herb, rufen Sie mal Janice herein. Ich brauche nochmal eine Tasse Kaffee.« Dabei ließ er den Blick über seine Leute gleiten, als ginge es um die Auswahl von Kandidaten für ein Exekutionskommando. »Okay. Wer ist jetzt dran?«

8

Sergeant Tomlinson saß auf einem Metallklappstuhl. Er lehnte sich zurück und reckte die Arme. Seine Glieder schmerzten vor Erschöpfung. Nicht ohne Grund. Die Wanduhr verriet ihm, daß es fast vier Uhr morgens war. Seit Mitternacht war er in der Bibliothek, und zuvor hatte er eine volle Acht-Stunden-Schicht in der Telefonzentrale hinter sich gebracht.

Die Bibliothek lag im Untergeschoß der Polizeizentrale, und man kam sich auch wirklich vor wie in einem Keller. Der feuchte, schlecht belüftete Raum war von einer Glühbirne beleuchtet, die einsam von der Decke baumelte. Nicht gerade ideale Arbeitsbedingungen.

Aber seine Geduld zahlte sich aus. Nach und nach nahmen das Profil und die Vorgehensweise des Serientäters konkrete Züge für ihn an. Der Mörder ging offensichtlich sehr systematisch vor. Nicht nur clever, sondern richtig intelligent. Jede Handlung – das Töten, das Zerstückeln, die Beseitigung der Leichen – hatte er äußerst sorgfältig geplant und ausgeführt. Nie verlor der Mörder die Kontrolle. Deshalb würde es sehr schwer sein, ihn zu fassen.

Tomlinson hatte die frühen Morgenstunden damit verbracht, das umfangreiche Datenmaterial zu sichten, das vom FBI im Laufe der Zeit zusammengetragen worden war. Im Jahre 1978 hatte die Abteilung für Verhaltensforschung der FBI-Akademie in Quantico, die sich schon seit Jahrzehnten mit dem Phänomen des Serienmörders befaßte, mit dem neuartigen ›Programm zur Verbrechensanalyse und zur Erstellung von Täterprofilen‹ begonnen. FBI-Agenten führten systematisch Interviews durch mit inhaftierten Serientätern (die fast immer auskunftsfreudig waren). Erstaunliche Ähnlichkeiten in Hinblick auf Lebensumstände, Motive und Vorgehensweisen kristallisierten sich heraus.

Vereinfacht dargestellt, unterteilte das FBI Serienmörder in zwei Gruppen: die systematischen und die unsystematischen. Der Mörder von Tulsa fiel in die erste Kategorie. Daraus konnte man mit Hilfe der Täterprofile des FBI zahlreiche Informationen erschließen, die mit größter Wahrscheinlichkeit auch auf den gesuchten Mörder zutrafen.

Es handelte sich demnach um einen Mann zwischen zwanzig und fünfundvierzig, beinahe mit Sicherheit um einen Weißen. Wahrscheinlich war er das älteste Kind seiner Familie gewesen. Elterliche Autorität hatte seitens des Vaters weitgehend oder völlig gefehlt, während die Mutter ihren Sohn eventuell mißbraucht hatte. Als Kind durchlief er drei Phasen, die das FBI als »Mörderkonstellation« bezeichnete: Tierquälerei, Bettnässen im frühen Teenageralter, Brandstiftung. Schon früh merkte er, daß ihm das Zufügen von Schmerzen sexuelle Lust bereitete.

Aus Desinteresse blieben seine Schulzeugnisse trotz eines überdurchschnittlich hohen Intelligenzquotienten eher mittelmäßig. Aus demselben Grund ging er wahrscheinlich einer wenig aufregenden Tätigkeit nach und wechselte häufig die Arbeitsstelle. Er lebte nicht allein. Vielleicht wohnte er bei seinen Eltern, vielleicht lebte er mit einer Freundin zusammen. Er neigte zu Alkohol- oder Drogenmißbrauch (oder beidem).

Damit war die Liste der wahrscheinlichen Merkmale des Täters noch längst nicht erschöpft. Er war freundlich, besaß gute Umgangsformen und liebte nichts so sehr wie das

Autofahren. Serienmörder fuhren oft 120.000 Kilometer pro Jahr mit dem eigenen Auto. Seiner Opfer bemächtigte er sich ohne Gewaltanwendung, um sie dann schnell zu töten und anschließend sämtliche Spuren zu beseitigen. Wahrscheinlich behielt er ein Andenken an jedes seiner Opfer, und mit Sicherheit verfolgte er die Presseberichte über seine Morde. Nicht selten sammelten Serienmörder sogar die Zeitungsartikel.

Tomlinson hatte nun also eine Beschreibung des Täters. Im Unterschied zum Rest seiner Polizeikollegen von Tulsa konnte er sich zudem denken, wo man ihn suchen mußte.

Bevor er Kriminalpolizist geworden war, hatte Tomlinson als Streifenpolizist sowohl im Zentrum als auch im Norden von Tulsa Dienst getan, also in der besten und in der schlechtesten Gegend der Stadt. Das Stadtbild im Zentrum war geprägt von gepflegten Menschen mit Anzug und Krawatte; für einen Polizisten, der seinen Rundgang machte oder Streife fuhr, gab es hier nicht viel zu tun. Gelegentlich hatte er sogar zu Pferde patrouilliert. Wenn man jedoch ein bißchen zu weit in die falsche Richtung fuhr, landete man im ältesten und übelsten Teil der Stadt, in dem Straßenkriminalität allgegenwärtig war. Hier erlebte Tomlinson das ganze Spektrum: Trinker, Trickbetrüger, Prostituierte, Zuhälter, Drogenabhängige, Dealer. Schon nach wenigen Wochen fand er sich in diesem Milieu gut zurecht. Insgesamt war er drei Jahre dort.

So viel wie Tomlinson damals über die Leute von der Straße erfuhr, hätte er gar nicht wissen wollen. Er mußte mit ansehen, wie Ausreißerinnen aus dem Bus heraus direkt in die Arme ihrer zukünftigen Zuhälter stolperten; wie verzweifelte Drogenabhängige, um die weiße Magie wieder in ihren Adern zu spüren, eine Aidsinfizierung riskierten. In der gegenwärtigen Situation war jedoch besonders wichtig, daß er aus jener Zeit die Bedeutung des ca. achtzig Hektar umfassenden Areals kannte, auf dem man alle drei Leichen gefunden hatte.

Es war der ›Spielplatz‹, das Vergnügungsviertel der Leute von der Straße, das Disneyland der Drogensüchtigen. Hin und wieder verließen eine Reihe von Herren oder Damen der Nacht die »Promenade« (wie die Eleventh Street bei ihren Bewohnern hieß), um eine Party zu veranstalten. Meist waren diese Veranstaltungen verbunden mit Gruppensex und Drogenkonsum im großen Stil. Mal spielte ein Dealer nach einem Bombengeschäft den Gastgeber, mal jemand von außerhalb, zum Beispiel irgend ein Typ, der einen neuen persönlichen Rekord aufstellen wollte. Der ›Spielplatz‹ war leicht zugänglich, aber abgeschieden und garantiert polizeifrei. Dort draußen konnten die Partygäste völlig ungestört machen, was sie wollten.

Und das tat nun offensichtlich auch der Täter. Jeder, der auf der Eleventh Street wirklich dazugehörte, kannte den ›Spielplatz‹. Der Gedanke, daß man dort problemlos eine Leiche loswerden konnte, lag durchaus nahe.

Tomlinson klappte die Bücher zu und ließ den Stift fallen. Allein schon beim Nachdenken über das Gelesene wurde ihm übel. Er hatte sich so sehr in das grausige Treiben und die tragischen Lebensumstände der übelsten Sorte von Menschen vertieft, daß er das Gefühl hatte, den namenlosen Mörder zu kennen – vielleicht sogar besser, als dieser sich selber kannte. Und er war angewidert. Zum erstenmal hatte er den Eindruck, daß die Strafverfolgungsbehörden schrecklich ineffizient arbeiteten. Faires Verfahren? Beweggründe? Es würde genügen, wenn jemand eine Pistole in die Hand nahm und diesem Mann eine Kugel in den Kopf jagte.

Tomlinson rieb sich die Augen. Es gab noch so viel zu tun. Er wollte das FBI-Archiv im National Crime Information Center einsehen und in die Gerichtsmedizin gehen, um Dr. Koregai zu fragen, was er ihm über die Opfer sagen konnte. Außerdem wollte er sich in der Eleventh Street nach weiteren Anhaltspunkten umsehen und umhören. Das war der Punkt, in dem er bei der Aufklärung dieses Verbrechens seinen Kollegen etwas voraus hatte: Er kannte die kriminelle Subkultur der Eleventh Street in- und auswendig.

Aber das mußte noch warten. Jetzt war es höchste Zeit, nach Hause zu gehen. Karen war bestimmt fuchsteufelswild. Sie hielt überhaupt nichts davon, wenn er arbeitete, bis er todmüde war und mit verquollenen Augen erschien. Viel lieber sähe sie es, wenn er rechtzeitig zu ihr und Kathleen nach Hause käme.

Auch ihm wäre es lieber. Doch zur Zeit ging das nicht. Vielleicht konnte er es Karen und Kathleen begreiflich machen. Er mußte Morelli unbedingt beweisen, daß er das Zeug hatte, in die Mordkommission berufen zu werden. Und vor allem mußte er verhindern, daß dieser Wahnsinnige erneut zuschlug.

9

Ben und Rob stiegen die Treppen zum zwanzigsten Stockwerk des Apollo-Hochhauses hinauf. Ein Kurzschluß hatte die Aufzüge außer Betrieb gesetzt. Sie hatten einen ganzen Tag im Untergeschoß des Gebäudes im Archiv verbracht. Ben war ganz benommen vom Sichten der Aktenflut, die Apollo im Fall Nelson aufbot. Seine Finger fühlten sich an, als ob er die Kuppen völlig glattgerieben hätte, und seine Kleidung hatte den muffigen Archivgeruch angenommen.

»Wie spät ist es?« fragte Rob.

Ben schaute auf seine Uhr. »Beinahe elf. Mann, o Mann, ich kann es gar nicht glauben, daß wir uns den ganzen Tag und die halbe Nacht mit Akten herumgeschlagen haben.«

»Ja«, pflichtete Rob bei. »Wir haben wohl die Kleinigkeit von 100.000 Blättern durchgeackert.«

»Gehört diese faszinierende Tätigkeit hier zum Standardprogramm?«

»Ich fürchte, ja. Die Anwälte der Klägerseite sind nun mal gewöhnlich ganz wild auf Urkunden aller Art, wenn der Gegner eine Firma ist. Jeder glaubt, man braucht nur genügend Akten zu prüfen, dann wird sich schon irgendwo in den Schränken tief im Bauch des Molochs ein belastendes Memorandum finden, das ein unberechenbarer Angestellter in einer schlechten Laune verfaßt hat. Und wenn sich das Aktenstudium über Hunderte von Stunden hinzieht, macht das überhaupt nichts. Schließlich kassieren die Kanzleien Stundenhonorare von ihren Klienten. Für Firmenanwälte wie Sie und mich ist es dagegen die Hölle.«

»Das gehört eben zum Berufsrisiko.«

»Ja. Jedenfalls bei Neulingen. Aber machen Sie sich nur keine Sorgen. Sie werden bestimmt nicht oft mit Archivarbeiten behelligt. Dazu sind Sie viel zu hoch bei uns eingestiegen. Bald werden sich Anwaltsgehilfen für Sie abplagen und anschließend eine Zusammenfassung schreiben. Nur die brauchen Sie dann zu lesen. Ich möchte wetten, daß Crichton Sie auch heute nicht ins Archiv geschickt hätte, wenn noch Zeit für eine Zusammenfassung geblieben wäre. Aber der Gerichtstermin ist eben schon morgen.«

»Das ist ja gerade das Merkwürdige«, sagte Ben. »Mir ist vollkommen schleierhaft, warum Crichton mich wie eine Art Superstar behandelt. Die ganze Abteilung muß mich doch dafür hassen.«

»Ach, Unsinn«, wehrte Rob ab. Dann huschte ein Grinsen über sein Gesicht. »Oder vielleicht doch. Meine Wenigkeit natürlich ausgenommen.«

Sie lachten vergnügt und gingen durch den Flur in Richtung ihrer Büros. Plötzlich hörte Ben das Geräusch lauten Schiebens und Stoßens aus dem LEXIS-Raum, einer kleinen Kammer, in der die Computer-Terminals standen, über die man Zugang zu juristischen Datenbanken hatte. Man gelangte nicht direkt vom Korridor in den Lexis-Raum, sondern mußte den zentralen Computerraum durchqueren, in dem die Buchführungsdaten, prozeßrelevante und andere elektronische Unterlagen gespeichert wurden.

Ben hörte einen weiteren Stoß, gefolgt von einem leisen Stöhnen. »Was ist denn da drin los?«

Rob zuckte mit den Schultern. »Keine Ahnung. Mäuse, vielleicht?«

»Kann ich mir nicht vorstellen.« Ben ging durch den Computerraum und blieb vor der Tür zu der Kammer stehen. Noch immer konnte er undefinierbare Geräusche hören. Vorsichtig drehte er den Knauf und machte die Tür auf.

Zunächst konnte Ben nicht erkennen, wer die beiden waren, da der Mann seinen nackten Hintern der Tür zukehrte, und das Gesicht der Frau von seinem Körper verdeckt war. Sie lag zwischen zwei Terminals auf dem Tisch, und er hatte sich über sie gebeugt. Die Hose schlotterte ihm um die Knie.

Schließlich erkannte Ben in der schmalen Gestalt Herb – der wohl das tat, was er am besten konnte. In der wohlgeformten Gestalt unter ihm durfte man dann wohl Candice vermuten.

Ben wollte sich auf Zehenspitzen davonstehlen, stieß jedoch gegen Rob, der direkt hinter ihm stand. Rob entfuhr ein spontanes »Autsch!« und stieß seinerseits gegen die Tür, die mit einem Knall gegen die Wand schlug.

Herb war so vertieft, daß er gar nichts bemerkte, doch Candice reagierte und schaute über Herbs Schulter. Sie schob Herb von sich herunter, rollte sich auf dem Tisch zur Seite und bedeckte ihren Busen mit einem Computerhandbuch. Herb ächzte. Auf seinem Gesicht stand ein pathetischer Ausdruck von lustus interruptus geschrieben. Er fuhr herum und erkannte Ben und Rob in der Tür stehen.

»Was treibt ihr hier, verdammt noch mal?« schrie er und griff nach seiner Hose.

»Sollte diese Frage nicht eher von uns kommen?« sagte Rob.

Herb schloß den Gürtel und stopfte das Hemd in die Hose. »Sie haben das nicht gesehen, Kincaid!«

»Nein?«

»Nein! Ich will Ihnen das erklären.« Er baute sich so dicht vor Ben auf, daß sich ihre Gesichter beinahe berührten. »Es wäre nicht gut für Sie, wenn Sie mich zum Feind hätten. Bob Crichton und ich, wir haben ein sehr gutes Verhältnis zueinander. Ich kann Ihnen das Leben zur Hölle machen. Halten Sie also gefälligst dicht.«

»Also, ich finde, Sie sollten erst mal Ihren Hosenladen dichtmachen«, sagte Rob.

»Paß bloß auf, du Trottel, ich meine es ernst! Das ist keine Lachnummer!«

»Ich erlaube mir, anderer Meinung zu sein.«

Herb schlug ihm mit einer Hand auf die Brust und drückte ihn an die Wand. »Das ist die letzte Warnung, du Flasche. Wenn das hier bekannt wird, steckst du für den Rest deines Apollo-Lebens bis zum Hals in Archivarbeiten. Das gilt auch für Sie, Kincaid.«

Herb schaute sich nach Candice um, die inzwischen wieder angezogen war. »Komm, Liebling. Verschwinden wir hier.«

Er hob sein Jackett vom Boden auf, warf es sich über die Schulter, legte den Arm um Candice und stolzierte mit ihr aus der Kammer.

»Man sollte es nicht glauben«, sagte Ben. »Herbert der Scharfe. Sie haben nicht übertrieben.«

»Ich möchte Ihnen einen Rat geben, Ben. Herbs Draht zu Crichton ist zwar nicht so gut, wie er meint, aber schlecht ist er auch nicht. An Ihrer Stelle wäre ich in nächster Zeit ein bißchen vorsichtig. Wo Sie können, gehen Sie ihm am besten ganz aus dem Weg, und wo nicht, sollten Sie die Freundlichkeit in Person sein und über Herbs Witze lachen. Was Sie gerade gesehen haben, erwähnen Sie besser mit keinem Wort. Bei der Vorzugsbehandlung, die Sie bei Crichton genießen, konnte Sie Herb vermutlich schon vorher nicht ausstehen, und jetzt natürlich erst recht nicht mehr.«

»Alles klar.« Sie gingen wieder durch den zentralen Computerraum auf den Korridor hinaus. »Kommen Sie, wir laden diese Akten mal schnell in meinem Büro ab.

Bei seinem Büro angelangt, fiel Ben auf, daß die Tür geschlossen war. »Merkwürdig. Ich bin mir sicher, daß ich die Tür offenstehen ließ. Macht der Putzdienst die Türen zu?« Er nahm den Türknauf in die Hand.

»Im Gegenteil. Der Putzdienst hat Anweisung, die Türen über Nacht offenzulassen. Brandschutzvorkehrungen oder irgend so was.«

Ben fuhr zusammen. »Haben Sie das gehört?«

»Was?«

»Ein Geräusch. In meinem Büro.«

»Nein.«

»Doch, da war was. Herb und Candice werden doch wohl ihr Schäferstündchen nicht da drinnen fortsetzen?«

»Also hört mal, ihr Lustmolche, ich möchte, daß ihr sofort ...«

»Ben brach mitten im Satz ab. Herb und Candice waren nicht in seinem Büro. Alles schien noch genau so zu sein, wie er es verlassen hatte – nur sein Bürostuhl war zum Fenster gedreht.

Ben ging langsam zu seinem Schreibtisch und wollte den Stuhl herumdrehen. Etwas Schweres lag darauf. Er dreht ihn mit Schwung herum. Plötzlich fiel ihm Howard Hamel entgegen. Ben stieß einen Schrei aus und fing den Körper reflexartig auf. Dann stolperte er rückwärts, und der Körper plumpste auf den Boden. Es war schrecklich.

»O mein Gott«, murmelte Ben. »Was hat er denn?«

Rob kauerte sich neben Howard. »Ich habe eine Erste-Hilfe-Ausbildung. Mal sehen, was ich tun kann.« Er legte zwei Finger an Hamels Halsschlagader. »Nichts mehr zu machen er ist tot.«

»O mein Gott!« Ben jagte ein kalter Schauer durch den Körper. »Wie lange schon?«

»Ich bin kein Gerichtsmediziner, Ben. Aber ich kann feststellen, ob jemand einen Puls hat oder nicht. Der da hat keinen mehr.«

Ben zog Rob hinaus auf den Flur. »Was machen wir jetzt bloß?«

»Wir müssen es melden. Rufen Sie die Polizei an.«

»Von meinem Büro aus, wo er ... ist, rufe ich aber nicht an.«

»Dann gehen Sie ins Konferenzzimmer. Je schneller, desto besser. Ich gehe in mein Büro und alarmiere unseren Sicherheitsdienst. Die sollen raufkommen und die Sache übernehmen. Los!«

Rob raste durch den Korridor und verschwand um die Ecke, in Richtung seines Büros. Ben rannte in die entgegengesetzte Richtung zum Konferenzzimmer und wählte auswendig eine Nummer.

Beim sechsten Klingeln wurde endlich abgehoben.

»Mike, hier ist Ben.«

»Hallo, Ben.« Er hörte, wie Mike ein Gähnen unterdrückte. »Reichlich spät, findest du nicht ...«

»Tut mir leid, aber es muß sein.«

»Du klingst ziemlich angespannt, Ben. Was ist denn los?«

»Um es kurz zu machen – ich hab' soeben eine Leiche in meinem Büro gefunden.«

Nach einer kurzen Pause fragte Mike: »Hast du das schon bei der Polizei gemeldet?«

»Mann, das mache ich doch gerade.«

»Ich bin zuhause, Ben. Das ist nicht gerade der normale Weg.«

»Gibt es etwa Regeln, wie man korrekt eine Leiche meldet, die man im Büro findet? Tut mir leid, aber ein Handbuch über den Umgang mit Leichen besitze ich nicht!«

»Ben, werde jetzt nicht hysterisch. Schau mal …«

»Mike, ich brauche Hilfe.« Ben holte tief Luft. »Die Leiche war in meinem Büro. An meinem zweiten Tag in dieser Firma. Ich bin in Schwierigkeiten.«

Mike seufzte. »Okay, kemo sabe. Gib mir die Adresse.«

Nach dem Gespräch mit Mike ging Ben wieder auf den Korridor, wo er Rob traf. »Haben Sie den Sicherheitsdienst verständigt?«

»Ich habe auf den Anrufbeantworter gesprochen«, antwortete Rob. »Ungeheuer beruhigend, finden Sie nicht auch?«

»Ja.« Er zog Rob am Ärmel. »Kommen sie.«

»Was? Warum sollen wir dahin zurückgehen, wo … Sie wissen schon … wo er ist.«

»Wir müssen den Raum absperren. Sonst stolpern am Ende noch Rob und Candy nichtsahnend hinein, um ihre Spuren am Tatort zu hinterlassen … Bis die Mordkommission kommt, dauert es mindestens fünfzehn Minuten.«

Widerstrebend folgte Rob Ben den Korridor hinunter. Als sie in Bens Büro kamen, erstarrten sie.

»O mein Gott!« flüsterte Ben – nicht zum erstenmal an diesem Abend.

Rob hatte die Augen aufgerissen. »Wie ist das nur möglich? Das kann doch gar nicht sein.«

Ben schaute auf die Uhr. »Wir waren nur drei, vier Minuten weg. Allerhöchstens fünf.«

»Ben, das hält man ja im Kopf nicht aus.«

Ben versuchte zu antworten, während er weiterhin auf den Teppich starrte, brachte aber nichts heraus als: »O mein Gott. O mein Gott. O mein Gott.«

Die Leiche war verschwunden.

10

Eine Stunde später quälte sich Lieutenant Mike Morelli die Treppen zum zwanzigsten Stockwerk hinauf.

»Das darf einfach nicht wahr sein, daß die ganzen verdammten Aufzüge kaputt sind! Alle auf einmal!«

»Tut mir leid«, sagte Ben.

»Hast du eine Ahnung, wie lange man braucht, um zwanzig Stockwerke hochzusteigen?«

»Gut für die Figur. Wie ich sehe, geht deine Taille auseinander.«

»Es kann schließlich nicht jeder so spindeldürr bleiben wie du.«

»Wenn dir heiß ist, warum ziehst du dann nicht diesen blöden Mantel aus?«

»Geht nicht. Der gehört zu meinem Image.« Mike schnappte nach Luft und lehnte sich an die Wand. »Ben, meine Männer haben das ganze Gebäude gefilzt. Jeden Stock, jedes Treppenhaus, den Keller, jeden nur denkbaren Winkel. Eine Leiche haben sie nicht gefunden.«

»Dann müssen sie eben nochmal anfangen.«

»Machen sie. Dennoch ist es unwahrscheinlich, daß sie eine Leiche übersehen haben. In eine Schreibtischschublade kann man die ja nicht stecken.«

»Ich habe mir das aber nicht eingebildet und Rob auch nicht.«

»Okay. Aber wo könnte die Leiche dann sein? Kannst du mir das sagen?«

»Nein.«

»Wer könnte sie weggeschafft haben?«

»Ich habe keine Ahnung.«

»Und wie konnte jemand eine schwere Leiche aus dem Gebäude verschwinden lassen, obwohl alle Aufzüge gestreikt haben?«

»Da bin ich überfragt.«

»Du bist mir eine große Hilfe, Ben. Wer ist sonst noch in dem Gebäude gewesen, als du die Leiche gefunden hast?« Ben dachte einen Augenblick nach. »Soweit ich weiß, nur ich, Rob Fielder, Herb und Candice.«

»Die beiden Letztgenannten behaupten, daß sie das Gebäude nach dem … Zusammentreffen mit euch sofort verlassen haben. Und was ist mit deinem Kumpel, mit Rob?«

»Wir sind den ganzen Tag zusammengewesen. Erst als wir Howard gefunden hatten, trennten wir uns kurz – höchstens für drei, vier Minuten. Ich habe dich angerufen und Rob den Sicherheitsdienst. Sagt er jedenfalls.«

Mike nickte. »Ich habe das überprüft. Er hat bei denen eine Nachricht auf Band gesprochen.«

»Jeder, der in diesem Gebäude arbeitet, hätte länger bleiben können. Daß ich niemand gesehen habe, heißt noch lange nicht, daß niemand da war. Hast du eine Liste der Leute, die sich nach 23 Uhr ausgetragen haben?«

»Die ist gerade in Arbeit. Die übergewichtigen Babysitter, die sich bei euch Wachleute schimpfen, habe ich aber schon gesehen. Bei denen könnte leicht jemand durchkommen, ohne sich ein- oder auszutragen.«

»Ja, ich habe selber schon gesehen, wie sie jemanden durchgewinkt haben.«

»Einmal angenommen, ein paar Leuten wäre es gelungen, die Leiche in den paar Minuten, als du nicht da warst, aus deinem Büro zu schaffen, was an sich schon schwer vorstellbar ist. Wohin haben sie den Körper dann gebracht? Schließlich waren die Aufzüge defekt. Ich glaube kaum, daß sie in ein anderes Stockwerk gekommen wären. Aus dem Gebäude heraus schon gar nicht.«

»Habt ihr überprüft, ob es noch andere Ausgänge gibt? Vielleicht eine Art Geheimgang nur für Führungskräfte? Und was ist mit den Fenstern?«

»Ich werde morgen mal nach Geheimgängen fragen. Sonderlich viel verspreche ich mir davon aber nicht. Die Fenster sind ohne Ausnahme hermetisch verriegelt. Weitere Vorschläge?«

Ben preßte die Fingerspitzen gegen die Schläfen und versuchte sich an jede Sekunde der letzten Stunde zu erinnern. Vor seinem geistigen Auge sah er noch einmal, wie er mit Rob zu seinem Büro ging, die Tür öffnete, wie der Körper aus dem Stuhl auf den Boden glitt ...

Plötzlich schnippte er mit den Fingern. »Hamel hatte etwas in der Hand. Es ist herausgefallen, als er auf dem Boden aufschlug. Ich konnte aber nicht genau erkennen, was es war.«

»Was immer es auch war, es ist nicht mehr da. Wie hat es ausgesehen?«

Ben versuchte sich zu erinnern. »Es war viereckig und flach, nicht groß – etwa wie seine Handfläche.«

»Und du hast es dir nicht genauer angesehen?«

»Das ganze war ein bißchen viel für mich. Tut mir schrecklich leid, daß ich nicht in bester Sherlock-Holmes-Manier agiert habe.«

Mike räusperte sich. »Nun, wenn dir noch etwas einfällt, dann laß es mich wissen.«

»Klar. Sag schon, wie sieht deine Strategie aus?«

»Ich weiß nicht recht, ob ich überhaupt eine habe.«

»Bringen Sie euch das nicht auf der Akademie bei?«

»Ben, du hast ja keine Ahnung, was ich zur Zeit alles um die Ohren habe ...«

»Du kannst das doch nicht einfach ignorieren?«

»Ben, ich bin bei der Mordkommission. Bisher gibt es noch keine Indizien für einen Mord! Nicht einmal für einen Todesfall!«

»Du hast meine Zeugenaussage.«

»Ich brauche mehr. Genauer gesagt – ich brauche eine Leiche.«

»Man braucht nicht unbedingt eine Leiche, um eine Untersuchung wegen Mordes einzuleiten.«

»Aber einfacher ist es allemal, wenn man eine hat. Der

Staatsanwalt jedenfalls wüßte es zu schätzen.« Er vergrub seine Hände tief in den Manteltaschen. »Bist du über die Mädchen-Morde auf dem laufenden?«

Ben nickte grimmig. »Drei Morde in weniger als zwei Wochen.«

»Ja. Ganz scheußlich. Kopf und Hände abgetrennt. Offenbar ein Serienmörder mit einem tiefen Groll gegen junge Mädchen. So etwas hatten wir hier noch nie.«

»Worauf willst du hinaus, Mike?«

»Darauf, daß alle verfügbaren Ressourcen auf diese Morde angesetzt sind. Ich natürlich auch. Angesichts der Tragweite dieser Verbrechen übrigens völlig zurecht. Was glaubst du wohl, wieviel Interesse ich da für deinen angeblichen Mord ohne Leiche wecken kann?«

Ben war mit dieser Ansicht zwar nicht einverstanden, aber er wußte, daß Mike recht hatte. »Und was rätst du mir?«

»Du könntest selber ein bißchen nachforschen. Das hast du ja auch früher schon mit gewissem Erfolg getan. Wenn du mehr Informationen zu bieten hast, könnte ich vielleicht ein paar Männer von dem Serienmordfall abziehen. Am besten wäre natürlich, wenn du eine Leiche vorweisen könntest.«

»Und wo soll ich anfangen?«

»Du mußt so viel wie möglich über das Opfer herausfinden. Wenn Hamel morgen nicht im Büro auftaucht, beginnen die Leute zu reden. Hör genau zu. Versuche möglichst viel über deine neuen Kollegen in Erfahrung zu bringen. Der Fundort der Leiche spricht dafür, daß es sich bei dem Täter um einen Apollo-Angestellten handeln könnte.«

Die Rolle des Maulwurfs war Ben zuwider, sie schmeckte nach Verrat. Er war erst zwei Tage in der Firma, und schon stellte er Nachforschungen über Mitarbeiter an und suchte nach Belastungsmaterial. »Ich werde sehen, was ich tun kann. Danke, daß du gekommen bist, Mike.«

»Kein Problem. Vielleicht legst du bei deiner Schwester ein gutes Wort für mich ein, falls ihr mal zusammenkommt.«

»Kann ich schon machen, aber sie wird nicht auf mich hören.«

»Tja, da hast du nur zu recht. Sag mal, Ben, kann ich dich noch etwas fragen, bevor ich gehe?«

»Nur zu.«

»Warum zum Teufel arbeitest du für dieses Riesenunternehmen?«

»Wie meinst du das?«

»Ich dachte eigentlich, du seist von dem Drang zum Geldscheffeln nach dem Fiasko bei Raven, Tucker & Tubb kuriert.«

»Also, das war ja wohl ganz was anderes.«

»Was hast du denn so von Mark Twain gelesen?«

»Du hast Englisch im Hauptfach gehabt, nicht ich.«

»Kennst du die Geschichte vom Gold Tennessees?«

»Ich glaub' nicht.«

Als Mark Twain jung war, hat sein Vater dauernd von diesem Gold gesprochen. Stets war er auf der Suche nach einfachen und schnellen Wegen zum Reichtum. Bei einem seiner Pläne ging es um die Spekulation mit Land – dem Gold Tennessees. Zu Geld gekommen ist sein Vater zwar nie, aber seinen Sohn hat er mit demselben Verlangen infiziert. Auch als er längst ein erfolgreicher Schriftsteller war und finanziell recht gut dastand, verfolgte Mark Twain noch diesen Traum. Einmal investierte er in eine Druckerpresse, die sich noch im Entwicklungsstadium befand – in der Hoffnung, daß diese Maschine das Verlagswesen revolutionieren und ihn unvorstellbar reichmachen würde. Doch es gab Schwierigkeiten, und er mußte Geld nachschießen. Um es kurz zu machen – die Maschine verschlang sein ganzes Vermögen, und das Projekt platzte. Es brachte nie auch nur einen Cent ein. Nun war Mark Twain nicht mehr relativ wohlhabend, sondern völlig mittellos. Um seine Schulden abzuzahlen, nahm er höchst strapaziöse Vortragsreisen auf sich – in vorgerücktem Alter und zu einer Zeit, als das Reisen nicht gerade einfach war. Außerdem schrieb er im Schnellverfahren Bücher von zweifelhafter Qualität. Für Geld tat er fast alles. Finanziell kam er schließlich wieder auf die Beine, doch er war verbittert, seine Gesundheit war ruiniert, von seiner Familie hatte er sich entfremdet. Möglicherweise war das Fiasko sogar daran mitschuldig, daß seine Frau und zwei Töchter starben.« Mike ließ seine Augenbrauen spielen. »Alles klar?«

Ben verzog den Mund. »Vermutlich willst du mir auf deine überaus subtile literaturwissenschaftliche Art zu verstehen geben, daß ich dem Gold Tennessees oder so was Ähnlichem hinterherhechle.«

»So ist es. Wahrscheinlich kommt das bei dir aus derselben Ecke wie bei Mark Twain – vom Vater.«

»Ach ja? Laut Christina geht meine Entscheidung für diese Stelle auf meine Mutter zurück.«

»Auch möglich.«

»Bleib lieber bei der Kriminalität, mein Lieber. Als Psychoanalytiker bist du eine Niete.«

»Meinst du. Versuche heute nacht jedenfalls ein bißchen zu schlafen. Kuschle dich an deine Katze, und vergiß die böse Welt mit ihren Serienmördern und den Leichen, die dir in die Arme purzeln.«

»Danke.« Wieder lief Ben ein eiskalter Schauer über den Rücken. »Schön wär's ja.«

11

Die brünette Polizistin, die am Empfang Dienst tat, erklärte Tomlinson den Weg zum Röntgenraum. Sie sah gut aus und zeigte deutliches Interesse an ihm. Aber er nicht an ihr. Nicht etwa, daß sie ihn nicht gereizt hätte. Nur hatte er das deutliche Gefühl, daß Karen davon gar nicht begeistert wäre, und er dachte gar nicht daran, seine Beziehung zu Karen für eine schnelle Nummer aufs Spiel zu setzen.

An der Tür des Röntgenraums klingelte er, und nach einer Weile schnappte das automatische Schloß auf. Gut. Koregai hatte seine Nachricht also erhalten. Tomlinson hatte sich telefonisch angemeldet und dabei erfahren, daß Koregai gerade mit der erneuten Untersuchung der zweiten Leiche beschäftigt war – eine äußerst günstige Gelegenheit für

Tomlinsons Nachforschungen. In weniger als fünfzehn Minuten durchquerte er die ganze Stadt – Blaulicht und Sirene waren dabei natürlich eine gewisse Hilfe.

Koregai war schon sehr lange in Tulsa Gerichtsmediziner. Schon zu Zeiten lange vor Tomlinsons Eintritt in den Polizeidienst. Inzwischen rankten sich Legenden um seine Person. Er war berüchtigt für seine unkooperative Art. Offenbar glaubte er, sämtliche Strafverfolgungsbehörden seien nur für ihn da. Wenn man allzu nachdrückliche Forderungen an ihn richtete, kam es vor, daß Autopsieberichte auf mysteriöse Weise verlegt wurden oder verloren gingen. Daß er nicht längst entlassen worden war, lag daran, daß er auf seinem Gebiet unbestritten die beste Arbeit leistete und vor Gericht sogar noch besser war.

Tomlinson ging zum Tisch in der Mitte der Dunkelkammer. In der gedämpften fluoreszierenden Beleuchtung ging von dem bläulichen Körper auf dem Tisch ein unheimlicher eisiger Glanz aus. Tomlinson brauchte nicht zu fragen, um wen es sich handelte: Das Fehlen des Kopfes und der Hände erklärte alles.

»Ich bin Sergeant Tomlinson. Ich würde gerne zuschauen, wenn das möglich ist.«

Koregai gab keine Antwort.

Tomlinson nahm das Schweigen als Zustimmung. Auf einem Klemmbrett am Tischende sah er den ausgefüllten Vordruck des vorläufigen Autopsieberichts und überflog ihn. Immer wieder hieß es: »Im Normalbereich«. Nur in das Feld »Sonstiges« ganz unten auf der Seite hatte Koregai »kein Kopf, keine Hände« gekritzelt.

Sehr informativ.

Koregai schaltete die Deckenbeleuchtung aus. Er war klein und dunkelhaarig, ein Amerikaner asiatischer Herkunft. Nicht gerade freundlich, doch dagegen hatte Tomlinson nichts einzuwenden. Etwas Schlimmeres als einen kumpelhaften Gerichtsmediziner konnte er sich kaum vorstellen. Koregai schaltete ein viereckiges Kästchen von der Größe eines Toasters an. Auf der Vorderseite des Geräts begannen grüne Lichtpunkte zu tanzen. Dann nahm er einen kleinen

Metallstab in die Hand, der über ein Spiralkabel mit dem Gerät verbunden war.

Der Gerichtsmediziner setzte ein kleines Diskettenlaufwerk in Gang und drückte auf einen Knopf an dem Stab. Ein blauer Lichtstrahl blitzte auf.

»Was ist das?« fragte Tomlinson.

Zu seiner Überraschung kam von Koregai eine gemurmelte Antwort: »Laser.«

»Wozu dient das?«

Koregai drückte den Stab an das rechte Schlüsselbein der Leiche. Langsam und methodisch fuhr er dann über den ganzen Körper, Zentimeter für Zentimeter. »Durch das synchronisierte Laserlicht werden Atome dazu stimuliert, phasengleich Licht auszusenden.«

»Aha«, sagte Tomlinson. Falls das zum Lehrstoff der Polizeischule gehört hatte, war er in der betreffenden Stunde nicht dagewesen. »Und das ist aufschlußreich?«

»Könnte man sagen. Man sieht dadurch Dinge, die sonst unsichtbar bleiben würden.«

»Ich verstehe. Fasern. Beweisspuren.«

»Genau. Auch Fingerabdrücke.«

»Toll.« Tomlinson stellte sich neben Koregai. »Das Gerät muß eine große Hilfe für Sie sein.«

»Mhm.« Koregai bewegte den Stab immer weiter den Körper hinab. »Ein High-Tech-Staubsauger.«

Tomlinson wechselte das Thema, da Koregai ein wenig verstimmt klang. »Erstaunlich, daß dieser Test nicht längst gemacht wurde.«

Einen Sekundenbruchteil hielt Koregai inne, um dann sofort wieder mit seiner Untersuchung fortzufahren. »Ich habe die Leiche längst untersucht, und zwar gründlich.«

Tomlinson merkte langsam, worüber sich Koregai ärgerte. »Diese erneute Untersuchung war also nicht ihre Idee?«

»Absolut nicht.« Koregai drückte mit den Fingern gegen die Haut in der Beckengegend, wodurch das Licht in verschiedenen Brechungswinkeln zurückgeworden wurde. »Die sind völlig fertig mit den Nerven, weil sie keinerlei Anhaltspunkte haben. Aber der Mörder ist viel zu vorsichtig.

Er hat seine Opfer auch von den allerkleinsten Beweisspuren gereinigt. Deshalb habe ich beim ersten Mal nichts gefunden, und deshalb finde ich auch diesmal nichts.«

War die erneute Untersuchung der Leiche für Koregai ärgerlich, so war sie für Tomlinson ein Segen, da der schweigsame Koregai aus lauter Wut gesprächig wurde. »Sie haben also nichts Interessantes gefunden?«

»Warum fragen Sie?«

»Also, wenn ich wüßte, was Sie wissen, könnte ich vielleicht draußen im Revier etwas entdecken, was …« Er war um die richtigen Worte verlegen – Unterwürfigkeit war nicht gerade seine Stärke. »… was Sie für Ihren Bericht brauchen könnten.«

»Sind Sie denn an dieser Untersuchung beteiligt?«

»Äh … ja. Allerdings nicht offiziell.«

»Nicht offiziell?« Koregai runzelte die Stirn und fuhr mit seiner Arbeit fort. »Na ja, warum nicht. Die offiziellen Ermittler haben Unterstützung bitter nötig.«

Tomlinson fuhr plötzlich nach vorne, wobei er an den Tisch stieß. »Was ist das?«

Koregai geriet aus dem Gleichgewicht und stolperte zur Seite. »Das darf doch wohl nicht wahr sein.« Er murmelte ein paar Worte in einer fremden Sprache. »Verlassen Sie sofort …«

»Ich glaube, ich habe etwas gesehen«, sagte Tomlinson hastig. »In dem blauen Lichtstrahl.«

Mit gerunzelter Stirn hielt Koregai den Stab wieder über den Körper. Er war in der Mitte des Beckens angelangt, direkt über dem Schamhaar.

»Ein bißchen weiter oben.«

Koregai folgte seiner Anweisung. Er bewegte den Stab vor und zurück, dann ließ er ihn kreisen. Der Lichtstrahl glitzerte. Dann sah der Gerichtsmediziner, was Tomlinsons Aufmerksamkeit erregt hatte. Mit einer kleinen Pinzette hob er ein einzelnes Haar von der Haut und ließ es in ein Glasfläschchen fallen.

»Ist das von Bedeutung? Was meinen Sie?« fragte Tomlinson.

»Das ... weiß ich nicht. Ich muß ... erst Tests machen.«

Tomlinson sah, daß Koregai ziemlich durcheinander war. Er war daran gewöhnt, fehlerfrei zu arbeiten, und nun hatte ihn irgendein blöder Sergeant bei einem Fehler ertappt.

»Dr. Koregai, es tut mir leid, daß ich Sie erschreckt habe. Ich bin sicher, Sie hätten das Haar im nächsten Moment selber gesehen.«

Koregai unterbrach seine Arbeit, stellte das Diskettenlaufwerk ab und schaute Tomlinson an. Ganz langsam wich die Anspannung aus seinem Gesicht. Er begriff, daß er gerade ein Friedensangebot erhalten hatte. »Gibt es ... etwas, wobei ich Ihnen behilflich sein kann?«

Tomlinson lächelte. »Ich weiß nicht. Ist Ihnen bei der Untersuchung der Leichen irgend etwas begegnet, das mich vielleicht weiterbringen könnte? Was vielleicht alle anderen übersehen oder für unwichtig gehalten haben? Auch Dinge, die Ihnen als trivialste Nebensächlichkeiten erscheinen, könnten mir einen Zugang zu dem Fall eröffnen.«

Koregai überlegte eine Weile, ging dann ohne ein Wort zu der Leiche zurück und hob mit seinem Stab behutsam die linke Brust an. Eine kleine Tätowierung wurde sichtbar: ein Schmetterling mit einem Blumenkranz um die Flügel.

Tomlinson wußte, daß der Gerichtsmediziner feststellen konnte, wie lange die Tinte schon unter der Haut war. »Wie alt ist das?«

»Das Bild wurde erst vor kurzem eintätowiert.«

»Hat das auch schon jemand anders gesehen?«

Koregai nickte. »Es steht in meinem Bericht. Aber die wissen nichts damit anzufangen. Man hat versucht zu ermitteln, wo es herstammt. Ohne Erfolg.«

Tomlinson strahlte. »Ich bin Ihnen wirklich zu Dank verpflichtet, Dr. Koregai. Würden Sie mich bitte informieren, wenn Sie zu irgendeinem Ergebnis in bezug auf das Haar kommen?«

Koregai verbeugte sich höflich, um sich dann sofort wieder an die Arbeit zu machen.

Tomlinson stürmte aus dem Röntgenraum. Am liebsten

hätte er die Spur sofort verfolgt, doch leider erwartete ihn erst einmal die Telefonzentrale. Kein Problem. Wahrscheinlich hatte er nach Mitternacht sowieso bessere Chancen.

Ihm war klar, warum sonst niemand etwas mit der Tätowierung anfangen konnte. Man verbuchte sie wahrscheinlich als Hinweis, der nützlich wäre, um eine mutmaßliche Identität zu überprüfen, aber nicht, um eine völlig unbekannte Person zu identifizieren.

Und das war ein Trugschluß. Schon möglich, daß der Polizeielite die Tätowierung nichts sagte, Tomlinson dagegen verriet sie eine ganze Menge. Besonders vor dem Hintergrund seiner bisherigen Überlegungen.

Heute nacht würde seine Stunde schlagen.

12

Ben schlief oder besser versuchte zu schlafen, als er spürte, wie an seinem Gesicht etwas Nasses, Kühles entlangstrich.

»Was zum Teufel …!« Er öffnete die Augen. Es war die riesige schwarze Katze, die Christina ihm letztes Jahr geschenkt hatte. Sie lag auf seiner Brust, hatte die Vorderpfoten um seinen Hals gelegt und rieb ihre feuchte Schnauze an seinem Gesicht.

»Giselle! Ich habe schon einen Wecker, falls du das noch nicht gemerkt hast. Und der rasselt erst in anderthalb Stunden.«

Giselle schmiegte ihren weichen Kopf an seinen Hals und schnurrte.

»Was gibt es denn so Dringendes? Ich habe dich doch gestern abend erst gefüttert.« Er seufzte. »Na, meinetwegen. Genausogut könnte ich ein Baby haben.«

Er schwang sich aus dem Bett, warf sich einen Bademantel über und ging zur Kochnische seines kleinen Appartements. Giselle blieb ihm dicht auf den Fersen. Er griff in die oberste Schublade, fischte eine Dose ›Katzenglück‹ heraus und öffnete sie.

Fischgeruch schlug ihm entgegen. Giselle hob den Kopf und schaute erwartungsvoll zu Ben auf.

»Gut, Giselle, versuchen wir nochmal den Trick Nummer eins.« Mit der freien Hand tippte er auf die Schulter. »Spring!«

Er wartete vergebens. »Nun spring schon, Giselle. Los!« Wieder wartete er – auch diesmal vergebens.

»Giselle! Zuerst springst du auf meine Schulter, und als Belohnung gebe ich dir dein Futter. Es gibt überhaupt keinen Grund, warum du diese simplen Tricks nicht hinkriegen solltest. Also los!«

Giselle trottete zu ihrem Freßnapf hinüber, ließ sich mit ihrem ganzen – beträchtlichen – Gewicht auf den Boden plumpsen und wartete.

»Komm, sei nicht so faul. Verdiene dir dein Fressen. Spring!«

Giselle hob ihren Kopf ein ganz klein wenig, schaute ihn mit großen, hungrigen Augen an und ließ ein ganz leises, erbarmungswürdiges Miauen hören.

»Meinetwegen!« Er beugte sich zu dem Freßnapf hinab und kratzte das Futter aus der Dose. Aus dem Miauen wurde ein sanftes Schnurren. Sowie er fertig war, machte sich die Katze über den Napf her.

»Na schön«, sagte Ben und zog sich den Bademantel zurecht, »machen wir die Springübung eben heute abend. Aber dann gibt es keine Ausflüchte.« Er legte eine CD von Christine Lavin auf, holte aus einem Fach neben dem Kühlschrank eine Packung Cornflakes und ein Schälchen, fand dann aber, daß letzteres überflüssig war und löffelte die Cornflakes direkt aus der Packung. Vom Spültisch holte er sich ein relativ sauberes Glas und schenkte sich Schokoladenmilch ein. Mit einem wohltuenden Zug trank er das Glas halb leer und leckte sich den Schokoladenbart von der Oberlippe.

An der Eingangstür klopfte es leise. Ben schaute auf die Uhr am Backofen. Erst halb sieben.

Seine Vermieterin stand vor der Tür.

»Guten Morgen, Mrs. Marmelstein.«

»Ich höre, Sie haben eine neue Stelle, Ben.«

»Stimmt. Beim Apollo-Konzern in der Rechtsabteilung. Man könnte fast meinen, daß doch noch was aus mir wird.«

Sie schniefte. »Das erklärt wohl, warum Sie gestern abend nicht gekommen sind, um meine Abrechnung durchzusehen?«

»Ach herrje.« Wenn er konnte, versuchte Ben Mrs. Marmelstein bei der Regelung ihrer eher bescheidenen geschäftlichen Angelegenheiten behilflich zu sein. Sie hatte von ihrem Mann Anteilscheine an einem Ölfeld geerbt und komfortabel davon gelebt, bis die Geldquelle versiegt war. Inzwischen war ihr Vermögen längst dahingeschmolzen, was sie freilich noch nicht so recht wahrhaben wollte.

»Es tut mir leid, Mrs. Marmelstein. Ich mußte gestern Überstunden machen und …«

»… und ich mußte allein mit Mr. Perry fertigwerden.«

Mr. Perry bewohnte ein Zimmer im Erdgeschoß. Ben war ihm noch nie begegnet. »Worüber hat er sich denn diesmal beschwert?«

»Er sagt, die Klimaanlage in seinem Zimmer funktioniert nicht, und das macht ihn fix und fertig. Können Sie sich das vorstellen?«

So ein undankbarer Mensch, dachte Ben. Wo es gestern allenfalls 36 Grad hatte. »Haben Sie Jack Abel Bescheid gesagt?« Abel war ein handwerklich begabter Nachbar, und Ben versuchte mit seiner Hilfe Mrs. Marmelsteins Reparaturrechnungen niedrig zu halten.

»Nein. Mr. Perry ist mir derart lästig geworden, daß ich mich dazu entschloß, einen richtigen Handwerker zu rufen.«

Ben seufzte. »Wen haben Sie angerufen?«

»Die Firma Air Professionals. Richtige Profis, wissen Sie.«

Ja, richtige Profis – mit dementsprechenden Honoraren. Nun gut, das war nicht mehr zu ändern. Irgendwie würde er dafür sorgen, daß sie ihr Geld bekam.

»So wird das wohl in Zukunft immer sein«, sagte Mrs. Marmelstein traurig. »Wo Sie jetzt so ein wichtiger Manager sind, werden Sie keine Zeit mehr für meine kleinen Probleme haben.«

»Das stimmt nicht. Ich mußte gestern bloß Überstunden machen, und …«

»Sparen Sie sich Ihre Worte. Ich weiß schon, daß ich sehr unbedeutend bin neben all den großen Tieren von Apollo mit ihren dicken Zigarren. In Zukunft werden Sie andauernd in Firmenjets herumdüsen und mit wohlproportionierten Schicksen verkehren.«

»Also, von Firmenjets halte ich überhaupt nichts.«

»Wenn ich Sie in Zukunft überhaupt noch zu Gesicht bekomme, dann wohl am ehesten in Gesellschaft Ihres Polizistenfreunds …«

Ben horchte auf. »Mein Polizistenfreund?«

»… der meinen Garten zertrampelt und diese zwielichtigen Elemente in unsere gute Gegend einschleppt.«

Außer Mrs. Marmelstein würde bestimmt kein Mensch die North Side mit ihren billigen Mietwohnungen als ›gute Gegend‹ bezeichnen. »Wie kommen Sie jetzt ausgerechnet auf meinen ›Polizistenfreund‹?«

Sie zuckte mit den Schultern. »Er ist unten.«

»Mike ist hier?« Er schob sich an ihr vorbei und rannte die Treppe hinunter.

Wieder schniefte sie. »Bald wird wahrscheinlich keiner mehr die Leute, die hier wohnen, von den Zuhältern und Drogendealern unterscheiden können.«

Ben rannte die Treppe hinunter und öffnete die ramponierte Tür. Mike funkelte ihn sehr ungeduldig an.

»Wurde aber auch langsam Zeit, Kincaid. Ich dachte schon, ich muß mir einen Durchsuchungsbefehl besorgen.«

Über Mikes Schulter konnte er noch vier Männer sehen, zwei in Zivil, zwei in Uniform. Auf der Straße standen zwei Polizeiautos. Das eingeschaltete Blaulicht warf einen unheimlichen Schein auf die Gesichter der Polizisten.

»Würde mich wundern, wenn das meine Eskorte zur Arbeit wäre.«

»Wir haben Hamel gefunden«, sagte Mike.

»Hamel?«

»Richtig.«

»Und *ist* er tot?«

»Sehr tot.«

»Junge, Junge, das ging vielleicht schnell. Ihr müßt verdammt gute Ermittler sein.«

»Geht leider nicht auf unser Konto, jemand anders hat die Leiche entdeckt. Wir haben lediglich einen anonymen Hinweis erhalten.«

»Na ja, was soll's. So oder so eine gute Nachricht.«

»Ich wäre mir da nicht so sicher.«

Ben blieb die Begeisterung im Halse stecken. Wieso schaute Mike bloß so grimmig drein?

»Wo habt ihr die Leiche gefunden?« fragte Ben zögernd.

»Hier, in der Einfahrt hinter dem Haus. Du weißt schon, wo du immer parkst.«

»Hinter dem Haus?« Ben wiederholte die Worte, ohne ihren Sinn so richtig zu begreifen. »Wie kommt die denn da hin?«

Mike tauschte mit den Polizisten rechts und links von ihm einen kurzen Blick und wandte sich wieder Ben zu. »Nun, die allgemeine Meinung geht dahin, daß sie in deinem Auto, in dem sich reichlich Blut und Haare des Opfers finden, transportiert wurde.«

Ben spürte, wie sich sein Magen zusammenzog.

Der große Mann neben Mike schaltete sich ein. »Mr. Kincaid, mein Name ist Blackwell. Polizeipräsident. Ich möchte Ihnen ein paar Fragen stellen.«

13

Ben richtete seinen Blick auf die imposante Gestalt des Polizeipräsidenten. Blackwell war ein massiver, kräftiger Mann, der beim Sprechen die Muskeln in Nacken und Schultern anspannte.

»Ein paar ... Fragen?« stotterte Ben.

»Nun ja, Sie können sich denken, daß sich in uns eine gewisse Neugierde geregt hat«, sagte Blackwell leichthin.

Ben versuchte ruhig zu bleiben. »Zuerst möchte ich die Leiche sehen.«

Blackwell klappte seinen Notizblock auf. »Immer schön der Reihe nach. Zunächst möchte ich Sie fragen ...«

»Ich glaube, es könnte nicht schaden, wenn wir ihn die Leiche sehen lassen. Womöglich macht ein kurzer Blick seine Antworten hellsichtiger.«

Bevor sich Ben dagegen wehren konnte, zog Mike ihn am Ärmel seines Bademantels an Blackwell vorbei aus dem Eingang. Der Polizeichef war offenkundig verärgert über diese Autoritätsanmaßung.

War die Einfahrt hinter dem Haus eigentlich nichts weiter als eine holprige, mit Unkraut durchsetzte Kiesfläche, auf der Ben seinen nicht mehr ganz neuen Honda Accord parkte, so war an diesem Morgen dagegen der Teufel los. Mindestens zehn Polizisten, teils in Uniform, teils in Zivil schwirrten mit den diversesten Utensilien wie Pinzetten, Kameras und Vergrößerungsgläsern am Tatort herum. Drei Assistenzärzte waren gerade dabei, die Tragbahre, auf die sie die Leiche Hamels gelegt hatten, in den Krankenwagen einzuladen.

Ben überwand seinen Widerwillen und betrachtete den Körper. Er sah noch genau gleich aus wie beim letzten Mal, in Bens Büro. Weder an Hamel noch an seiner Kleidung fiel irgend etwas auf. Er war einfach nur tot. Sein Gesicht strahlte sogar so etwas wie Zufriedenheit aus, so als ob er nur schliefe.

»Woran ist er gestorben?«

»Koregai hat mit der Untersuchung *noch* nicht begonnen«, antwortete Mike.

»Ich sehe keine Blutflecken. Wo kommt dann das Blut her, das man angeblich in meinem Auto gefunden hat?«

»Weiß ich nicht. Das überlassen wir auch dem Gerichtsmediziner.«

Blackwell trat zu einem Polizisten und erteilte ihm in schroffem Tonfall Anweisungen. Unterdessen versuchte Ben, nicht in sein Blickfeld zu geraten. Der Mann mit dem Camcorder packte seine Ausrüstung zusammen; demnach war der Tatort bereits aus jedem denkbaren Blickwinkel fotografiert und gefilmt worden. Zwei Männer krochen noch auf allen Vieren umher, die Augen dicht am Boden.

»Sind die beiden für Haare und Fasern zuständig?« fragte Ben.

Mike nickte. »Nach Fingerabdrücken haben wir schon gesucht, sowohl in der Einfahrt als auch in deinem Auto. Wir haben aber keine gefunden. Abgesehen von deinen, natürlich.«

»Wie du weißt, hättet ihr euch mein Auto ohne Durchsuchungsbefehl gar nicht vornehmen dürfen.«

»Der Meinung bin ich nicht. Die Fahrertür stand offen, und auf den Schutz der Privatsphäre kannst du dich unter diesen Umständen wohl kaum berufen.«

»Wie praktisch.«

Mike trat nahe an Ben heran und sprach mit gesenkter Stimme. »Ben, ich kann Blackwell nicht mehr lange hinhalten. Wenn es irgend etwas gibt, was du mir persönlich sagen willst …«

»Ich habe ihn nicht umgebracht, Mike.«

»Weiß ich, weiß ich«, beschwichtigte Mike. Dennoch schien er erleichtert zu sein, daß Ben dies ausdrücklich sagte. »Aber hast du eine Idee, wer es gewesen sein könnte?«

»Keine Ahnung.«

»Was ist mit Crichton? Hatte Hamel Probleme mit dem Chef?«

»Schon möglich. Ich weiß es aber nicht.«

»Und was ist mit dem Typen, der gestern abend bei dir war?«

»Das habe ich dir doch schon gesagt. Rob war den ganzen Tag mit mir zusammen. Bis wir auf die Leiche stießen, waren wir keine zehn Sekunden von einander getrennt. Wenn Hamel also nicht schon länger als vierundzwanzig Stunden tot ist, kommt Rob nicht in Frage.«

»So lange ist das nicht her. Das sehe ich selber, dazu brauche ich keinen Gerichtsmediziner.«

»Eben.«

Mike vergrub die Hände in den Manteltaschen. »Und irgendein anderer Idiot aus deinem Laden? Zum Beispiel dieser Typ, den du gestern abend in flagranti erwischt hast. Vielleicht war er sauer, weil er mit heruntergelassenen Hosen ertappt wurde, und hat sich daraufhin gerächt.«

77

»Vielleicht. Vielleicht auch nicht. Ich habe keine Ahnung. Ich weiß nicht genug über diese Leute – noch nicht.«

»Das ist die richtige Einstellung. Dein Einsatz könnte entscheidend sein. Meine Leute werden die ganze Gegend gründlich absuchen, und ein paar von meinen Jungs werden deine Nachbarn befragen, aber wie schon gesagt, wir stecken bis zum Hals in dieser Serienmordgeschichte. Darum ist Blackwell auch persönlich anwesend. Bis dieser Fall gelöst ist, besichtigt er bei jedem Mordfall selbst den Tatort.«

»Interessiert er sich neuerdings ganz besonders dafür?«

Mike lächelte flüchtig. »Vor allem interessiert er sich für sein Image in der Öffentlichkeit. Die Presse faßt uns nicht gerade mit Samthandschuhen an, seit die Mordserie eingesetzt hat. Blackwell hat ordentlich Zunder gekriegt. Der Stadtrat hat ihn sogar zum Rücktritt aufgefordert. Vermutlich sagt er sich, es kann nicht schaden, wenn er sich als aggressiver Ermittler in Szene setzt – genau der richtige Stoff für die Sechs-Uhr-Nachrichten.«

»Kommt durch seinen persönlichen Einsatz wenigstens auch die Aufklärung der Morde schneller voran?«

Mike zündete sich seine Pfeife an. »Eher im Gegenteil, würde ich sagen.« Er zog ein paarmal kräftig, bevor er die Pfeife aus dem Mund nahm. »Blackwell hat für diese neue Mordsache kaum noch Ressourcen übrig. Für ihn wäre es am besten, wenn dieser zusätzliche Störfaktor schnell bereinigt würde. Will man aber eine Untersuchung unbedingt zu einem schnellen Ende bringen, knöpft man sich in der Regel den nächstbesten Verdächtigen vor. Und das bist du, Ben.«

»Kannst du mir erklären, was ›vorknöpfen‹ heißt?«

»Zunächst einmal Inhaftierung wegen Fluchtgefahr und dann endlose Verhöre. Vielleicht läßt man auch gezielt fragwürdige Informationen durchsickern, um die Verurteilung durch die Presse sicherzustellen. Und natürlich wird der Verdächtige bearbeitet, bis er zusammenbricht. So läuft das in groben Zügen ab.«

»Ach so.« Ben versuchte trotzdem zu lächeln. »Vielen Dank für die anschaulichen Details.«

»Keine Ursache.«

Ben sah wie Joni und Jami, die Zwillinge, die mit der ganzen Familie in einem Zimmer im oberen Stock wohnten, um die Hausecke schielten.

»Hallo Joni«, sagte Ben winkend.

Joni kam vorsichtig hinter der Ecke hervor; Jami hielt sich dicht hinter ihr.

»Keine Angst, ich bin unbewaffnet. Hallo Jami.«

»Du machst mir doch keine Angst, Benjamin«, sagte Jami. Sie musterte Mike und die anderen Polizisten. »Aber was ist denn hier los? Hilfst du der Polizei mal wieder bei der Lösung eines Falls?«

Mike zog eine Augenbraue hoch.

»Diesmal sieht es eher so aus, als ob ich der Hauptverdächtige wäre«, antwortete Ben.

»Echt?« Jami fuhr sich mit der Hand durch die langen schwarzen Haare. »Wie lautet die Anklage?«

»Mord.«

Sie bekam große Augen. »Wirklich?«

»Na, sagen wir mal – vielleicht«, warf Mike ein.

»Wahnsinn«, kam diesmal von Joni.

Ihre Wertschätzung für Ben wuchs durch diese unerwartete Wendung des Geschehens offenbar ganz enorm. »Ein Verbrechen aus Leidenschaft oder etwas in der Art?«

»Weiß ich nicht«, sagte Ben, »ich war's nicht.«

Enttäuscht verschränkte sie die Arme vor der Brust. Dann schaute sie zu den Polizisten hinüber, die immer noch durch die Gegend schwirrten. »Ah, verstehe! Du bist natürlich unschuldig!« Sie zwinkerte ihm zu. »Du läßt dich nicht von deiner Geschichte abbringen, und die lautet, daß dir irgend jemand einen Mord anzuhängen versucht. Hab ich recht?«

»Um mich ganz deutlich auszudrücken …«

Die Unterhaltung wurde nun durch Blackwell unterbrochen, der sich an Ben wandte: »Kincaid, jetzt knöpfen wir uns Sie vor. Alles klar?«

»Wenn sie mich so fragen …«

»Gut. Fangen wir an.«

»Wollen Sie nicht lieber warten, bis das Kamerateam anrückt?«

Blackwell strich sich die Haare glatt. »Glauben Sie, das Fernsehen schickt ...« Er brach ab. »Ach so. Sie sind wohl ein richtiger Klugscheißer.«

»Schuldig im Sinne der Anklage.«

»Morelli hat mir bereits weitergegeben, was Sie ihm über die Vorfälle bei Apollo aufgetischt haben.«

»Aufgetischt? Ich habe ihm die Wahrheit gesagt.«

»Ach ja? Vielleicht können Sie mir dann erklären, wie die Leiche aus dem Hochhaus geschafft wurde?«

»Nein. Tut mir leid.«

»Ich habe die Leiche hochgehoben. Leicht war sie nicht, kann ich Ihnen sagen. Ihrer Aussage zufolge waren Sie nur drei, vier Minuten weg.«

»Richtig.«

»Ja, wo ist die Leiche dann hingekommen?«

»Ich weiß nicht.«

»Was machte der Mann überhaupt in Ihrem Büro?«

»Weiß ich nicht.«

»Und wie kam er in Ihr Auto?«

»Weiß ich auch nicht.«

»Wie ist er in die Einfahrt hinter Ihrem Haus gekommen?«

»Weiß ich nicht.«

Blackwell knurrte höhnisch. »Ihr Anwälte seid doch alle gleich. Immer auf alles eine aalglatte Antwort.«

Ben und Mike tauschten einen Blick.

»Vielleicht läßt sich ja Ihr alter Zimmergenosse aus dem College von Ihnen verarschen, aber ich kaufe Ihnen das nicht ab.«

»*Sie* brauchen mir überhaupt nichts abkaufen. Nur sollten Sie mich nicht deswegen einsperren, weil Ihnen ein Verdächtiger ganz gelegen käme. Draußen bin ich wertvoller für Sie.«

Blackwell neigte den Kopf zur Seite. »Wie das?«

»Hamel wurde im Apollo-Hochhaus umgebracht, folglich sind seine Kollegen in der Rechtsabteilung die Hauptverdächtigen. Und genau da arbeite ich.« Er beugte sich zu Blackwell vor. »Lassen Sie mich auf freiem Fuß. Dann kann ich diese Leute unter die Lupe nehmen und sehen, ob ich Anhaltspunkte finde.«

»Sie?«

»Es wäre nicht das erste Mal, daß ich an der Aufklärung von Verbrechen beteiligt bin. Fragen Sie Mike. Ich war früher bei der Bezirksstaatsanwaltschaft angestellt. Sie verfügen doch gar nicht über die Leute, um diesen Fall untersuchen zu lassen, aber *ich* könnte einspringen. Und sollte dabei nichts herauskommen, verlieren Sie auch nichts. Dann können Sie mich immer noch einsperren und den Schlüssel wegschmeißen.«

Blackwell schien nachzudenken. »Sie haben wirklich Zugang zu dem Büro, in dem Hamel arbeitete?«

»Ja.«

»Und zu allen seinen Mitarbeitern auch?«

»Ja, zu allen.«

»Hm. Besser ist es schon, wenn man jemand in dem Laden hat. Einem Polizisten, der hineinmarschiert und Aussagen aufnimmt, werden die ja nie was verraten. Und es wäre natürlich einfacher, wenn man nicht erst einen verdeckten Ermittler einschleusen müßte. Gut, Sie bekommen Ihre Chance. Sie haben eine Woche Zeit, um Erkenntnisse zu sammeln. Ich erwarte, daß Sie sich täglich bei Morelli melden. Täglich. Ist das klar?«

»Vollkommen klar.«

Er legte seinen Zeigefinger auf Bens Brust. »Wenn Sie innerhalb einer Woche keinen anderen Verdächtigen haben und keine handfesten Verdachtsmomente liefern können, werden meine Jungs Sie zum Verhör abholen. Zu einem langen Verhör, das sich über Tage hinziehen könnte und bei dem sich unsere Laune rapide verschlechtern könnte, wenn wir nicht hören, was wir hören wollen.«

»Verstehe«, sagte Ben.

»Gut«, sagte Blackwell barsch. »Und denken Sie daran – eine Woche und dann ist Schluß. Keine Verlängerung.« Er machte auf dem Absatz kehrt und knallte beinahe mit Mrs. Marmelstein zusammen.

»Mrs. Marmelstein«, sagte Ben, »was machen Sie denn schon so früh hier draußen.«

»Ich habe Ihnen Kuchen gebracht«, sagte sie. Sie trug das Tablett in Brusthöhe vor sich her. »Ich dachte mir, wenn ihr

Männer schon den ganze Morgen hier draußen in der Kälte herumstehen müßt, solltet ihr wenigstens etwas im Magen haben.«

Ben sah den gequälten Ausdruck in den Gesichtern von Blackwell, Mike und den anderen Polizisten, die sich alle unauffällig abzusetzen versuchten.

Mochte denn niemand Kuchen?

14

Ben warf die Akten in seine Tasche und eilte in den Konferenzraum, in dem die Zeugenvernehmung stattfinden sollte. Glücklicherweise hatte er sich gestern schon auf den Termin vorbereitet, heute morgen hätte er weiß Gott keine Zeit gehabt. Nachdem er eine Leiche hinter seinem Haus gefunden und nur mit knapper Not dem Knast entgangen war, konnte er von Glück sagen, daß er überhaupt hier war.

In Gedanken ging Ben seine Pläne noch einmal durch. Bei dieser Art von Zeugenvernehmung stellte der Verteidiger Fragen, und die Antworten des Zeugen wurden von einem Gerichtsschreiber festgehalten. Wenn der Vertreter des Klägers gegen eine Frage Einspruch erhob, wurde dies ebenfalls protokolliert. Da jedoch kein Richter zugegen war, um sofort über den Einspruch zu entscheiden, mußte der Zeuge trotzdem antworten, es sei denn, sein Anwalt forderte ihn ausdrücklich auf, dies nicht zu tun.

Dieses Verfahren war dazu gedacht, auf schlichte, emotionslose Art Tatsachen festzustellen. Ben hoffte, daß es auch so ablaufen würde.

Seinerseits hatte er jedenfalls nicht vor, die Angelegenheit in die Länge zu ziehen. Er wollte nur gezielt eine Reihe von Fragen stellen, um in Erfahrung zu bringen, wie sich der Tathergang aus der Sicht des Klägers darstellte, und um weitere Informationen zu sammeln, die für die Verteidigung des Apollo-Konzerns gegen den Vorwurf des Konstruktionsfehlers nützlich sein konnten.

Dann wollte er die Zeugenvernehmung so elegant und schmerzlos wie möglich beenden. So stellte er sich die Sache jedenfalls vor.

»Morgen, Ben«, sagte Rob, als Ben in den Konferenzraum kam. »Sie kommen zu spät.«

»Bitte Rob, lassen Sie mich in Ruhe. Ich bin ziemlich geladen.«

»Klar, kein Problem«, lenkte Rob ein. »Kommen Sie, ich stelle Sie vor.« Er deutete auf eine hübsche Frau in einem blauen Rock. »Trudy übernimmt heute morgen die Aufgabe der Gerichtsschreiberin.« Ben schüttelte ihr die Hand. Dann deutete Rob auf einen ungeheuer dicken Mann mit enormem Doppelkinn, der in der Ecke auf einem Stuhl hockte. »Dies ist der Anwalt der Klägerseite, George Abernathy.«

Ben schüttelte die Hand des massigen Mannes. »Georges Abernathy … Habe ich diesen Namen nicht schon einmal gehört?«

Abernathy strahlte. »Vielleicht haben Sie meine Werbespots im Fernsehen gesehen.«

»Ihre … Werbespots?«

Abernathy imitierte plötzlich eine tiefe Moderatorenstimme. »›Haben Sie mit Ihrem Chef ein Hühnchen zu rupfen? Wurden Sie grundlos entlassen? Sind Sie das Opfer einer Körperverletzung, und niemand will dafür aufkommen? Dann brauchen Sie jemand, der für Sie in den Ring steigt.‹ Darauf folgt ein Gong und ein Ausschnitt aus einem Titelkampf von Mike Tyson.« Wieder nahm er seine Moderatorenstimme an: »›George Abernathy hält durch. Über alle Runden. Und Sie bezahlen keinen Cent, wenn er nicht gewinnt. Wählen Sie …‹ Dann kommt unsere Telefonnummer. Das hat richtig eingeschlagen.«

»Tut mir leid«, sagte Ben, »aber ich schaue die falschen Programme an.«

»Dann haben Sie vielleicht meine Anzeige in der großen Fernsehzeitung gesehen. Oben drüber steht ganz groß: PROFI FÜR VERFAHREN WEGEN KÖRPERVERLETZUNG.«

»Eigentlich schaue ich überhaupt nicht mehr viel fern.«

»Nun ja«, sagte Abernathy jovial, »ihr großen Tiere braucht euch nun mal keine Gedanken über kleine Fische wie mich machen.« Er holte seine Brieftasche heraus. »Hier, mein Kärtchen. Wer weiß? Vielleicht haben sie mal einen Fall mit Körperverletzung, der Ihnen zu blöd ist, und sie entschließen sich, Ihn mir zukommen zu lassen?«

Ben nahm die Visitenkarte. Wenn Licht darauf fiel, begannen die phosphoreszierenden Farben zu leuchten.

»Danke«, sagte Ben und ließ das Kärtchen sofort in seiner Manteltasche verschwinden. »Macht sich denn der ganze Werbeaufwand bezahlt?«

»Und wie! Für einen kleinen Anwalt wie mich ist es verdammt schwierig, sich über Wasser zu halten.«

»Das weiß ich nur zu gut.«

»Aber seit ich diese Anzeigen geschaltet habe, floriert das Geschäft. Zu mir kommen jetzt einfache Arbeiter. Die haben keine Ahnung vom Gesetz und von Rechtsanwälten und kommen sich völlig verloren vor. Denen versuche ich aus der Patsche zu helfen. Eine öffentliche Dienstleistung ist das im Grunde.«

»Der öffentliche Dienst arbeitet allerdings in der Regel nicht auf der Basis von Erfolgshonoraren«, bemerkte Ben.

»Richtig«, stimmte Abernathy zu. »Aber anders könnten meine Klienten überhaupt nicht bezahlen. Nur so können sie überhaupt vor Gericht gehen. Sie sind doch sicher auch nicht der Meinung, daß Gerichte nur für Firmen da sind?«

»Nein, natürlich nicht.«

»Meiner Erfahrung nach ist den Klienten praktisch kein Erfolgshonorar zu hoch. Nicht einmal fünfzig Prozent. Ich will Ihnen was sagen, Ben. Wenn wir diese Vernehmung hinter uns haben, setzen wir uns zusammen und versuchen, diese Geschichte aus der Welt zu schaffen. Ein früher Vergleich ist im wohlverstandenen Interesse aller Beteiligten.«

Die Tür des Konferenzzimmers öffnete sich. Ein Paar in mittlerem Alter kam herein, und Abernathy begrüßte sie, indem er den beiden seine unförmigen Arme um die Schultern legte. Der Mann war untersetzt und hatte ein breites Gesicht. Auf den Achselpartien seines Hemdes zeichneten sich

Schweißflecken ab. Die Frau war sehr zierlich und trug ein einfaches marineblaues Kleid. »Das sind Carl und June Nelson«, stellte Abernathy sie vor.

Nun erkannte Ben die beiden, und sah an ihren Augen, daß sie sich auch an ihn erinnerten. »Wir kennen uns schon«, sagte er. »Ihre Namen sind mir gleich bekannt vorgekommen, ich wußte nur nicht sofort, woher.«

Jetzt wußte er es wieder. Ben hatte Carl und June Nelson vertreten, als er gerade erst bei Raven, Tucker & Tubb ausgestiegen war, um eine eigene Kanzlei zu eröffnen. Die Nelsons waren nette und bescheidene Leute. Ihr Nachbar hatte freilich einen Doberman, der eines Tages entwischte, und Carl hatte das Pech, ihm über den Weg zu laufen. Seine Verletzungen waren nicht lebensgefährlich, doch die Arztrechnungen waren enorm hoch, und es war abzusehen, daß er noch lange unter seinen körperlichen und seelischen Wunden zu leiden haben würde: Die Nerven in seinem linken Bein waren geschädigt, und er litt unter Streß, ja Verfolgungswahn. Ben handelte eine einvernehmliche Regelung aus, wonach die Nelsons 40 000 Dollar Schmerzensgeld erhielten.

»Ich habe Mr. und Mrs. Nelson in einem früheren Verfahren vertreten.«

»Ach ja?« Abernathy ließ seine Augenbrauen hüpfen. »Da frage ich mich aber, ob wir hier nicht eine Interessenkollision haben.«

»Das würde Ihnen gefallen, nicht wahr?« Ben wandte sich an die Nelsons. »Ihnen ist doch klar, daß ich in diesem Verfahren den Apollo-Konzern vertrete und nicht Sie?«

Sie nickten.

»Gibt es Ihrer Meinung nach zwischen diesem Verfahren und der Sache, in der ich Sie vertreten habe, irgendwelche Verbindungen?«

Carl schüttelte den Kopf. »Nein, Ben. Soweit ich das überblicke, gibt es keine Verbindungen.«

»Glauben Sie, daß irgendwelche vertraulichen Informationen, die ich im Zusammenhang mit dem früheren Verfahren von Ihnen erhalten habe, im jetzigen zu Ihren Ungunsten verwendet werden könnten?«

Carl und June schauten zuerst einander und dann wieder Ben an. »Ich glaube nicht, daß die beiden Sachen etwas miteinander zu tun haben«, beteuerte Carl.

»Wären Sie bereit, eine Unbedenklichkeitserklärung zu unterschreiben, die es mir erlauben würde, diesen Fall weiterzuführen?«

»Wir sind der Meinung, daß Sie ein feiner Kerl sind«, sagte June. »Darum haben wir auch zuerst Sie angerufen, aber Ihr Sekretär hat gesagt, Sie sind voll ausgebucht.«

»Gefällt mir gar nicht, daß Sie für die Gegenseite arbeiten«, lachte Carl. »Aber wir unterschreiben natürlich.«

»Vielen Dank. Mir scheint, es liegt keine Interessenkollision vor, Mr. Abernathy.«

Man sah dem Anwalt seine Enttäuschung an. »Fangen wir an?«

Nachdem June von der Gerichtsschreiberin vereidigt worden war, fragte Ben Sie zunächst nach ihrer Ausbildung und ihrer Berufserfahren (keine). Sie war noch nie als Zeugin vernommen worden und hatte keine Akten gelesen, um sich auf die Vernehmung vorzubereiten.

»Mrs. Nelson, wenn Sie während dieser Befragung aus irgendeinem Grunde eine Pause wünschen, dann sagen Sie es mir bitte. Wir können jederzeit unterbrechen, ja?«

Sie legte die Hände flach in den Schoß. Wie fast alle Zeugen war sie aufgeregt. Sie tat aber alles, um ihre Nervosität zu bezwingen. »Gut.«

»Ich versuche mich so klar wie möglich auszudrücken. Wenn Sie trotzdem einmal eine Frage nicht ganz verstehen, sagen Sie es bitte. Dann formuliere ich neu.«

»Okay.«

»Wenn Sie antworten, gehe ich davon aus, daß Sie die Frage verstanden haben.«

»In Ordnung.«

Typisches Vernehmungsgeplapper – der Versuch, sich mit der Zeugin gut zu stellen, damit sie vielleicht etwas sagt, was sie eigentlich für sich behalten wollte. Außerdem war es von Vorteil, solche Sätze im Protokoll stehen zu haben, falls

86

sich die Zeugin in der Hauptverhandlung mit der Behauptung aus der Affäre ziehen wollte, sie habe die Frage nicht verstanden.

Irgendwie hatte Ben das Gefühl, daß June ihre tapfere Haltung nicht über einen längeren Zeitraum aufrechterhalten konnte. Deswegen entschloß er sich, gleich zum Unfallabend zu kommen. »Können sie mir sagen, aus welchem Anlaß alle auf dem Wagen mitgefahren sind?«

June konzentrierte sich sichtlich und fuhr sich mit der Zunge über die Lippen, bevor sie antwortete. »Unsere Mannschaft hatte das Football-Spiel gewonnen. Wissen Sie, unser Sohn, Jason, war der beste Quarterback.« Ben sah ein Zucken in ihren Augenwinkeln, doch sie kämpfte dagegen an und fuhr fort. »Die Fahrt auf dem Wagen war Teil der Feier.«

»Mir ist klar, daß Sie keine Fachfrau sind, aber können Sie trotzdem die Beschaffenheit des Gefährts beschreiben.«

Ben warf einen Blick zu Abernathy hinüber. Zu seiner Überraschung blieb der Einspruch aus. Abernathy kritzelte unkonzentriert auf seinem Block herum.

»Der Traktor war so ein ganz normaler großer *John Deere*. Der Wagen war aus Holz und hatte einfach nur eine ebene Ladefläche. Groß genug für dreißig, vierzig Leute und einen Kühlschrank mit Coladosen, ohne daß es besonders eng herging.«

»Und was machten *Sie* auf dem Wagen?«

»Wir sind einfach so auf dem Brachland neben dem Football-Feld herumgefahren. Warum, weiß ich nicht. Herrgott, so etwas macht den jungen Leuten eben Spaß ...« Sie verstummte.

»Eltern waren also auch dabei? Nicht nur die Jugendlichen.«

»Ja. Wir unternehmen so viel wie möglich mit unseren Kindern. Besonders ... mit Jason.« Ihre Augen zuckten erneut, sie brachte sich aber sofort wieder unter Kontrolle.

»Und was ist dann passiert?«

Nach einem ganz tiefen Atemzug sagte sie: »Zuerst ist überhaupt nichts passiert. Alle haben sich bestens amüsiert.

Es wurde gelacht, geschrien. Man reichte Coladosen herum. Jason ließ die Beine von der Pritsche herunterbaumeln und flirtete mit Terri, seiner Freundin. Alles war ganz prima.«

Ben biß sich auf die Lippe. Wie sehr er es haßte, diese Frau zwingen zu müssen, den Abend, an dem ihr Sohn starb, noch einmal zu durchleben. Was konnte es Schlimmeres geben?

»Und dann?«

»Dann ...« Sie schüttelte den Kopf. »Ich weiß nicht, was passiert ist. Ich begreife es immer noch nicht. Plötzlich gab es einen ...Ruck. Wir haben ein schreckliches Geräusch gehört. Eisen auf Eisen. Dann ist der Wagen mit einem Schlag auf der einen Seite hinuntergeknallt. Ich habe sofort an Jason gedacht, weil er doch ganz am Rand saß.« Ihr Gesicht zuckte. »Ich habe gesehen, wie er mit den Armen nach hinten fuhr, um das Gleichgewicht wiederzugewinnen. Er war doch so geschickt und kräftig ...«

Jetzt hatte sie Tränen in den Augen. »Ich habe die Hände nach ihm ausgestreckt.« Sie tat es auch jetzt – so intensiv erlebte sie von neuem den furchtbaren Vorgang. »Ich schrie, ›Jason! Haltet doch Jason fest!‹ Aber niemand hat ihn festgehalten. Er ist vom Wagen gestürzt.« Die Tränen strömten ihr über das Gesicht.

June versuchte ihre Fassung wiederzugewinnen. Die Anspannung erfaßte den ganzen Raum.

»Haben Sie danach noch etwas gesehen?«

»Ja«, schrie sie. »Oh ... ja.« Sie wischte sich die Tränen aus dem Gesicht, doch nun mußte sie erst recht weinen.

»Was haben Sie gesehen?«

Ihr Atem ging keuchend. »Jason hat sich so lange wie möglich auf der Pritsche gehalten. Zu lange. Als er fiel, zog es ihn unter die Ladefläche. Zwischen die Räder und die Achse und ...« Sie riß die Augen auf. »Ich bin zu ihm gelaufen, aber es war schon zu spät. Er war in das Gestänge unter der Pritsche eingeklemmt. Er schrie. Blut spritzte mir ins Gesicht. Es war furchtbar. Er wurde ... zermalmt. *Jason!*«

Sie brach zusammen. Ihr Mann nahm sie in seine Arme. Ihr Schluchzen verstärkte sich, und sie rang nach Atem. Sie hätte wohl niemals ihre Zustimmung zu diesem Verfahren gegeben, wenn sie gewußt hätte, daß sie diesen Alptraum noch einmal durchleben müßte.

Ben wischte sich den Schweiß von der Stirn. Alle anderen schienen genauso nervös zu sein. Die Gerichtsschreiberin schien den Tränen nahe.

»Machen wir fünf Minuten Pause«, sagte Ben. Niemand widersprach.

Aus den fünf Minuten wurden fünfzehn.

Als Ben die Befragung fortsetzte, kam er nicht mehr auf den Unfallhergang zu sprechen, sondern stellte nur noch weniger emotionsgeladene, eher technische Fragen.

»Können Sie sich vorstellen, was den Ruck bewirkte, von dem Sie gesprochen haben?«

June schaute zu Abernathy hinüber. »Die fehlerhafte Blattfeder, die Ihre Firma hergestellt hat.« Es klang im Grunde mehr nach einer Frage als nach einer Feststellung.

»Hat Ihr Anwalt Ihnen geraten, das zu sagen?«

»Einspruch!« Zum ersten Mal seit Beginn der Vernehmung zeigte Abernathy, daß er wach war. »Das fällt in die Vertrauensphäre zwischen Anwalt und Klient. Ich weise die Zeugin an, nicht zu antworten.«

»Wissen Sie persönlich etwas über die technische Konzeption, die dem Bremssystem der Firma Apollo zugrunde liegt?« fragte Ben.

»Nein«, antwortete June.

»Wissen Sie, wofür die Bezeichnung XKL-1 steht?«

»Ich … bin mir nicht sicher.«

»Es ist die Bezeichnung des Bremssystems der Firma Apollo, das auch in den Wagen eingebaut war. Haben Sie irgendwelche Akten gesehen, die auf einen Konstruktionsfehler bei XKL-1 hindeuten?«

»Nein.«

»Haben Sie Grund zu der Annahme, daß Akten existieren, die auf einen Konstruktionsfehler beim XKL-1 hindeuten?«

Wieder schaute sie zu Abernathy hinüber, doch er reagierte nicht. »Nein, ich weiß nichts von solchen Akten.«

»Ist Ihnen persönlich irgend etwas an dem Bremssystem aufgefallen, was Ihnen defekt zu sein schien?«

»Ich verstehe nicht viel von Technik. Ich bringe nicht einmal den Rasenmäher zum Laufen.«

»Bitte antworten Sie auf meine Frage.«

»Nein. Mir ist nichts aufgefallen.«

»Wie schnell fuhr der Traktorfahrer?«

»Das … kann ich nicht genau sagen.«

»Mrs. Nelson, ist es nicht möglich, daß der Wagen einfach über eine Bodenunebenheit donnerte?«

Sie schien sich ganz auf einen Punkt auf dem Tisch zu konzentrieren. »Nein, das glaube ich nicht.«

»Aber sicher sind Sie sich nicht?«

»Man hatte das Brachland kurz zuvor planiert …«

»Haben Sie persönlich Kenntnis von diesem Umstand?«

Sie schob die Hände unter die Achseln. »Nein.«

»Können Sie mit absoluter Sicherheit sagen, daß der Wagen nicht nur über eine Bodenunebenheit fuhr?«

Abernathy richtete sich wieder auf. »Wogegen wir Einspruch erheben.«

»Mit welcher Begründung?«

»Nun … ich verwahre mich gegen die Form, in der die Frage gestellt wurde.«

Ben verdrehte die Augen. »Mrs. Nelson, das war ein sogenannter ›Einspruch für das Protokoll‹. Ihr Anwalt wird ihn bei der Gerichtsverhandlung wiederholen, falls es ihm nicht allzu peinlich ist. Zunächst müssen Sie die Frage jedoch beantworten.«

»Ich glaube nicht, daß es eine Unebenheit war.«

»Aber Sie können es nicht ausschließen?«

»Vermutlich nicht. Nein.«

»Und es ist nicht die Schuld des Apollo-Konzerns, wenn der Fahrer mit dem Wagen über unebenes Gelände fährt. Das stimmt doch?«

»Ja, natürlich.«

»Vielen Dank«, sagte Ben, erleichtert, die Sache hinter sich zu haben. »Ich weiß Ihre Ehrlichkeit zu schätzen.«

15

Ben starrte wenig zuversichtlich auf die Straßenkarte.

»Tut mir leid, Christina. Ich weiß nicht mehr, wo wir sind.«

Christina setzte den rechten Blinker und hielt am Straßenrand. »Ich wußte doch, daß ich mich besser nicht von dir dirigieren lassen sollte. Du hast keinerlei Orientierungssinn.«

»Ich habe ja angeboten, daß ich fahre.«

»Bloß hätten wir dann mit deinem schrottreifen Honda fahren müssen, und dafür ist meine Lebensversicherung zu niedrig. Wann kaufst du dir endlich ein neues Auto?«

»Erst dann, wenn ich dank Apollo reicher sein werde, als ich es mir in meinen kühnsten Träumen hätte vorstellen können.«

»Dann kann es sich ja nur noch um Tage handeln.« Sie griff nach der Straßenkarte. »Laß mich mal.«

Er hielt die Karte fest. »Ich bin durchaus in der Lage, eine Landkarte zu lesen.«

»Ich weiß«, sagte Christina. »Nur hältst du sie verkehrt herum.« Sie nahm ihm die Karte aus der Hand und drehte sie um. »Nun, damit dürfte ein Großteil deiner Orientierungsschwierigkeiten behoben sein.«

»Was kann ich dafür, wenn die Himmelsrichtungen nicht klar angegeben sind.«

Christina verkniff sich einen weiteren Kommentar. »Hier, von dieser unbefestigten Straße bin ich rechts statt links abgebogen. Kein Wunder, daß wir Camp Sequoyah nicht finden.«

»Na, dann nichts wie los. Wir kommen sowieso schon zu spät.«

»Aye, aye, Captain!« Sie ließ den Motor an und fuhr los. »Also, ich persönlich neige ja zur Skepsis gegenüber allem, was sich so fern jeglicher Zivilisation abspielt. Was ist denn überhaupt eine Outdoor-Freizeit?«

»Ich weiß nur, daß es dabei ungeheuer sportlich zugeht. Mehr möchte ich eigentlich auch gar nicht wissen. Laut Aktionsplan steht heute mittag das Übungsprogramm an, heute abend um acht findet ein gemütliches Beisammensein statt und morgen früh um sechs geht es auf den sogenannten Hochparcours.«

»Klingt nicht sehr einladend.«

»Finde ich auch. Aber Crichton hält es für enorm wichtig. Er glaubt, dabei entwickelt man Teamgeist und Führungsqualitäten und vieles andere mehr – nicht zu vergessen das *universale Yo.*«

»Na, hoffentlich hat er recht. Von Teamgeist habe ich in meiner kurzen Zeit bei Apollo noch wenig gespürt.«

»Wer weiß, vielleicht kommt der Durchbruch beim gemütlichen Beisammensein. Herb ist auch da. Den wirst du bestimmt gleich ins Herz schließen.«

Ein Torbogen spannte sich über die Straße und verkündete, daß sie Camp Sequoyah erreicht hatten. »Du brauchst mir nichts zu sagen. Den habe ich schon kennengelernt. Ein großartiger Mensch – und so bescheiden. Während unserer ganzen Unterhaltung hielt er den Blick niedergeschlagen. Über Brusthöhe kam er nie hinaus.«

»Na, vielleicht hält ihn Candy im Zaum.«

Christina fuhr den engen Feldweg hinunter, der zum Lager führte. »Ich sehe nirgends einen Parkplatz.«

»Du wirst wohl auch keinen zu Gesicht bekommen. Halte einfach nur nach anderen Autos Ausschau. Ich bin sicher, Herb und Chuck sind schon seit Stunden da und schmieren Crichton Honig ums Maul.«

»Ben, bist du sicher, daß du hier mitmachen willst? So kurz nach dem Mord?«

»Christina, ich habe eine Woche Zeit, um herauszufinden, wer Hamel umgebracht hat. Dazu muß ich so viel wie möglich über dieses Juristenvolk herausbekommen. Und wo könnte ich das besser, als hier, in diesem Dampfkochtopf, in dem die ganze Abteilung schmort?«

Sie trommelte mit den Fingern gegen das Lenkrad.

»Vermutlich hast du recht …«

»Wo liegt das Problem?«

Sie parkte das Auto neben all den BMWs und Land Rovers. »Das Problem? Immerhin ist es möglich, daß zu diesem

Juristenvolk einer gehört, der einen Mord begangen hat –
und wir sind von jeder Hilfe abgeschnitten. Wenn der Mörder merkt, daß du hinter ihm her bist, könnte er seine Vorstellung wiederholen wollen. Mit dir in der Hauptrolle. Ca-
pito?«

Ben machte sich an seinem Handkoffer zu schaffen. »Also,
wenn man das so betrachtet ...«

Als Ben gegen halb neun mit dem Übungsprogramm fertig
war, bot er ein Bild völliger Erschöpfung. Wie seine Kollegen, hatte er seit Mittag trainiert – ihm war es freilich wie eine Ewigkeit vorgekommen.

Als er durch die Tür der Hütte stolperte, erlebte er eine
unangenehme Überraschung. Alle standen bereits an der
Bar, geduscht und umgezogen – alle Augen auf ihn gerichtet.

»Hatten Sie Probleme mit dem letzten Übungsteil?« gluck-
ste Chuck. »Alle anderen sind schon seit einer halben Stunde da.«

»Ich habe so meine Schwierigkeiten mit Höhen«, murmelte Ben. »Schon immer.«

»Dann ist mir natürlich klar, wo es für Sie schwierig wurde. Immerhin waren Sie fast fünfzehn Zentimeter über dem
Boden.«

»Nun mal langsam«, schaltete sich Crichton ein. »Wir wollen hier doch den Teamgeist fördern und niemand verun-
glimpfen. Ben war schließlich zum erstenmal auf dem
Übungsparcours.«

»Danke. Ich gehe jetzt unter die Dusche.«

»O ja, tun Sie das«, kicherte Candice.

Ben ging die Treppe hinauf, warf seine Kleider auf das
Bett und stellte sich unter die Dusche. Den ganzen Tag hatten Sie die verschiedensten Übungen gemacht, die alle den
Zweck verfolgten, berufliche Eigenschaften wie kooperati-
ves Verhalten, gegenseitiges Vertrauen, Selbstbewußtsein
und Führungsqualitäten zu fördern. So mußten sie fünf Personen mit Hilfe von drei Holzplanken über einen Graben be-
fördern, sich gegenseitig durch das ›Spinnennetz‹ (ein Latex-

geflecht) heben und mit verbundenen Augen eine ›hochgiftige Substanz‹ (ein Glas Wasser) sicher entsorgen. Die nötige Würze erhielt das alles durch inspirierende Vorträge über das *universale Yo!*

Und dann mußten sie sich auch noch fallen lassen. Das war das Schlimmste. Bei dieser Übung mußten die Opfer … pardon, die Teilnehmer auf ein Gerüst klettern, ihre Hände (äußerst symbolträchtig) auf der Brust falten und sich rückwärts fallen lassen, um sich von den Busenfreunden, die unten standen und die Arme ausstreckten, sich aber nicht an den Händen hielten, auffangen zu lassen. Man mußte darauf vertrauen, daß sie bereitstanden, obwohl man sie nicht sah, wenn man oben stand. Leider traute Ben einzig und allein Christina, und daß diese ihn nicht allein auffangen konnte, war klar.

Volle fünfzehn Minuten hatte er oben gestanden – bis ihm so schwindelig war, daß er das Gleichgewicht verlor und hinunterfiel.

Der letzte Teil des Parcours bestand aus einer Hindernisbahn auf einer leicht erhöhten Plattform. Um ihn hinter sich zu bringen, mußten sie springen, sich an Seilen weiterhangeln und auf einem Telefonmast und auf dicken Drahtseilen balancieren. Ben ging als einer der ersten an den Start aber weit abgeschlagen durchs Ziel. Dabei mußte er auch noch gute Miene zum bösen Spiel machen, während einer nach dem anderen an ihm vorbeizog. Auch Christina überholte ihn, nachdem er es abgelehnt hatte, sich von ihr über die schwierigen Strecken helfen zu lassen.

Nach dem Duschen zog er sich an und rasierte sich. Dann ging er die Treppe hinunter zum gemütlichen Beisammensein. Gemütliches Beisammensein?

Chuck bemerkte ihn zuerst. »Heil dir, Ben Kincaid, großer Krieger!« rief er und prustete hinter vorgehaltener Hand derartig los, daß die Chips nur so durch die Gegend stoben.

Ben prägte sich das ein. Sollte er je zu Geld kommen, würde er keine Kosten scheuen, um Chuck das Leben zu verleiden. Fürs erste ignorierte er ihn und stellte sich am Büffet an, wo es Häppchen, Salate und Chips gab.

Jemand klopfte Ben auf die Schulter. »Gut, daß Sie es noch vor Mitternacht geschafft haben«, grinste Herb. »Wir dachten schon, wir müßten die Hunde loslassen.«

»Ha, ha«, sagte Ben lustlos. »Ausgesprochen komisch.«

»Kleiner Scherz am Rande. Eine Koryphäe wie Sie verträgt das doch. Aber ich möchte Ihnen einen Tip geben. Kommen Sie heute abend Crichton nicht in die Quere; er ist auf dem Kriegspfad. Seit wir vom Training zurück sind, brüllt er jeden an und keiner weiß, warum.«

»Sie hat er doch bestimmt nicht angeschrien, Herb.«

Herb verzog den Mund. »Doch. Er hat mir praktisch mit der Kündigung gedroht. Ich weiß, daß er verdammt große Stücke auf Sie hält, Ben. Trotzdem würde ich ihm heute aus dem Weg gehen.«

Herb zwängte sich durch die Essensschlange. Offensichtlich zog es ihn auf die andere Seite des Raums zu Candice.

»Kann ich dir tragen helfen, großer Krieger?« fragte Christina.

»Ach, so ist das! Dieses gemütliche Beisammensein ist ein Stelldichein besonders geistreicher Menschen!«

»Uuuh. Schon wieder ganz der alte *homm d'esprit*? Ich hab's nicht bös' gemeint, sondern bin einfach nur froh, daß du wieder da bist.«

»Damit du eine Zielscheibe für deine Witze hast?«

»Nein, damit du mich vor Herbert dem Scharfen beschützen kannst. So ein Lüstling. Glotzt und grabscht permanent. Der Kerl betatscht mich doch glatt in der Essensschlange, obwohl Candice direkt daneben steht.«

»Vielleicht war das bloß ein Ablenkungsmanöver. Du weißt schon, damit den beiden niemand auf die Schliche kommt.«

Christina schüttelte sich. »Ich glaube eher, der ist einfach nur ein unausstehlicher Widerling.«

Ben setzte sich mit seinem Teller neben Doug, der eine Portion Tortillachips, Queso und selbstverständlich auch seinen Laptop vor sich hatte.

»Es heißt, Crichton sei heute abend furchtbar schlecht gelaunt«, sagte Ben.

»Sie sind ein Meister des Understatement.«

»Haben Sie auch Ihr Fett abgekriegt?«

Er sog an seinem Zigarillo und legte ihn dann auf den Rand seines Papptellers. »Kann man wohl sagen. Er hat mir mein Konzept für den American-Airline-Prozeß ins Gesicht geschleudert. Ich soll mich gefälligst wieder an die Schreibmaschine setzen, wo ich hingehöre, hat er gesagt.« Doug schob sich ein paar Chips in den Mund. »Blöder Esel. Kann einen Computer nicht von einer Schreibmaschine unterscheiden.«

»Wer hat sonst noch den Zorn ...« Bens Satz ging in einem Wortgefecht unter, das plötzlich hinter ihnen ausbrach.

»Meine Güte, jetzt fangen die schon wieder an«, stöhnte Doug. »Genau wie die Figuren in einem Noel-Coward-Stück.«

Herb und Candice hatten sich endlich »gefunden«.

»Wie erbärmlich du heute wieder gelaufen bist«, sagte Candice. »Wie ein Mädchen.«

»Und du läufst wie ein Mann. Wundert mich allerdings überhaupt nicht.«

»Du Holzkopf!«

»Schlampe!«

»Arschloch!«

»Hure!«

Gelangweilt wandte Ben sich wieder an Doug. »Bei denen scheint es mit dem Teamgeist aber noch nicht so recht zu klappen.«

»Die Nacht ist ja noch jung«, antwortete Doug.

Erst jetzt fiel Ben auf, daß Shelly ihm gegenüber am Tisch saß. Hatte Sie schon die ganze Zeit da gesessen, unsichtbar wie immer? Oder war sie gerade erst aus dem Nichts aufgetaucht?

»Hallo Shelly. Wie geht's denn so?«

Sie antwortete zwar nicht, doch Ben nahm ein Zucken in ihrem Mundwinkel als ermutigendes Zeichen.

»Wo ist denn Ihr Kind dieses Wochenende?«

Sie schaute ihn merkwürdig an, als ob es sie erschreckt hatte, daß jemand ihre Anwesenheit zur Kenntnis nahm. »Angie ist in einem Kinderhort«, sagte sie leise. »Das kostet zwar ein Vermögen, aber Crichton besteht darauf, daß wir an diesen Freizeiten teilnehmen.«

»Hat Crichton auch Sie angebrüllt?«

»Natürlich nicht. Nur wen er mag, brüllt er an.«

Ben ließ sich das einen Augenblick durch den Kopf gehen. »Und wie wäre es, wenn sich der Vater um Angie kümmern würde? Das wäre doch billiger.«

Am liebsten hätte er sich auf die Zunge gebissen. Ihr Gesicht versteinerte, die Tränen standen ihr in den Augen. »Sehr wahrscheinlich.«

Ben versuchte seinen Schnitzer wieder gutzumachen. »Es muß sehr schwer sein, den ganzen Tag zu arbeiten und allein ein Kind aufzuziehen. Wie machen Sie das nur?«

Bevor sie antworten konnte, ließ sich Chuck auf den Stuhl neben Ben plumpsen. »Shelly, sind Sie mit dem Memorandum über eventuelle kartellrechtliche Schwierigkeiten des Ameritech-Geschäfts fertig?«

»Ich ... Bei diesen Freizeiten herrscht doch striktes Arbeitsverbot.«

»Keine Ausreden. Das Memo ist überfällig.«

»Aber Sie haben mir den Auftrag doch erst kürzlich erteilt, und ich stecke bis zum Hals in ...«

»Ich habe es wirklich satt, daß Sie immer überziehen. Das Eis, auf dem Sie sich bewegen, ist sehr dünn, Shelly.«

»Am Montag früh bringe ich Ihnen das Memo, Chuck. Ich weiß zwar noch nicht wie, aber ...«

Chuck schnaubte verächtlich, nahm seinen Teller vom Tisch und ging ohne ein weiteres Wort davon.

»Was für ein charmanter Mensch«, murmelte Ben. »Hören Sie, Shelly, wenn ich Ihnen behilflich sein kann ...« Doch Shelly war bereits rausgelaufen die Treppe zum Frauenschlafsaal hinauf.

Sie tat Ben leid. Na, wenigstens ist Chuck nicht neben mir sitzengeblieben, dachte er. Doch bevor er dies genießen konnte, nahm Herb den freigewordenen Platz ein.

»Ben«, sagte Herb, »ich brauche Ihre Hilfe.«

»Warum? Fallen Ihnen keine Synonyme für ›Schlampe‹ mehr ein?«

»Was?«

»Schon gut. Wo liegt das Problem?«

»Also, Sie kennen doch diese Puppe, Christina McCall, schon länger, nicht?«

»Nun … Ja.«

»Dann wissen Sie am besten, wie ich es angehen muß.«

»Was denn?«

»Haben Sie gesehen, wie die sich an mich ranmachte?«

»Nein, das ist mir entgangen.«

»Junge, Junge, ich dachte, die reißt dir gleich die Kleider vom Leib und packt dich auf der Stelle.«

»Ach, tatsächlich?«

»Nicht, daß ich unter den richtigen Umständen etwas dagegen hätte. Sie sieht ja wirklich gut aus. Heiße Beine, enorme Titten. Auf so was steh ich.«

»Herb, ich interessiere mich nicht für Ihre …«

»Ich wollte ja auch nur abklären, ob ich Ihnen nicht auf die Zehen trete. Wer zuerst kommt, malt zuerst, sage ich immer. Läuft was zwischen euch beiden?«

»In der Richtung nicht.«

»Sehr schön. Dann habe ich freie Bahn. Sie kennen Christina besser als ich. Was raten Sie mir? Wie komme ich am leichtesten an sie ran?«

Ben kam plötzlich eine Idee. Hier bot sich ihm die Gelegenheit zu einer ausgesprochen guten Tat. Also setzte er die Unterhaltung mit Herb fort, obwohl sie ihm Übelkeit verursachte. »Ich an Ihrer Stelle würde so tun, als wäre ich nicht leicht zu kriegen.«

»Wirklich?«

»Ja. Sie mag keine ›leichten‹ Jungs. Geben Sie sich distanziert. Sprechen Sie nicht mit ihr. Halten Sie sich richtiggehend von ihr fern. Dann wird es gar nicht lange dauern, bis sie im knappsten Spitzenfummel vor ihrer Zimmertür steht.«

»Klingt nicht übel. Sie sind ein richtiger Kumpel, Ben.«

»Man tut, was man kann.«

Herb machte sich von dannen, und Ben fühlte sich zum erstenmal seit der Ankunft in Camp Sequoyah wohl. Dann kam Crichton an den Tisch und nahm Ben zur Seite.

»Machen Sie sich nichts aus den Sticheleien, Kincaid. Es ist nur natürlich, daß das gemeine Volk alarmiert ist, wenn ein Mann ihres Kalibers zum Team stößt.«

»Ich versuche es zu ignorieren.« Dann wechselte Ben das Thema: »Shelly macht einen niedergeschlagenen Eindruck.«

Crichton zuckte mit den Schultern. »Was Sie nicht sagen! Die ist doch nie zufrieden. Die meisten ihrer Kolleginnen auch nicht. Frauen kämpfen jahrelang um Positionen in der Wirtschaft. Dann haben sie es endlich geschafft, und plötzlich merken sie: ›Verdammt, das ist Knochenarbeit! Und ich wollte mich doch verwirklichen und bereichernde Erfahrungen machen.‹«

Ben biß die Zähne zusammen. »Aber Sie werden doch zugeben, daß den Frauen in der Wirtschaft die gleichen Positionen zustehen wie Männern.«

»Falls ich für den Supreme Court nominiert werden sollte, ja. Solange ich die Rechtsabteilung eines bedeutenden Unternehmens leite, nein. Mit Frauen hat man alle möglichen Probleme, und das Schönste ist, daß ich nach den gravierendsten Gründen nicht einmal fragen darf.«

»Nach welchen zum Beispiel?«

»Privatleben, Ehe, Schwangerschaft. Wenn eine Frau sich um eine Stelle bewirbt, will ich wissen, ob sie Managerin werden will oder Mutter. Aber ich darf nicht fragen! Die Arbeitsrechtler sagen mir, wenn ich mich von meinem gesunden Menschenverstand leiten lasse und diese simple Frage stelle, kann es mir passieren, daß ich ein Verfahren wegen Diskriminierung an den Hals kriege. Dabei ist diese Frage von entscheidender Bedeutung dafür, ob sie ihre Arbeit anständig machen kann und langfristig im Unternehmen bleibt. Man faßt es nicht! Herrgott, als wir Shelly auf unsere Kosten ausgebildet haben, sind wir selbstverständlich davon ausgegangen, daß Sie dabeibleibt. Und was passiert? Schwanger wird sie! Dabei ist sie nicht mal verheiratet!«

»Sie arbeitet aber doch weiter.«

»Ja, ja. Aber nicht mehr so wie früher. Bloß noch von acht bis fünf. Dauernd kommt sie damit, daß sie das Kind aus dem Hort abholen muß. Können Sie sich das vorstellen?«

»Also ...«

Bevor Ben sich äußern konnte, drängte sich Chuck in das Gespräch.

»Ich war tief beeindruckt, wie Sie das *universale Yo* erklärten«, sagte Chuck. »Für mich war das eine Erfahrung, die mein ganzes Leben verändert hat. Es kommt nicht oft vor, daß ein erwachsener Mann weint, aber als Sie davon gesprochen haben, wie man sich der Zukunft ohne Angst stellen kann, habe ich geweint wie ein kleines Kind.«

Ben wurde übel.

Crichton lächelte geschmeichelt und klopfte mit einem Löffel an sein Glas.

»Darf ich um Ihre Aufmerksamkeit bitten?« Sofort wurde es still. »Danke. Sie sollen wissen, wie stolz ich war, als ich Sie heute alle im Felde sah. Mit Volldampf arbeiten und mit Volldampf spielen, sage ich immer. Heute konnte ich feststellen, daß mit Volldampf gespielt wurde. Ich bin überzeugt, daß aus dem Schweiß und aus dem Staub des Parcours ein paar dauerhafte Freundschaften erwachsen sind. Besonders an dieser Stelle, als Sie sich fallen ließen, habe ich wahrhaftes Vertrauen gespürt.«

Ben konnte Chuck zwar nicht sehen, aber unmißverständlich hören. »Nicht bei Kincaid. Der hat niemanden vertraut. Der ist gegen seinen Willen runtergefallen.«

Crichton fuhr unbeirrt fort: »Morgen werden Sie alle den Hochparcours bezwingen. Für viele von Ihnen wird das die größte sportliche Herausforderung sein, der Sie sich je zu stellen hatten. Jedenfalls schwerer als die Hindernisbahn von heute, die ganze fünfzehn Zentimeter über dem Boden war.«

Schaut er wirklich mich an, überlegte Ben, oder bilde ich mir das nur ein?

»Dennoch weiß ich, daß Sie alle den Hochparcours frontal angehen werden – mit der gleichen Energie und im gleichen Geiste des Vertrauens und der Zusammenarbeit, den Sie Tat für Tag in Ihre Arbeit einbringen. Besonders wichtig sind dabei die entscheidenden Punkte des *universalen Yo*: geistige Offenheit, Flexibilität, der Mut und der Wille, sich nicht zu schonen – wichtige Voraussetzungen um zu siegen!«

An Ben rauschte der Vortrag größtenteils vorbei, da er gleich am Anfang hängengeblieben war, und zwar bei *der größten sportlichen Herausforderung, der Sie sich je zu stellen hatten.*

Nun senkte Crichton die Stimme und wurde richtig weihevoll. »Unsere Abteilung hat einen Trauerfall zu beklagen. Einer der Unsrigen, Howard Hamel, ein werter und geschätzter Kollege, ist uns entrissen worden. Die Todesursache liegt im Dunkeln. Und doch gerät das Universum nie aus dem Gleichgewicht. Auf den Tag folgt die Nacht, zum Yin gehört das Yang. Wir sind traurig über den Verlust Howard Hamels, und wir freuen uns darüber, Ben Kincaid gewonnen zu haben. Ben, stehen Sie doch mal kurz auf.«

Ben bekam einen trockenen Hals. Peinlich berührt stand er auf. Der Applaus fiel ziemlich lauwarm aus.

»Gehen Sie heute so früh wie möglich schlafen. Sie brauchen morgen viel Kraft und müssen Ihre fünf Sinne beieinander haben. Erzählen Sie einander also nicht die ganze Nacht lang schmutzige Witze. Morgen früh, Punkt sechs Uhr, geht es los. Sie werden den Hochparcours frontal angehen und zeigen, was in Ihnen steckt. Ich beneide Sie darum. Viel Glück.«

16

Ben lehnte an einem Baumstamm. Seinen Rumpf bedeckte ein wirres Geflecht von schmalen Gurten.

»Na, wie sehe ich aus?« fragte Ben.

»Wie ein richtiger Bergsteiger«, antwortete Christina.

»Sehr männlich. Bloß hast du wohl deine Gurte ein bißchen durcheinandergebracht.«

Das Netz aus Gurten mußte auf eine ganz bestimmte Weise angelegt werden, damit man sich auf relativ bequeme Art an das Sicherungsseil anschließen konnte. »Würde mich nicht wundern«, sagte Ben. »Ist ja auch verdammt kompliziert.«

»Und wie! Crichton hat es ja auch nur so an die fünfzehn Mal vorgemacht. Laß mal sehen.« Sie beugte sich vor und fing an, die Gurte neu zu arrangieren.

»Danke. Du siehst in diesen abgeschnittenen Jeans übrigens todschick aus. Trotzdem möchte ich wetten, ein gewisser Herr ist untröstlich, weil du keinen hautengen Body trägst.«

»Wer das wohl sein mag«, murmelte Christina. »Nun, was hältst du bisher von der Outdoor-Freizeit?«

»Na ja, was kann man von so einer betont maskulinen Selbstfindungsaktion schon erwarten. Vermutlich immer noch besser als ein Haufen nackter Männer, die im Wald trommeln gehn.«

Christina legte Ben den Hauptgurt wieder um die Hüfte. »So das hätten wir.«

»Gerade noch rechtzeitig.« Ben deutete auf Crichton, der mit Sicherungsseilen über der Hügelkuppe erschien – in ein offenbar ernstes Gespräch mit Chuck vertieft. Vermutlich ein weiterer Verstoß gegen das arbeitsfreie Wochenende.

»Antreten, Sportsfreunde«, rief Crichton, als er in ihre Mitte trat.

Doug, Herb und Candice brachen ihre Unterhaltung ab und schauten ihn gespannt an. Wie nicht anders zu erwarten, hatte Shelly Küchendienst und bestrich gerade Toastbrote. Als Crichton zu den Waffen rief, packte sie schnell alles zusammen, und trat zu den anderen.

»Zeit für den Hochparcours«, verkündete Crichton. »Mir nach!« Alle gingen hinter ihm her über den Hügel in eine Senke, die von hohen Eichen gesäumt war.

»Was sagen Sie dazu?« flüsterte Herb Ben ins Ohr. »Der sagt einfach ›mir nach‹ und geht davon aus, daß ihm dann auch wirklich alle nachlaufen. Schaut sich nicht mal um, ob wir auch kommen. Ganz schön eingebildet.«

»Wurmt Sie die Sache von gestern immer noch?«

»Gefällt mir gar nicht, wenn jemand meine Karriere in Frage stellt.«

Ben nickte nur. Er bemerkte Rob auf der anderen Seite neben ihm. »Haben Sie das schon einmal gemacht?« fragte Ben.

»Ja, natürlich.«

»Und?«

»Nur keine Sorge. Kleinigkeit. Das schaffen Sie spielend. Es sei denn, Sie haben Höhenangst.«

»Höhenangst? Und ob ich Höhenangst habe. Mir wird schon im Lift schlecht. Ich bin sogar schon mal in einem Treppenhaus in Panik geraten.«

»Dann dürften Sie große Probleme bekommen.«

In der Mitte der Senke befand sich eine beinahe kreisrunde, von Bäumen umstandene Wiese. Ben sah Masten und Seile, die in etwa zwanzig Metern Höhe zwischen Bäume gespannt waren, und dann noch etwas, was wie eine riesenhafte Leiter aussah, aber nicht ganz bis zum Boden reichte.

»Wir sollen doch wohl nicht zu den Seilen und dem ganzen Zeug hochklettern?« fragte Ben nervös.

Als Antwort lächelte Rob nur.

»Dies ist der Hochparcours«, verkündete Crichton all denen, die noch nicht selber daraufgekommen waren. »Mit dem Grundprinzip des Sicherns müßten Sie nach dem gestrigen Training vertraut sein. ›Teamwork‹ heißt das Losungswort – nicht ›ich gegen alle anderen‹. Ihr Partner, der Captain des Teams, bleibt auf dem Boden, und hält das Sicherungsseil. Das Seil geht zum oberen Draht hinauf, läuft zur Stabilisierung über eine Rolle und dann zu ihrem Sicherungshaken. Im Grunde ist das ein riesiger Flaschenzug. Wenn das Seil an ihrem Karabinerhaken befestigt ist, und ihr Partner nicht losläßt, kann Ihnen absolut nichts passieren, ob Sie nun in zwanzig oder zweihundert Meter Höhe sind.«

»Was ist, wenn man Höhenangst hat?« fragte Ben leise.

»Dann überwindet man sie.« Wie die Assistentin bei einer Spielshow zeigte Crichton auf die Leiter aus Drahtseilen und Holzsprossen. »Das ist die Leiter der Riesen. Hier beginnen Sie Ihren Frontalangriff. Sie stellen sich auf diesen Baumstumpf und halten sich an der untersten Sprosse fest.« Crichton umfaßte die dicke Bohle mit beiden Händen, machte einen Satz, umklammerte sie auch mit den Beinen und schwang sich hinauf. Dann hielt er sich an einem der Draht-

103

seile fest und stellte sich auf die erste Sprosse. »Einfach so. Das brauchen Sie dann nur neunmal wiederholen und schon sind Sie in zwanzig Metern luftiger Höhe.«

»Noch neun Mal?« Ben hatte ein sehr unangenehmes Gefühl in der Magengrube. »Kein einziges Mal kriege ich das hin.«

»Wenn es Ihnen absolut nicht gelingen will, sich an den Armen hochzuziehen«, erklärte Crichton, während er weiterkletterte, »können sie nachhelfen, indem Sie sich mit dem Bein gegen einen Verbindungsbolzen am Drahtseil stemmen. Das kommt aber nur für Leute über siebzig und Schwächlinge in Frage.«

Ben verzog das Gesicht. »Siebzig Monate meint er hoffentlich.«

Christina grinste. »Wohl kaum.«

»Das schaffe ich doch nie und nimmer.«

»Da könntest du recht haben. Habe ich dir nicht neulich schon zu der großartigen Idee mit diesem neuen Job gratuliert?«

»Billig, Christina, ganz billig.«

Als Crichton oben angekommen war, stellte er sich mit den Füßen auf das untere von zwei straff gespannten Drahtseilen und hielt sich mit den Händen am oberen fest. Dann trippelte er seitwärts bis zu einem Baum, an dem er sich ein Stückchen hinunterließ, um sich auf eine Art Holzsims zu stellen, der am Stamm angebracht war. »Von hier aus können Sie dann die burmesische Brücke in Angriff nehmen. Das ist die schlichteste Brücke, die es gibt – einfach nur drei Seile, die zwischen zwei Bäume gespannt sind. Funktioniert prima, wenn man genug Kraft hat, um hinüberzukommen. Sie müssen die beiden oberen Seile mit den Armen auseinanderdrücken und auf dem unteren immer einen Fuß direkt vor den anderen setzen.«

»Werde ich machen«, murmelte Ben.

»Nach der burmesischen Brücke balancieren sie über den Telefonmast bis zum nächsten Baum. Auf dem Boden gar kein Problem, in zwanzig Meter Höhe sieht es ein bißchen anders aus.« Er lachte schallend über diese überaus geistreiche Bemerkung. »Wenn Sie das Gleichgewicht halten können, geht alles klar, wenn nicht, werden wir feststellen, ob Ihr Captain aufpaßt.«

»Was für ein Humorist. Ein zweiter Mark Twain«, sagte Ben zu Christina. »Mir wird jetzt schon schlecht.«

»Zum Schluß.« Verkündete Crichton, »lösen Sie Ihren Karabinerhaken vom Sicherungsseil und befestigen ihn am Gleitseil. Setzen Sie sich hier auf diese Sitzschale und schieben sich an. Beim nächsten Herzschlag sind Sie schon unten.«

»Vorausgesetzt, das Herz bleibt nicht stehen.«

Christina stieß ihn in die Seite.

»Auf geht's. Zweiergruppen bilden. Nehmen wir die Sache in Angriff.«

»Na, Ben«, sagte Christina, »willst du mein ›proaktiver‹ Partner sein?«

»Nein, tut mir leid. Ich tue mich mit Rob zusammen.«

»Magst du ihn lieber als mich?«

»Nein, aber er ist verdammt viel stärker, und wenn es darum geht, wer mein Sicherungsseil hält, kommt es mir genau darauf an.«

Vier Stunden später hatten fast alle Angestellten der Rechtsabteilung von Apollo den Hochparcours hinter sich. Christina schaffte es auf ihre unerschrockene Art in vierzig Minuten, womit Sie sich hinter Rob und Chuck den dritten Platz sicherte. Einige bewältigten die Strecke elegant, andere eher ungeschickt und für manche war es eine Zitterpartie. Doch alle waren unterwegs oder doch beinahe am Ziel.

Nur Ben nicht.

»Nun kommen Sie schon, Kincaid«, brummelte Crichton. Er beugte sich über Bens Schulter und flüsterte ihm eindringlich ins Ohr. »Nun hören Sie, mein Junge. Sie wissen, ich halte große Stücke auf sie, aber ich kann keine Ausnahmen machen. Candice ist gleich fertig, und Sie ist die vorletzte. Da müssen Sie durch.«

»Könnte ich nicht einfach warten und hinterher sagen, ich bin schon durch?«

»Nein. Ich kann keine Ausnahmen machen. Bei meinen Protegés schon gar nicht. Das gäbe ein schiefes Bild.«

»Wie wär's, wenn ich genau den gleichen Parcours absolviere, aber auf dem Boden?«

»Ich fürchte, nein. Nun machen Sie endlich. Ihre Anwaltsgehilfin war in Null Komma nichts durch.«

»Christina kann eine ganze Menge Sachen, die ich nicht kann – unter anderem alles, was sich zwanzig Meter über dem Boden abspielt.«

»Verdammt, Kincaid! Sie benehmen sich wie ein Schwächling.«

»So ist das nun mal.«

»In der Rechtsabteilung von Apollo gibt es keine Waschlappen!«

»Wahrscheinlich weil sie alle vom Hochparcours hinweggerafft wurden.«

»Nun hören Sie mal her, Kincaid. Ich gehe nochmal rauf. Halten Sie sich direkt hinter mir. Ich werde die ganze Zeit bei Ihnen sein – nur ein paar Schritte vor Ihnen. Okay?«

Bevor Ben antworten konnte, ertönte ein markerschütternder Schrei.

Ben drehte sich nach dem Geräusch um. »Was ist …?«

»Das war Candice«, schrie jemand. Alle rannten zum Ende des Hochparcours. Candice machte sich gerade vom Gleitseil los.

»Was ist denn passiert?« fragte Ben. »Warum haben Sie geschrien?«

»Es war einfach phantastisch«, schwärmte Candice. »Dieses heruntersausen. Mit dem Wind in den Haaren und im Gesicht. Da kommt man richtig auf Touren.«

»So nahe sind Sie einem Orgasmus bestimmt schon monatelang nicht mehr gekommen.«

»Sie wahrscheinlich Ihr ganzes Leben nicht – von gewissen einsamen Nächten mal abgesehen.«

Ben wäre gerne stehengeblieben, um sich das Wortgefecht anzuhören, doch leider legten sich Crichtons Hände schwer auf seine Schultern. »Es wird Zeit, Kincaid.«

»Keine Begnadigung in letzter Sekunde?«

Crichton schüttelte den Kopf.

Sie gingen zu dem Baumstumpf unter der ›Leiter der Riesen‹. Rob schloß sich ihnen an.

»Heften Sie die Augen einfach auf mich. Schauen Sie nicht hinunter.«

»Gut.« Ben beobachtete, wie Crichton sich auf die erste Sprosse der Riesenleiter schwang – diesmal stellte er sich erst gar nicht auf den Baumstumpf. Weniger als fünf Minuten später stand er bereits oben zwischen den zwei Drahtseilen.

»Jetzt sind Sie dran, Kincaid.«

»Großartig.« Ben stellte sich auf den Baumstumpf und schloß die Augen. »Halten Sie das Seil auch richtig fest, Rob?«

»Natürlich.«

»Ich wollte nur mal nachfragen.« Ben holte mit den Armen aus und sprang, so hoch er konnte. Zu hoch. Zwar gelang es ihm, die Bohle mit den Armen zu umfassen, er knallte aber auch mit dem Kinn gegen das Holz.

»Au!«

»Nicht loslassen«, rief Crichton. »Weichen Sie nicht zurück! Halten Sie die Stellung!«

Ben gelang es, sich mit aller Kraft auf die ›Sprosse‹ zu schwingen. Ganz langsam richtete er sich auf der schmalen Bohle auf. Zu seinem Entsetzen stellte er fest, daß sie absolut keinen festen Stand bot. Die ganze Leiter schaukelte im Wind.

»Gleich weitermachen«, brüllte Crichton. »Jetzt nicht den Schwung verlieren. Und nicht hinunterschauen.«

Nun mach mal halblang, dachte Ben. Noch bin ich erst zwei Meter über dem Boden. Er machte die Augen auf und schaute hinunter.

Ein schwerer Fehler. Sein Magen rebellierte. Was noch schlimmer war: Jetzt ging ihm erst richtig auf, wie weit es bis zu Crichton hinauf noch war. Er merkte, daß ihm schwindlig wurde. Genau der richtige Moment, um sich zu übergeben, dachte Ben. Aus erhöhter Stellung und unter den Blicken der ganzen Abteilung.

»Ich gehe jetzt über die burmesische Brücke«, rief Crichton. »Bleiben Sie dran.«

Wenn's denn sein muß. Ben sprang hoch, bekam die nächste Sprosse aber nicht zu fassen. Statt dessen klammerte er sich verzweifelt an eines der beiden Drahtseile, die als Holm dienten, was dazu führte, daß die ganze Leiter wie ein Pendel hin- und herschwang. Er spürte den Zug des Sicherungsseils in seinem Rücken. Rob hatte vorsichtshalber straff angezogen. Vielen Dank für die Hilfestellung, Kumpel.

Herrgott! Sollte ihn Crichton eben als Schwächling beschimpfen. Jetzt wurde geschummelt. Ben stellte den Fuß auf den nächsten Verbindungsbolzen an dem Drahtseil und stemmte sich hoch. Nun konnte er die nächste Sprosse fassen.

»Mein Gott!«

Was war denn nun schon wieder los? Unten auf dem Boden herrschte plötzlich große Aufregung. Alle starrten in die Luft und zeigten auf die burmesische Brücke. Ben blinzelte nach oben in die Sonne und sah Crichton fast fünfzehn Meter über und knapp zwei Meter neben ihm in der Luft hängen und mit den Armen rudern.

Offenbar hatte er das Gleichgewicht verloren und war von dem Holzsims am Beginn der burmesischen Brücke gerutscht. Crichton versuchte, den Baumstamm mit den Händen zu erreichen, doch es gelang ihm nicht. Nun ja, im Unterschied zum Seiltanz baumelte man bei dieser Kletterei glücklicherweise sicher am Seil. Aber warum dann dieses Gekreische da unten?

Mit einem prüfenden Blick folgte Ben Crichtons Sicherungsseil vom Karabinerhaken nach oben bis zur Rolle und wieder nach unten bis ... O Gott! Deshalb schrien alle. Crichtons Sicherungsseil war angerissen, und es sah ganz so aus, als würde es im nächsten Moment ganz abreißen. Sein Sicherungs-Captain konnte dann nichts mehr für ihn tun.

Auch Crichton hatte den Riß bemerkt. Verzweifelt versucht er, sich wieder zu dem Baum hinüberzuschwingen, doch die Entfernung war zu groß. Hilflos hing er in der

Luft – in dem Bewußtsein, gleich zwanzig Meter auf den harten Boden hinabzustürzen.

Ben sah, wie das Seil noch weiter riß. In wenigen Sekunden war Crichton ein toter Mann, wenn nicht ganz schnell etwas geschah.

Ben spannte die Muskeln, holte mit den Armen Schwung, stieß sich von der Leiter ab und machte einen gewaltigen Satz. Die Hände nach vorne gestreckt, flog er durch die Luft, dann packte er Crichtons Seil direkt oberhalb der Bruchstelle. Im selben Moment riß es auseinander, und Ben wurde von dem Seil nach oben gerissen.

Da er nicht losließ, flog er in die Luft – direkt auf die Rolle zu, über die Crichtons Sicherungsseil lief. Seine Hände brannten mörderisch. Nun komm schon, Rob!

Plötzlich gab es einen Ruck, und er spürte ein gewaltiges Reißen an seinem Rücken. Rob hatte sein Sicherungsseil angespannt. Damit er nicht über die Rolle hinausschoß, und da Ben mit den Händen Crichtons Seil festhielt, wurde dessen Fall vor dem Aufprall auf den Boden gestoppt.

Ben biß die Zähne zusammen und umklammerte das Seil mit aller Kraft. Seine Arme mußten ein unbeschreibliches Ziehen aushalten. Es kam ihm vor, als ob Crichton tausend Kilogramm wog. Jetzt erst hatte er einen Augenblick Zeit, um darüber nachzudenken, was er gerade tat. Sofort durchlief ihn eine Welle der Panik. Sein Herz schlug wie wild, und der Schweiß lief ihm in Strömen über den Körper. Gott, o Gott, er baumelte an einem Seil in der Luft! Zwanzig Meter über dem Boden. Nichts unter den Füßen.

Langsam öffnete er die Augen, zuerst eines, dann das andere. Rob rief etwas zu ihm herauf. Er solle ja nicht loslassen, bis Crichton auf dem Boden war. Vielen Dank, Rob. Als ob er mit dem Gedanken gespielt hätte, einfach loszulassen. Ben hoffte nur, seine Übelkeit unterdrücken zu können, bis er wieder mit beiden Beinen fest auf dem Erdboden stand.

Unter sich sah er, wie Rob das Seil mit aller Gewalt festhielt. Chuck und Christina klammerten sich an Robs Fußgelenke, um ihn fest auf dem Boden zu verankern. Ben folgte mit dem Blick dem Verlauf des Seils, von seinen Händen, die höllisch brannten, nach oben über die Rolle bis zu Crichton hinunter, der nicht weit vom Boden in der Luft schwebte.

Viel hätte nicht gefehlt, und er wäre tot gewesen.

Zweiter Teil

Pennies und Schmetterlinge

17

Der Mann warf den Zimmerschlüssel auf die Frisierkommode. Es war eine dieser modernen flachen Karten mit eingestanzten Löchern, wie sie inzwischen von allen erstklassigen Häusern verwendet wurden. Wie scheußlich! Immer mußte er diese Dinger mindestens zwanzig Mal in den Schlitz stecken, bis es endlich funktionierte. Warum nur änderte sich die Welt denn andauernd? Warum waren die Menschen immer auf der Suche nach etwas Besserem, verwarfen das Alte und wandten sich Neuem zu? Warum konnte nicht alles Bestand haben, einfach und ordentlich bleiben?

Im Spiegel über der Frisierkommode sah er das Mädchen im Bad. Das Wasser plätscherte in die Wanne, und sie schlüpfte gerade aus ihrer hautengen Hose. Die Schlange häutet sich, dachte er verträumt.

Das Mädchen legte ihren BH ab und nahm sich die grüne Schmetterlingsspange aus dem Haar. Dann bemerkte sie, daß er sie beobachtete.

»Was machst du denn da?«

Er reagierte mit einem freundlichen, strahlenden Lächeln. »Ich schau' dir zu.«

»Ach ja?« In gespielter Schüchternheit verschränkte sie die Arme vor ihrem Busen. »Und was denkst du?«

»Daß du schön bist.« Langsam ging er ins Badezimmer. Seine schwarzen Stiefel klapperten auf den Badfliesen. »Ich bekomme schon einen Ständer.«

»He, nicht gleich in Ekstase geraten. Du mußt noch warten.«

Sein Lächeln wurde ein wenig blasser. »Im Warten bin ich nicht besonders gut. Wenn ich etwas will, dann gleich.«

»Hör mal, Romeo, du hast mir versprochen, ich darf zuerst ein Bad nehmen.«

»Darfst du auch.« Er breitete die Arme aus. »Die ganze Nacht kannst du baden. Du kannst immer und ewig baden.«

»Was du nicht sagst.« Kichernd ließ sie ihren Slip fallen und glitt in die dampfende Badewanne. »Bist du so etwas wie ein Dichter?«

»Ich glaube schon.«

»Mann, echt gut.« Sie streckte sich in der Wanne aus. »Einen Dichter habe ich noch nie gehabt. Meistens sind es irgendwelche Anzug- und-Krawatte-Typen. Du weißt schon, Banker, Buchhalter, Architekten, Anwälte.«

Der Mann fuhr mit dem Kopf herum. »Du hast auch … Juristen gehabt?«

»O Mann, und wie! Der reinste Alptraum, kann ich dir sagen.« Sie legte sich einen nassen Waschlappen auf die Stirn. »Glaub mir, alles, was die Leute über Juristen sagen, ist wahr. Es ist sogar noch geschmeichelt. Aber was soll's. Ich will eigentlich gar nicht darüber reden; ich will nicht mal dran denken.«

»Hast du mit jemand darüber gesprochen?«

»Warum fragst du?«

»Einfach so. Manchmal tut es gut, wenn man jemand erzählt, was einen plagt.«

»Vergiß es, Romeo. So viel zahlst du mir dann auch wieder nicht.«

»Und wieviel müßte ich …«

»Vergiß es. Sag mal, wieso kommst du nicht zu mir rein?« Sie ließ ihre langen falschen Wimpern klimpern und zwinkerte ihm zu. »Die Wanne ist groß genug für uns beide.«

Der Mann überlegte einen Augenblick. »Ja, vielleicht. Ich will nur erst noch etwas holen.« Dann verließ er das Badezimmer.

Als er draußen war, begann sie sich einzuseifen. »Was machst du denn beruflich? Muß wohl was Bedeutendes sein. Dein Transporter sieht ganz schön aufgepeppt aus, aber auch ohne die ganzen Extras wäre der garantiert alles andere als billig. Das Geldbündel, das du mit dir herumträgst, ist auch nicht ohne, und was du mir für ein paar Stunden zahlst, liegt weit über marktüblichen Preisen, das muß ich zugeben. Und dann noch die Art, wie du dich anziehst, und wie du aussiehst. Also, ich würde sagen, du bist ein ganz

113

hohes Tier, ein großer Autohändler oder ein Politiker oder irgendwas in der Art.«

Sie hörte seine Absätze wieder ins Badezimmer klappern. »Nun sag schon. Was machst du ...«

Ihr Satz brach abrupt ab, als er sie am Hals packte. Dann wurde es dunkel, weil er ihr den schwarzen Müllsack über den Kopf zog. Er legte ihr die Seidenschnur um den Hals und zog so fest zu, daß er ihr die Luft abschnürte.

Sie schlug wild um sich, so daß das Wasser aus der Wanne auf den Boden schwappte. Sie riß an seinen Armen, doch er richtete sich auf und drückte sie an den Schultern nach unten, bis der Kopf in dem Sack unter Wasser war. Immer noch wehrte sie sich, doch vergebens. Sie fand nirgends einen Halt, sondern glitt tiefer und tiefer ins Wasser.

Genau so, wie er es brauchte. Sie war ihm völlig ausgeliefert. Er zog die Schnur um ihren Hals noch fester zu, bis Blut austrat. O Gott – wie gut ihm das tat. Dann zog er noch fester an und kostete seine wachsende Erregung voll aus.

Schließlich kam der großartige Höhepunkt, und es war genug. Als er die Seidenschnur losließ glitt der leblose Körper ins Wasser.

Er hob ihre Schmetterlingsspange auf. Ein hübsches kleines Ding: ein sehr schönes Souvenir.

Als die nachwirkenden Gefühle abgeklungen waren und seine Kräfte sich wieder regten, sammelte er die Kleider auf, die das Mädchen sorglos auf dem Boden verstreut hatte. Er haßte unordentliche Leute.

18

Mike warf seinen schwarzen Mantel auf einen der Sessel in Bens Büro. »Ben, du entwickelst dich ja zum wahrsten Magneten für Mordfälle«

»Versuchter Mord«, verbesserte Ben. »Crichton hat den Anschlag überlebt.«

»Mit knapper Not.«

»Trotzdem – kein Mord.«

»Aber nur, weil du genau zur rechten Zeit am rechten Ort gewesen bist, und beschlossen hast, Superman zu spielen. Beeindruckt mich übrigens schwer. Was kommt als nächstes? Bungee-Jumping?«

Ben wehrte mit seinen verbundenen Händen ab. Das Seil hatte tiefe Wunden hinterlassen, die nur langsam heilten. »Ich habe einfach nur gemacht, was mir als erstes in den Sinn kam. Mir blieb überhaupt keine Zeit zum Nachdenken.«

»Erzähl mir nichts, Ben. Das war eine ganz schön mutige Aktion – für einen, dem schon im Kinderstuhl schwindelig wurde.«

»Wer erzählt dir denn so was?«

»Meine Ex-Frau – deine Schwester. Also keine Ausflüchte.«

»Diese Kinderstühle sind aber auch verdammt hoch, wenn man selber erst sechzig Zentimeter mißt.« Er klappte den dicken Bericht zu, mit dem er sich auf den Beweisantrag für den Nachmittag vorbereitet hatte. Wie läuft die Morduntersuchung?

»Welche? Die jungen Mädchen oder Howard Hamel?«

»Fangen wir mit den Mädchen an. Ich habe in der Zeitung gelesen, daß der Mörder schon wieder ein Opfer gefunden hat.«

»Ja, das vierte.« Mike schlug sich mit der Faust in die hohle Hand. »Herrgott, ich will diesen Kerl endlich fassen. Schon vier Opfer, und wir tappen immer noch im Dunkeln.«

»Ein paar Anhaltspunkte muß es doch geben. Irgendwelche Regelmäßigkeiten.«

»Nur die offensichtlichen – daß es immer junge Mädchen sind. Sonst nichts, jedenfalls ist uns nichts aufgefallen.«

»Und die Verstümmelungen?«

»Wie bei den anderen – kein Kopf, keine Hände.«

»Das will ich gar nicht genauer wissen.«

»Kann ich dir nicht verdenken.«

»Und was hast du zum Mordfall Hamel?«

»Was ich habe? Von dir erwartet man doch, daß du Licht in die Sache bringst. Was hast du also zu bieten?«

»Nun ja, ich glaube, ich bin dem Mörder in die Parade gefahren – aus zwanzig Metern Höhe.«

»Gut möglich.« Mike ging nervös in Bens Büro auf und ab. »Das Labor ist mit der mikroskopischen Untersuchung von Crichtons Sicherungsseil fertig: Es wurde angeschnitten – das steht außer Zweifel. Wie du weißt, haben wir die ganze Umgebung und sämtliche Anwesenden durchsucht. Wir haben aber nichts gefunden, und du hast leider nicht gesehen, wer es getan hat.«

»Nein, aber der ganze Bürotrakt ist voller Verdächtiger. Mann, o Mann! Dieser Apollo-Haufen. Man sollte es nicht für möglich halten, was für eine Sammlung von hinterhältigen, arschkriecherischen …«

»Moment mal, bei mir brauchst du dich nicht zu beklagen. Schließlich hast du geglaubt, daß dieser Job alle deine Probleme löst.«

»Das habe ich nicht geglaubt. Ach was soll's. Ist Koregai mit dem Autopsiebericht fertig?«

Mike ließ sich in einen Sessel fallen und legte seine dreckverschmierten Stiefel auf Bens Schreibtisch. »Er sagt, Hamel wurde erwürgt. Du wirst dich erinnern, daß Hamel ein Hemd mit einem hohen Kragen trug, deshalb hast du keine Verletzungen an ihm gesehen. Erst als der Mörder die Leiche wegbrachte, wurde Hamels Hand an einem scharfen Gegenstand aufgeschnitten – daher das Blut in deinem Auto. Die Schnittwunde muß relativ kurz nach dem Mord erfolgt sein, sonst hätte sie nicht so stark geblutet.«

»Haben deine Leute irgendein Beweismaterial entdeckt?«

»Nichts, was uns weiterhelfen würde, so wie's aussieht. Obwohl wir nicht nur das Apollo-Hochhaus durchsucht haben, sondern auch den Platz hinter deiner Pension und die ganze Umgebung. Das ist ja vielleicht eine Gegend, wo du wohnst! Selbst im Gefängnis sind mehr Leute bereit, mit einem Polizisten zu sprechen. Nicht mal die kleinste verdammte Kleinigkeit haben wir herausbekommen.«

»Wie ich sehe, habt ihr Hamels Büro mit eurem gelben

Klebeband als Tatort abgesperrt. Habt ihr dort irgendwas gefunden?«

»Nichts, was mir von Bedeutung schien. Aber du kannst dich gern selber mal umschauen.«

»Danke, werde ich machen. Und in Hamels Haus?«

»Da gab es Schwierigkeiten wegen der Witwe. Normalerweise bekomme ich in solchen Fällen problemlos einen Durchsuchungsbefehl, aber Richter Carter ist ein Freund der Familie und hält es für ganz unangebracht, die Trauer der Gattin mit einer ganz und gar überflüssigen Haussuchung zu stören. Nicht nur, daß er sich weigert, den Durchsuchungsbefehl zu unterschrieben, nein, er läßt zudem seine Kollegen wissen, daß er es als persönlichen Affront betrachten würde, wenn einer von ihnen unterschriebe.«

»Und dann werden immer die Anwälte dafür verantwortlich gemacht, daß die Mühlen der Justiz langsam mahlen.«

»Ja, wo das doch bloß in neunzig Prozent der Fälle zutrifft. Keine Sorge, früher oder später kriegen wir den Durchsuchungsbefehl.«

»Prima. Ruf mich an, wenn es soweit ist. Vielleicht kann ich mich ja nützlich machen.«

»Ich glaube, das läßt sich arrangieren. Zumal der Polizeipräsident dich mehr oder weniger zum Hilfspolizisten gemacht hat.«

»Indem er mit einer lebenslangen Haftstrafe gedroht hat. Glaubst du, der meint das ernst, mich am Ende der Woche festzunehmen?«

»Ich fürchte, ja. Verdammt ernst sogar.«

»Dann habe ich nicht mehr viel Zeit. Ruf mich sofort, sobald du den Durchsuchungsbefehl hast.«

»Mach ich, kemo sabe. Ach, Ben?«

»Ja?«

»Ich habe da eine Broschüre gefunden, die dich vielleicht interessiert. Schönen Tag noch.«

Ben schaute sich die Broschüre an, die Mike auf dem Schreibtisch unter den Briefbeschwerer gelegt hatte: SAMS UND JERRYS FLIEGENDER ZIRKUS – FALLSCHIRMSPRINGEN FÜR WENIG GELD.

19

Ben hatte gehofft, die verbleibende Stunde auf die Vorbereitung des Gerichtstermins verwenden zu können, doch Mike war erst ein paar Sekunden gegangen, als Crichton in sein Büro gerauscht kam.

»Mr. Crichton!« Ben sprang auf. »Daß Sie heute schon wieder im Büro sind! Wie geht es Ihnen denn?«

Crichton wischte Bens Besorgnis mit einer Handbewegung beiseite. »Machen Sie nicht soviel Aufhebens, Kincaid. Mir geht's gut. Nach Auskunft der Ärzte soll ich die nächsten paar Tage noch etwas kurztreten. Nichts weiter als ein kleiner Schock!«

»Also, wenn ich aus zwanzig Meter Höhe gestürzt und erst kurz vor dem Aufprall abgefangen worden wäre, hätte ich nicht nur einen kleinen Schock.«

»Ist nicht das erste Mal, daß ich mit knapper Not davongekommen bin, und daß ich irgendwann sterben muß, ist mir auch nicht neu.« Er deutete mit dem Kopf zur Tür. »Wer war der Mann im Trenchcoat, den ich gerade aus Ihrem Büro kommen sah?«

»Oh, das war Mike, mein Schwager«, sagte Ben ausweichend. »Oder vielmehr mein Ex-Schwager. Mike ist ein Freund von mir.«

»Und er ist Polizist.«

»Ja.«

»Wollte wahrscheinlich über den Mordfall Hamel mit Ihnen sprechen.«

»Stimmt.«

Crichton setzte sich in einen Sessel und stützte das Kinn in die Hand. »Ben, das Interesse, das Sie für Howards unglückseliges Ende aufbringen, in allen Ehren. Ich bewundere Sie sogar dafür; nur fürchte ich, es könnte Sie von Ihren beruflichen Pflichten ablenken.«

»Ich habe alles termingerecht erledigt, Mr. Crichton.«

»Termingerechte Abwicklung genügt mir bei Ihnen aber nicht, Ben. Ich brauche Ihre gesamte Aufmerksamkeit. Sie müssen sich rund um die Uhr ganz Ihrem Klienten widmen.« Er zog seine Augenbrauen zusammen. »Wissen Sie, ich liebe meine Familie sehr, aber die Arbeit geht vor. Meine Frau und meine Kinder verstehen das. Ich ehre das Andenken Howards. Aber der Apollo-Konzern ist an einem entscheidenden Punkt angelangt – der geplante Kauf von Con-Steel, das Ameritech-Projekt und noch ein Dutzend weitere, nicht weniger wichtiger Vorhaben. Wir dürfen uns nicht ablenken lassen, und wir können uns keinen rufschädigenden Prozeß leisten. Ich verlasse mich darauf, daß Sie diese Nelson-Sache im Keim ersticken.«

»Ich tue, was ich kann, Mr. Crichton. Die Aussage der Nelsons war überzeugend. Sie haben sich in keine Widersprüche verwickelt, so daß zu erwarten ist, daß die Geschworenen mit ihnen fühlen werden. Wir können nur mit juristischen Argumenten gewinnen – und zwar vor der Hauptverhandlung.«

»Dann lassen Sie sich etwas einfallen, Kincaid.«

»Mache ich, aber die Offenlegung aller prozeßrelevanten Akten ist noch nicht abgeschlossen. Morgen wird der Anwalt der Nelsons, Abernathy, einen der Vizepräsidenten unserer Entwicklungsabteilung vernehmen. Wenn alles gut geht, weiß ich danach hoffentlich genug, um einen Antrag auf Einstellung des Verfahrens überzeugend begründen zu können.«

»Sehen Sie zu, daß das klappt.«

»Daß der Richter den Antrag bewilligt, kann ich natürlich nicht garantieren, selbst wenn ich den allerbesten Schriftsatz vorlege.«

Crichton ließ seinen durchdringenden Blick auf Ben ruhen. »Ben, es kommt mir fast so vor, als ob Sie jetzt schon Ihr Versagen beschönigen wollen – bevor Sie den Antrag überhaupt gestellt haben.«

»Durchaus nicht, Sir. Doch wie Sie wissen, gibt es bei gerichtlichen Auseinandersetzungen keine Garantien. Manche meinen zwar, wer recht hat, bekommt auch recht. Aber das stimmt natürlich nicht immer.«

Ben spürte, wie Crichtons Blick sich in seine Stirn bohrte. »Sorgen Sie dafür, daß es bei diesem Verfahren stimmt, Kincaid. Verstanden.«

»Gut. Dann klären Sie mich mal über diese Zeugenvernehmung heute nachmittag auf.«

»Wie Sie wissen, haben wir Abernathy letzte Woche eine ungeheuere Menge von Akten übergeben.«

Crichton grinste. »Weiß ich ja. Wir haben sogar zwanzig Jahre zurückliegendes Material mitgeliefert, das in keiner Beziehung zu XKL-1 steht. Ich hätte gedacht, dieser Krauter wäre monatelang damit beschäftigt.«

Ben äußerte sich lieber nicht zu dieser Taktik. »Abernathy hat kurzfristig über eine Agentur Leute engagiert und die Aufgabe in wenigen Tagen erledigt. Er hat herausgefunden, wie unser internes Numerierungsprinzip funktioniert und daraus abgeleitet, daß zehn Seiten fehlen. Deshalb hat er einen Antrag auf Herausgabe dieser zehn Seiten gestellt und das Gericht gebeten, sofort eine Zeugenvernehmung anzuberaumen, um zu verhindern, daß diese Dokumente verlorengehen oder vernichtet werden.«

»Bei der ganzen Vernehmung geht es also um lumpige zehn Seiten? Meine Güte, wir haben ihm bestimmt hunderttausend Seiten geliefert!«

»Stimmt. Und nun will er diese zehn auch noch.«

»Und woraus schließt er, daß ausgerechnet diese zehn Seiten wichtig sind?«

Ben strich mit den Fingern über den Schreibtisch. »Aus ihrem Fehlen, vermutlich. Ich habe mit der Leiterin unseres Archives gesprochen, aber Imogene sagt, sie weiß weder, wo diese Seiten sind, noch was sie beinhalten.« Er wählte seine Worte sorgfältig. »Wissen Sie es zufällig?«

Zu Bens Überraschung beugte sich Crichton über den Schreibtisch zu ihm herüber und lächelte. »Ja. Ich erinnere mich daran, daß ich selber zehn Seiten entnommen habe. Mit dem XKL-1 haben die aber nichts zu tun. Das sind Konstruktionspläne für eine neue Federung, mit der wir ein paar ganz andere Probleme, die wir mit dem jetzigen System haben, beheben wollten. Mit dem angeblichen Blattfederdefekt hat das gar nichts zu tun. Es ist einfach nur so, daß wir die Pläne als streng geheim betrachten. Müssen wir sie nun doch vorlegen?«

Ben dachte einen Augenblick lang nach. »Nun, einem Urteil zufolge sind Unternehmen nicht zur Offenlegung von Betriebsgeheimnissen verpflichtet, besonders wenn die fraglichen Akten für das anhängige Verfahren nicht relevant sind.«

»Klingt doch ganz plausibel.«

»Außerdem muß Material, das Hinweise auf nachträgliche technische Veränderungen liefert, nicht vorgelegt werden. Sonst würde nach einem Unfall oftmals nichts unternommen – aus Angst, Abänderungen könnten bei der Verhandlung als Schuldeingeständnis gewertet werden. Dadurch kämen eventuell weitere Personen zu Schaden. Um das zu verhindern, sind die Gerichte dazu übergegangen, derartiges Beweismaterial nicht zuzulassen.«

»Großartig!« Er ging um den Schreibtisch herum und klopfte Ben auf die Schulter. »Genau, was wir brauchen. Bei Gott, ich wußte doch gleich, Sie sind ein Könner, Kincaid. Ein richtiger proaktiver Akteur. Ich wünschte, ich hätte noch zehn wie Sie.«

»Vielen Dank, Sir. Ach übrigens, ich muß die zehn fehlenden Seiten schon lesen.«

Crichtons Jovialität verschwand. »Warum? Ich habe Ihnen doch gerade gesagt, worum es sich handelt.«

»Schon. Aber um vor Gericht Aussagen über den Inhalt machen zu können …«

»Ben, ich habe sie nicht mehr.«

»Wer hat sie dann?«

»Das kann ich nicht mit Sicherheit sagen. Ich glaube, ich habe sie Imogene gegeben.«

»Imogene sagt, sie hat die Papiere nicht.«

»Okay, ich werde eine Suchaktion starten.«

»Sir, dazu haben wir keine Zeit. Die Vernehmung beginnt in weniger als einer Stunde.«

»Sie brauchen dem Richter nur zu sagen, Sie können die Dokumente nicht offenlegen, weil sie Betriebsgeheimnisse enthalten. Ich bin sicher, das sieht er ein.«

Ben zog die Stirn in Falten. »Möglich. Vielleicht betrachtet er es aber auch als Mißachtung des Gerichts.«

»Sie kriegen das schon hin.« Crichton wandte sich zum

Gehen, blieb aber in der Tür noch einmal stehen. »Ach Kincaid …« Er räusperte sich und senkte den Blick.

Ben genoß dieses ungewohnte Schauspiel. Crichton, der sonst beim Betreten jedes Raums unverzüglich das Kommando übernahm, schien sich jetzt tatsächlich unbehaglich zu fühlen.

»Was ich noch sagen wollte … ich bin neulich wohl ziemlich auffällig geworden … als ich Sie einen Schwächling nannte und was nicht noch alles. Das Kunststück, das Sie auf der Leiter der Riesen vollbracht haben, um zu verhindern, daß ich auf den Boden knalle, war enorm. Die wenigsten hätten den Mumm gehabt, so etwas auch nur zu versuchen – und Sie machten es mit Bravour. Herrgott, ich weiß nicht einmal, ob ich das selber geschafft hätte.«

»Das war wirklich keine große Sache, Mr. Crichton.«

»Von wegen. Und überhaupt – daß Sie das getan haben, obwohl ich Ihnen noch ein paar Sekunden vorher massiv zugesetzt habe.« Er scharrte verlegen mit den Beinen. »Was ich sagen will, ich möchte mich bei Ihnen entschuldigen.«

»Das brauchen Sie nicht.«

»Ich möchte es aber. Und jetzt ab in den Gerichtssaal! Machen Sie denen die Hölle heiß!« rief Crichton und verschwand.

20

Ben und Rob saßen am Tisch der Verteidigung und warteten. Richter Roemer hatte einen der kleineren Gerichtssäle im siebten Stock des Gerichtsgebäudes an der Ecke Fifth Street und Denver Street.

Ben warf einen Blick auf die Wanduhr. »Der Richter hat bereits fünfzehn Minuten Verspätung. Ich kann es nicht ausstehen, wenn ich untätig herumsitzen muß, aber es ist praktisch immer dasselbe.«

»Ist das nicht etwa so, wie wenn man zu spät zu einer Party kommt, um sich interessant zu machen?« fragte Rob.

»Eher eine Machtdemonstration des Richters. Nach dem Motto: Ihr müßt pünktlich sein, ich nicht.«

»Das muß ziemlich irritierend sein.«

»Ist es auch. Andererseits darf man nicht vergessen, daß nur die Bundesrichter einen Sekretär haben. Unser Richter muß alles selber machen. Roemer sitzt wahrscheinlich in seinem Amtszimmer und liest unseren Schriftsatz.«

Ben war offensichtlich nicht der einzige im Gerichtssaal der allmählich unruhig wurde. Abernathy kam herübergewalzt und schnippte schon wieder eine Visitenkarte vor Ben auf den Tisch. »Darf ich den Gentlemen mein neues Kärtchen mit meiner 800-Nummer geben?«

»Sie haben eine Nulltarif-Nummer? Für eine Anwaltskanzlei?«

»Aber sicher. Haben das nicht alle?« Er lachte. »Das ist der Zug der Zeit, Ben. Marketing im großen Stil. Medienpräsenz.«

»Das heißt, wenn ich mit Ihnen über einen Beweisantrag oder etwas Derartiges sprechen will, brauche ich nur diese Nummer zu wählen?«

»Äh, nein … Eigentlich ist die Nummer für künftige Klienten gedacht.«

»Aha.«

»Haben Sie meinen neuen Fernsehspot schon gesehen? Er läuft immer im Werbeblock von Laverne und Shirley. Die Serie wird zur Zeit auf Kanal sechs wiederholt.«

Ben schaute Rob an. »Ach, wissen Sie, bei Laverne und Shirley bin ich nicht mehr so auf dem laufenden wie früher einmal …«

»Es ist ein toller Spot.« Nun setzte Abernathy seinen recht gewichtigen Körper in Bewegung, um den Werbespot nachzuspielen. »Am Anfang kommt eine Nahaufnahme von mir.«

»Ach, tatsächlich?«

»Dann schweift die Kamera zurück, und man sieht mich mit meiner schwarzen Lederjacke auf einer richtig schönen großen Harley Davidson sitzen. Ich beuge mich vor und sage direkt in die Kamera: ›Ich bin der Meinung, wenn ein

Arzt einen Fehler macht, muß man ihn dafür haftbar machen. Und wenn Sie am Arbeitsplatz verletzt werden, muß Ihr Chef dafür geradestehen.‹ Dabei schwillt die Musik an. Das haben wir bei Top Gun abgeschaut. Faszinierend.«

»Zweifellos.«

»Zum Schluß sage ich dann noch: ›Verzichten Sie nicht vorzeitig auf Ihre Ansprüche. Lassen Sie sich nicht billig abspeisen. Verlangen Sie, was Ihnen zusteht. Hochtourige Unterstützung finden Sie bei George Abernathy. Rufen Sie mich an.‹ Und dann blinkt die Nulltarif-Nummer. Einfach großartig. Ich war selber ganz hingerissen, als ich den Spot zum erstenmal sah.«

»Besser als Casablanca«, sagte Rob.

»Viel besser«, antwortete Abernathy. »Wenn Sie je wieder eine eigene Kanzlei eröffnen, sollten Sie es unbedingt auch mit Fernsehspots probieren, Ben.«

»Nein, danke.«

»Warten Sie's ab. Leute wie Sie, die sich für Werbung zu schade sind, werden zurückbleiben und irgendwann Staub fressen.«

»Schon möglich«, sagte Ben, »aber wenigstens brauche ich mich nicht auf eine Harley zu setzen und meine Mitmenschen zum Verklagen ihrer Nachbarn und Freunde überreden.«

»Da Sie offensichtlich eine enorme Abneigung gegen Gerichtsverfahren haben, wäre es doch am besten, wir vermeiden diese unerfreuliche Vernehmung. Sie brauchen sich nur mit mir zusammensetzen und über eine gütliche Einigung reden.«

»Nein danke, Abernathy. Wenn ich mich nicht täusche, haben Sie im Grunde gar nichts vorzuweisen.«

In diesem Moment betrat der Richter den Gerichtssaal. Roemer war einer der gelasseneren (man könnte auch sagen: apathischeren) Vertreter seines Berufsstands. Entscheidungen fällte er höchst ungern. Anstatt eine aktive Rolle zu spielen, ließ er die Anwälte einfach gewähren. »Nehmen Sie Platz«, murmelte er ins Mikrofon.

Er blickte auf die Papiere, die vor ihm auf dem Richtertisch lagen, runzelte die Stirn und sagte: »Es geht heute also um ein Problem bei der Offenlegung verfahrensrelevanter Akten.« Er sprach mit dünner, aber durchdringender Stimme. »Solche Streitereien öden mich an. Könnt Ihr das nicht untereinander ausmachen, Jungs?«

Abernathy watschelte zum Richtertisch. »Es ist wirklich zu blöd, Herr Richter, aber ich habe mit Mr. Kincaid gesprochen, und er will die zehn Seiten einfach nicht herausgeben.«

Roemer wandte sich an Ben. »Stimmt das?«

»Ja, Euer Ehren. Da diese Papiere Betriebsgeheimnisse enthalten, machen wir von unserem Recht auf Geheimhaltung Gebrauch. Im übrigen könnten sie bei der Hauptverhandlung ohnehin nicht verwendet werden, da sie Hinweise auf nachträgliche technische Veränderungen liefern.«

»Was haben Sie dazu zu sagen, Abernathy?«

Abernathy rang nach Worten. Ben hatte erwartet, daß er beantragen würde, der Richter möge die fraglichen Seiten allein in seinem Amtszimmer prüfen, oder daß er sich zu der Verpflichtung bereiterklären würde, die Informationen vertraulich zu behandeln und das Betriebsgeheimnis zu wahren. Ein anderes Argument wäre gewesen, die Akten müßten zunächst auf jeden Fall offengelegt werden, selbst wenn sie im Prozeß letztlich nicht verwendet werden könnten. Doch Abernathy tat nichts dergleichen. Er stand einfach nur ratlos da; offensichtlich hatte er sich nicht vorbereitet.

Schweißperlen standen ihm auf der Stirn. »Also, wissen Sie, Euer Ehren, ich habe diese Dokumente nicht einmal gesehen. Wie soll ich wissen, was drinsteht?«

Roemer machte keinen Hehl aus seinem Überdruß. »Sie haben soeben gehört, wie ein Rechtsanwalt sich zum Inhalt dieser Dokumente geäußert hat. Haben Sie Grund seine Einlassung in Zweifel zu ziehen?«

»Äh … nein. Ich bin sicher, Mr. Kincaid ist ein ehrlicher junger Mann …«

»Und sind Sie auch der Meinung, daß Hinweise auf nachträgliche technischer Veränderungen im Prozeß nicht verwendet werden dürfen?«

Abernathy blinzelte nervös und wischte sich den Schweiß von der Stirn. »Das leuchtet mir überhaupt nicht ein. Wenn ein Unternehmen Korrekturen vornimmt, dann ist das doch ein eindeutiger Hinweis darauf, daß vorher etwas nicht gestimmt hat.«

»Womit Mr. Abernathy natürlich genau den Knackpunkt getroffen hat«, warf Ben ein. »Wenn derartiges Beweismaterial herangezogen werden dürfte, würden Unternehmen nur äußerst ungern Korrekturen vornehmen – selbst wenn Menschenleben auf dem Spiel stehen.«

»Mr. Abernathy?« Roemer trommelte mit dem Finger auf einen Bleistift.

Abernathy stützte sich mit beiden Händen auf den Tisch. »Tja, also … Euer Ehren, ich weiß nicht recht, was ich sagen soll. So etwas ist mir noch nicht untergekommen.«

Unwillkürlich fing Ben an zu grinsen. So etwas lernte man bereits im ersten Studienjahr. Offensichtlich war Abernathy so sehr daran gewöhnt, schnell einen Vergleich zu schließen (und sein Geld einzustreichen), daß ihm die eigentliche juristische Arbeit weitestgehend erspart blieb.

»Können Sie Ihre Position durch irgendwelche Präzedenzfälle stützen?« fragte Roemer. »Vorausgesetzt, Sie haben eine Position.«

»Äh, im Moment sehe ich mich dazu nicht in der Lage, Herr Richter.«

»Dann bleibt mir gar nichts anderes übrig, als Ihren Antrag abzulehnen.« Typisch Roemer: Er wollte die Sache so schnell wie möglich hinter sich bringen. »Und verschwenden Sie in Zukunft nicht die Zeit des Gerichts, wenn Sie Ihre Anträge nicht besser begründen können.« Damit griff er zum Hammer.

»Die Sitzung ist geschlossen.«

Alle erhoben sich, und Roemer verließ den Saal.

»Na, also«, sagte Rob und schlug Ben kräftig auf die Schulter. »Dem haben Sie's gezeigt. Crichton wird begeistert sein.«

»Na ja.« Ben sah Abernathy nach, wie er aus dem Gerichtssaal hinauswatschelte. »Auf diesen Sieg brauche ich mir nichts einzubilden. Ich habe gewonnen, weil die Nelsons keinen Anwalt engagiert haben, sondern einen wandelnden Werbespot.«

»Und wenn schon! Mann, Sie arbeiten noch nicht einmal eine Woche an diesem Fall, und haben schon die Sache ganz fest im Griff.«

»Crichton hat recht gehabt – Sie sind der Größte.«

Ben lächelte verlegen und schwieg.

»Kommen Sie«, rief Rob voller Enthusiasmus. »Ich spendiere Ihnen eine Schokoladenmilch. Sie müssen sich doch großartig fühlen.«

Ben folgte Rob aus dem Gerichtssaal. Schön wäre es ja, dachte er, aber leider fühlte er sich alles andere als großartig.

21

Sergeant Tomlinson schlenderte die Eleventh Street hinunter. Die Hände hatte er tief in den Hosentaschen vergraben, die schäbige Jeansjacke trug er offen. Wie man sich unauffällig unters Volk mischte, das wußte er noch aus der Zeit, in der er in dieser Gegend regelmäßig auf Streife war. Ja, er beherrschte den passenden Gang und die richtige Sprache und er bewegte sich hier wie ein Chamäleon. Er konnte so abgerissen daherkommen wie kein anderer.

Leider hatte es viel zu lange gedauert, bis er endlich die Spur verfolgen konnte, die Koregai ihm gezeigt hatte, da nach dem Fund der vierten Leiche die Hölle los war. Jeder Polizist wurde noch dringender gebraucht als vorher – selbst wenn er niedrige Dienste in der Telefonzentrale verrichtete. Die Fahndung war noch einmal intensiviert worden. Angeblich fuhr der Polizeipräsident jetzt in einem Streifenwagen durch die Gegend. Dennoch war man der Identifizierung der Opfer keinen Schritt näher gekommen – und der Aufspürung des Täters schon gar nicht. Endlich hatte Tomlinson ein paar Stunden frei. Er wollte sie nutzen, um einige Nachforschungen anzustellen. Inzwischen war er sich sicher, die Tätowierung des zweiten Opfers schon einmal gesehen zu haben, und er wußte auch wo: in der Rainbow Boutique, etwas abseits von der Eleventh Street in der Cincinnati Street. Die Spur führte in diese Gegend, an dieser Tatsache gab es für Tomlinson nichts zu rütteln. Schon vorher konnte er eine Verbindung zwischen dem Fundort der Leichen und der Subkultur der Eleventh Street herstellen.

In der Rainbow Boutique verkehrten sämtliche typischen Berufsgruppen des Viertels: Prostituierte, Zuhälter, Drogenhändler und andere Ganoven. Es handelte sich um eine Kombination aus Friseursalon, Drogerie, und Tätowierungsstudio. Für jeden etwas.

Tomlinson schob sich an einer Gruppe abgerissener Penner vorbei, die sich um eine Flasche Fusel drängten, betrat den Laden und ging schnurstracks auf einen kleinen Raum an der Rückseite zu. Er schob die Glasperlenschnüre, die in der Tür hingen, zur Seite und ging hinein.

Ein weißhaariger Mann saß an einem Tisch, auf dem Tätowierungsnadeln lagen. Er sah verhärmt und verhutzelt aus; mehr als fünfzig Kilogramm wog er bestimmt nicht. Alle vier Wände waren mit zahllosen mehrfarbigen Tätowierungsmustern förmlich tapeziert: Herzen, Anker, Engelchen, Flaggen – ein gestalterisches Liebeswerk.

Tomlinsons Blick fiel auf eine Serie von Mustern direkt neben der Tür. Da war es ja, genau wie er es in Erinnerung gehabt hatte – ein wunderschöner Schmetterling mit einem Kranz rosaroter Blumen um die Flügel herum.

Die Blicke des Mannes schossen blitzschnell im Zimmer hin und her, bevor er zu Tomlinson hinaufschaute.

»Wie läuft das Geschäft?« fragte Tomlinson.

»Nicht schlecht.« Die Augen des Mannes verengten sich. »Aber es würde noch besser laufen, wenn mir nicht dauernd die Polizei auf die Pelle rücken würde.«

Der Mann war hellwach, das mußte Tomlinson ihm lassen. »Keine Sorge. Das ist nicht mein Revier. Ich bin nicht im Dienst.«

»Das glaube ich Ihnen, sobald Sie gehen.«

»Hat Ihnen die Polizei zu schaffen gemacht?«

»Ohne Ende.«

»Das Tätowieren von Erwachsenen ist doch nicht strafbar, oder täusche ich mich da?«

»Nein.« Er fuhr sich mit der Zunge über seine gelben Zähne. »Aber gern gesehen ist es auch nicht.«

»Werden Ihre Nadeln konfisziert?«

»Natürlich. Die wollen sehen, ob auch ich Krankheiten verbreite, wie alle hier auf der Promenade.«

»Allen anderen hier geht es bestimmt genauso.«

»Jedenfalls all denen, die sich keine Vorzugsbehandlung leisten können.«

Tomlinson fragte lieber erst gar nicht, was er damit meinte. »Ich spiele mit dem Gedanken, mich selber tätowieren zu lassen. Vielleicht mit einem von diesen bunten Schmetterlingen.«

»Sind Sie irgendwie andersrum?«

»Nein. Wieso?«

»Ein Mann wollte bisher noch nie einen Schmetterling haben. Nur bei den Damen finden diese Motive Anklang.«

»Ach, ja? Ist es ein beliebtes Motiv?«

»Das eine oder andere Straßenmädchen läßt sich das eintätowieren.«

»Auch in der letzten Zeit?«

Der Mann schaute Tomlinson mißtrauisch an, aber nach kurzem Zögern antwortete er: »Vor drei Wochen habe ich einem Mädchen so einen Schmetterling eintätowiert. Der hübschen, kleinen Suzie.«

»Hat diese Suzie auch einen Nachnamen?«

Der Mann warf den Kopf zurück und lachte schallend.

Ist ja schon gut, dachte Tomlinson »Brauchen sie zur Tätowierung einer Minderjährigen nicht die Einwilligung der Eltern?«

»Suzie hat keine Eltern. Jedenfalls nicht hier.«

Laß es gut sein, sagte sich Tomlinson. Alles zu seiner Zeit. »Arbeitet Suzie noch auf der Promenade?«

Der Mann dachte kurz nach. »Kann ich nicht mit Bestimmtheit sagen. Ich habe sie seit über zwei Wochen nicht gesehen.«

Würde genau mit dem Zeitpunkt der Ermordung des zweiten Opfers übereinstimmen.

»Sehen Sie die meisten der Straßenmädchen regelmäßig?«

»Schließlich wohne ich hier. Aber manchmal setzt sich eine ganz plötzlich ab, und man sieht sie nie mehr wieder. Man kann weder sagen, warum sie hier war, noch warum sie auf einmal verschwunden ist. Ausreißerinnen sind nun mal so.«

»Ja.« Tomlinson ließ seinen Blick über die anderen Tätowierungsmotive gleiten, ohne wirklich hinzusehen. »Wissen Sie, wo sie gewohnt hat?«

»Gewohnt hat?«

»Wo sie wohnt – oder gewohnt hat, falls sie weggegangen ist.« Verdammt, was für ein blöder Ausrutscher.

»Nein. Aber Trixie weiß es bestimmt.«

»Wer ist Trixie?«

»Ihre beste Freundin. Jedenfalls auf der Promenade. Die beiden haben zusammengearbeitet, sie wissen schon, was ich meine. Wann immer es sich ergab haben sie sich zusammen engagieren lassen.«

Endlich eine konkrete Spur. »Wie sieht Trixie aus?«

»Werden Sie das Mädchen irgendwie in Schwierigkeiten bringen?«

»Absolut nicht. Ich gebe Ihnen mein Wort. Im Gegenteil, ich will ihr helfen. Es ist möglich, daß sie in Lebensgefahr schwebt.«

Der Mann dachte einen Augenblick angestrengt nach und murmelte dann: »Sie ist noch ganz jung. Fünfzehn, sechzehn, schätze ich. Blond.«

»Sind sie das nicht alle?«

»Trixie ist anders. Sie werden mich verstehen, wenn Sie das Mädchen sehen. Es hat sie noch nicht erwischt. Sie kann noch richtig lächeln.«

»Haben Sie vielleicht noch etwas Greifbareres?«

»Sie hat eine Narbe. Hier, quer über den Nasenrücken.« Er beschrieb die Linie mit dem Finger.

»Haben sie eine Ahnung, wo sie ist?«

Der Mann deutete mit einer ausladenden Geste auf die

Straße hinaus. »Auf der Promenade, wo sonst?« Er schürzte die Lippen leicht. »Achten Sie auf die Pennyspur.«

Pennyspur? Wollte Tomlinson fragen, doch er hatte irgendwie das Gefühl, daß der Mann nichts mehr sagen würde. »Danke. Sie haben mir sehr geholfen.« Er legte einen Zwanzig-Dollar-Schein auf den Tisch.

»Wie?« fragte der Mann, »keine Tätowierung?«

»Ein anderes Mal vielleicht.« Tomlinson schlüpfte durch die Glasperlenschnüre.

»Wenn ich erfahre, daß Sie Trixie irgendwie übel mitspielen, werden Sie mich kennenlernen – und meine Nadeln.«

»Ich werde es nicht vergessen.«

Tomlinson ging eilig aus dem Laden. Er konnte sich nur mit Mühe bremsen. Jetzt war er ganz nahe an der Sache dran, näher als all die andern, die sich mit dem Fall beschäftigten. Vielleicht schaffte er es wirklich. Vielleicht konnte er Morelli nun die blöde Telefonvermittlung um die Ohren hauen.

Doch erst einmal mußte er eine gewisse Trixie finden. Bevor sie der Mörder fand.

22

»Lassen Sie mich das Prinzip einer solchen Vernehmung unter Eid erläutern«, sagte Ben zu Alberto Consetti, einem der Vizepräsidenten von Apollo, der im Unternehmensbereich Verkehr für Planung und Entwicklung verantwortlich war.

»Schön«, antwortete Consetti. »Aber machen Sie es kurz.«

»Mr. Consetti, diese Vernehmung ist wichtig. Für Apollo stehen Millionen Dollar auf dem Spiel.«

»Darf ich mich ganz unverblümt äußern, mein Junge?«

Consetti war von kleiner Statur, hatte eine gesunde Gesichtsfarbe und schütteres Haar. »Ich habe eine Abneigung gegen Juristen. Meiner Meinung nach sind sie eine Menschheitsgeißel, im besten Fall ein notwendiges Übel. Schlimm genug, daß ich den größten Teil des heutigen Tages mit euch vergeuden muß, statt etwas Bedeutsames zu leisten. Machen Sie es also nicht durch unnötiges Palaver noch schlimmer.«

»Der Anwalt der Gegenseite wird keine Rücksicht darauf nehmen, daß Sie ein vielbeschäftigter Mann sind. Nein, er wird Sie hart befragen, und der Gerichtsschreiber wird Ihre Antwort Wort für Wort festhalten. Sie sollten also gut vorbereitet sein.«

Consetti machte einen unbekümmerten Eindruck. »Nun machen Sie mal halblang. Ich bin schon zweimal vernommen worden. Wir werden ja andauernd verklagt.«

»Trotzdem möchte ich mit Ihnen ein paar grundlegende Punkte durchgehen. Wenn die Vernehmung erst einmal im Gange ist, kann ich nicht mehr viel tun.«

»Mein letzter Anwalt ist die Sache aber anders angegangen. Wie hieß er noch gleich? Herb, glaube ich. Auf den Nachnamen komme ich jetzt nicht. Der hat dauernd dazwischengefunkt mit Einwänden, Protesten, unflätigen Zwischenrufen. Der gegnerische Anwalt ist ganz schön ins Schwitzen gekommen. Toll war das.«

Ben lächelte gequält. Er wußte nur zugut, daß heutzutage die Mandanten die übelsten Praktiken von Anwälten bei einem Verfahren am meisten schätzten – und diese wollen natürlich ihre Mandanten zufriedenstellen.

»Ich mache das nicht«, sagte er. »Und wenn ich Einspruch erhebe, wird er lediglich zu Protokoll gegeben, und Sie müssen die Frage trotzdem beantworten.«

Jetzt klang Consetti verärgert: »Sie können mich doch anweisen, nicht zu antworten. Herb hat das andauernd gemacht.«

»So verfahre ich nur bei Fragen, die das Vertrauensverhältnis von Anwalt und Klient verletzen oder beleidigend sind.«

»Wir sollen uns also einfach unterbuttern lassen?«

»Nein. Aber wir werden die Faktenerhebung nicht einem billigen taktischen Vorteil zuliebe durch ungehöriges Betragen behindern. Sie haben mich verstanden?«

»Klingt nach der Strategie eines Leisetreters.«

»Nun, Mr. Consetti, der Leisetreter wird diesen Fall gewinnen, sofern Sie die Vernehmung nicht verpfuschen. Okay?«

Unzufrieden verschränkte Consetti die Arme auf der Brust.

»Nun, gut.«

»Ausgezeichnet. Gehen wir jetzt Ihre Aussage durch.«

Als Abernathy in den Saal kam, ging er ohne ein Wort an Ben vorbei und ließ sich gegenüber Consetti auf einen Stuhl fallen.

»Was hat er denn bloß?« flüsterte Rob. »Keine Vorführung seines neuesten Werbespots? Es hätte mich nicht gewundert, wenn er inzwischen auch mit Plakatwänden und Himmelsschrift operieren würde.«

»Vermutlich hat er die Niederlage von gestern noch nicht verdaut«, sagte Ben. »Schließlich haben wir ihn im Gerichtssaal wirklich alt aussehen lassen.«

»Das ›wir‹ können Sie sich schenken. Sie haben das ganz allein bewerkstelligt, Sie alter Fuchs.«

»Können wir beginnen?« fragte der Gerichtsschreiber.

Ben nickte.

Abernathy begann mit den üblichen Fragen zum beruflichen Werdegang, und es dauerte fast eine Stunde, bis er zu Consettis Tätigkeitsfeld bei Apollo kam – zu seinem Aufgabenbereich, seinen Mitarbeitern und den verschiedenen Projekten, mit denen er in den letzten elf Jahren befaßt war. Nach drei Stunden, einschließlich zweier Pausen, hatte Abernathy das Entwicklungsprojekt XKL-1 immer noch nicht erwähnt.

Er hatte sich offensichtlich nur sehr mangelhaft oder überhaupt nicht vorbereitet, verfügte weder über Notizen noch über eine erkennbare Strategie. Die Akten, die ihm vorgelegt worden waren, hatte er nicht persönlich durchgelesen. Seine Terminologie war peinlich und er fragte kreuz und quer nach allem Möglichen, anstatt gezielt die entscheidenden Punkte herauszugreifen.

Ungefähr eine Stunde nach der Mittagspause kam Abernathy endlich zur Sache.

»Waren Sie persönlich mit der Entwicklung des XKL-1 befaßt?«

»Nein.« Bisher war Consetti ein idealer Zeuge gewesen. Er antwortete einfach nur auf die gestellten Fragen und verzichtete auf weitergehende Erklärungen oder allgemeine Ausführungen.

»Aber Ihnen unterstand die Abteilung. Das stimmt doch?«

»Ja.«

»Hatten Sie irgendwelche Vorstellungen darüber, was Ihr Entwicklungsteam so machte?«

»Selbstverständlich.« Ben sah, daß Consetti sich weiterhin um Zurückhaltung bemühte. Dennoch war es Abernathy gelungen, ihn zu ködern und überflüssige Erläuterungen aus ihm herauszulocken: »Ich weiß stets, woran jeder einzelne meiner Untergebenen arbeitet. Ich führe ein straffes Regiment und kann die volle Verantwortung übernehmen für alles, was meine Leute tun.«

»Ach, wirklich? Die volle Verantwortung?«

»Sie haben mich richtig verstanden.«

»Darauf kommen wir noch zurück«, antwortete Abernathy.

»Lag die Oberaufsicht über die Entwicklung des XKL-1 bei Ihnen?«

»Ja.«

»Der XKL-1 war also ein Projekt Ihrer Abteilung?«

»Richtig.«

»Von wem wurde der XKL-1 im wesentlichen entwickelt?«

»Von Al Austin und Bernie King.«

»Und was machen die beiden jetzt?«

»Bernie ist einer der Vizepräsidenten von Apollo und leitet unsere Geschäftsstelle in Oklahoma City. Was Al macht, weiß ich nicht.«

»Er ist also nicht mehr bei Apollo?«

»Nein.«

»Wurde er entlassen?«

»Von mir nicht.«

»Wer weiß wohl, wo er zu finden ist?«

Consetti zuckte mit den Schultern. »Da bin ich überfragt. Man könnte vermutlich Bernie fragen.«

»Wurde je eine Untersuchung über die Belastbarkeit der Blattfeder unter extremen Bedingungen durchgeführt?«

Jetzt straffte sich Consetti und nahm eine kämpferische Haltung ein.

»Mr. Abernathy, bei Apollo wird jedes Detail einer Neuentwicklung gründlichst auf eventuelle Sicherheitsmängel getestet. Nicht nur einmal, sondern immer wieder. Wissen Sie, wie unser Wahlspruch lautet? Bei einem Apollo-Produkt sind sie so sicher wie in den Armen Ihrer Mutter.«

»Sehr eingängig.«

»Wir haben uns exakt an alle einschlägigen Sicherheitsvorschriften gehalten.«

»Gut, gut. Ich habe jedoch ganz konkret gefragt, ob die Blattfeder getestet wurde. Ja oder nein?«

Ben schickte einen warnenden Blick zu Consetti hinüber: Nur die Frage beantworten. Nicht durch Ausweichen die Neugierde dieses Typs anstacheln.

»Ja.«

»Gibt es Akten, in denen die durchgeführten Tests festgehalten wurden?«

»Bestimmt.«

»Und wo wären die wohl zu finden?«

Consetti schaute Ben an. »Ich habe alle meine Akten unserer Rechtsabteilung ausgehändigt.

»Und sie wurden Ihnen letzte Woche übergeben «, fügte Ben hinzu.

»Zusammen mit zirka hunderttausend Seiten anderem Zeug. Daher kann ich nicht ausschließen, daß ich genau diese Akten übersehen habe.« Er spielte mit einem Bleistift. »Erinnern sie sich daran, ob von Ihnen oder sonst jemand bei Apollo eine Alternativkonstruktion mit einer stärkeren Verbindung von Achse und Blattfeder in Erwägung gezogen wurde?«

»Ich glaube, ich verstehe nicht recht, was Sie meinen.«

»Was ich meine? Gab es den Plan eines Federungssystems, das verhindern würde, daß die Blattfeder einfach wegbricht, wenn sie Erschütterungen ausgesetzt ist?«

135

»Ich habe nie gesagt, daß die Blattfeder wegbricht, wenn sie Erschütterungen ausgesetzt ist.«

»Aber genau das ist verdammt noch mal passiert, als der Sohn meiner Mandantin auf dem Wagen saß!«

»Einspruch«, sagte Ben. »Antrag auf Streichung aus dem Protokoll.«

»Ich habe es satt, daß ihr Mandant mit mir Katz und Maus spielt, Kincaid.«

»Wenn sie noch etwas wissen wollen«, antwortete Ben, »dann fragen Sie. Wenn nicht, verabschieden wir uns.«

Abernathy wandte sich wieder Consetti zu und fauchte ihn an. »Beantworten Sie meine Frage!«

»Wonach haben Sie gefragt?«

»Nach einer Alternativplanung für die Federung.«

»Nein, ich kann mich nicht an eine solche Studie erinnern.«

»Schön. Ich bin Ihnen dankbar, daß Sie so gütig waren, meine Frage zu beantworten.« Abernathy reckte sich und ließ die Fingerknöchel knacken.

»Wäre dies nicht ein günstiger Zeitpunkt für eine Pause?« fragte Ben.

»Nein!« blaffte ihn Abernathy an. »Ich habe noch ein paar Fragen an den Zeugen. Falls er sich dazu herabläßt, sie zu beantworten.« Er beugte sich über seinen Schreibtisch.

»Wurden Sie jemals eines Verbrechens für schuldig befunden?«

Empörung spiegelte sich in Consettis Gesicht. »Wie können Sie es wagen, mir eine derartig impertinente Frage zu stellen?«

»Antworten Sie einfach nur.«

»Ich denke nicht daran.«

»Sie haben keine andere Wahl, mein Guter.«

Consetti wandte sich an Ben. »Muß ich darauf wirklich antworten?«

Ben nicke. »Ich fürchte, ja.«

Consetti funkelte ihn verächtlich an. Offenbar wünschte er sich einen schreienden und keifenden Anwalt und keinen, der ihn zur Gesetzestreue aufforderte. »Nein, ich bin nie eines Verbrechens für schuldig befunden worden.«

»Wurden Sie jemals unter dem Verdacht, ein Verbrechen begangen zu haben, festgenommen?«

»Natürlich nicht.«

»Wirklich nicht?« Abernathy griff in seine Aktentasche und holte eine dünne Mappe heraus. »Und als man Sie wegen Trunkenheit am Steuer vom Highway holte, nachdem Sie schräg über mehrere Fahrspuren auf die Gegenfahrbahn gerast und auf einen entgegenkommenden Wagen geprallt waren?«

Consettis Augen funkelten böse. »Das ist eine absolute Unverschämtheit!«

»Sparen Sie sich den Zorn des Gerechten für die Geschworenen«, sagte Abernathy, »und antworten Sie einfach nur auf meine Frage.«

»Ich erhebe Einspruch.« warf Ben ein. »Es besteht keinerlei Zusammenhang zwischen Ihren Fragen und dem Gegenstand dieser Vernehmung.«

»Sie halten es also für völlig bedeutungslos, daß der XKL-1 von einem Säufer entwickelt wurde?!« brüllte Abernathy.

»Einspruch!« rief Ben. »Antrag auf Streichung aus dem Protokoll.«

»Ich glaube schon, daß die Frage von öffentlichem Interesse ist, ob man sein Leben riskiert, wenn man sich in ein Fahrzeug mit Apollo-Komponenten setzt.«

»Ich bleibe bei meinem Einspruch. Dies ist ein schlimmer Verstoß gegen die guten Sitten.«

»Weniger schlimm, als einen Jungen sterben zu lasen, weil man keine Veranlassung sieht, technische Mängel zu beheben.«

»Jetzt reicht's mir aber!« brüllte Consetti und sprang auf. »Ich habe es nicht nötig, mir das anzuhören. Ich gehe.«

Ben packte ihn an der Schulter und drückte ihn wieder auf seinen Stuhl. Genau darauf legte es Abernathy natürlich an. Consetti arbeitete ihm in die Hände. Abernathy gingen die Fragen aus, ohne daß er etwas zutage gefördert hätte. Wenn er jedoch eine Riesenszene machte und Consetti dazu brachte, den Saal vor Beendigung der Vernehmung zu verlassen, konnte er ihn später erneut vorladen lassen. Es war ja immerhin möglich, daß neue Fragen auftauchten, wenn er sich besser eingearbeitet hatte.

»Ich gebe Ihnen noch eine letzte Chance«, sagte Ben. »Wenn Sie noch zulässige Fragen haben – bitte. Wenn nicht, gehen wir.«

Abernathy blätterte in seinen Unterlagen. Seine Enttäuschung darüber, daß Ben seinen Schachzug vereitelt hatte, war ihm deutlich anzumerken. »Sie wurden wegen Trunkenheit am Steuer verhaftet. Das stimmt doch?«

»Nein. Ich wurde kurzzeitig in polizeiliches Gewahrsam genommen. Es wurde keine Anklage erhoben.«

»Aha. Eine sehr elegante Unterscheidung. Hut ab. Sie wurden jedenfalls auf das Polizeirevier gebracht, nicht wahr?«

»Ja«, sagte Consetti widerstrebend.

»Und man hat Sie in eine Arrestzelle gesteckt?«

»Ja«, stieß Consetti mit zusammengebissenen Zähnen hervor.

»Anklage wurde jedoch nicht erhoben.«

»Ich wurde vollständig entlastet.«

Abernathy schüttelte versonnen den Kopf. »Komisch. Das habe ich im Polizeibericht nirgends gefunden. Dagegen heißt es da, daß man Ihnen erlaubte, eine Telefongespräch zu führen, und daß bald darauf Polizeipräsident Blackwell auf dem Revier erschien. Kurz nach seinem Besuch wurden Sie dann entlassen.«

»War das eine Frage?« fauchte Consetti.

»Nein. Die Frage kommt jetzt – Sie und Blackwell sind im selben Country Club. Das stimmt doch?«

»Und? Was wollen Sie damit sagen?«

»Ach, gar nichts. Aber es ist doch immer wieder herzerfrischend, zu sehen, wie die alten Seilschaften nach wie vor bestens funktionieren. Ist Ihnen bekannt, daß auf dem Rücksitz des Wagens, den Sie rammten, zwei junge Mädchen saßen?«

»Ja«, sagte Consetti.

»Die beiden Mädchen starben.«

»Ja.«

»Und Sie sind völlig straffrei ausgegangen und haben der Familie keinen Cent gezahlt, ja?«

»Einspruch!« sagte Ben. »Diese Fragen sind beleidigend und für das anhängige Verfahren irrelevant.«

»Dieser Mann hat sich aus der Verantwortung gestohlen, als er zwei Mädchen getötet hatte. Wie könnte man da annehmen, daß er für das, was er Jason Nelson angetan hat, die Verantwortung übernimmt?«

»Und wie könnte man glauben, daß er sich verantwortlich fühlt für das, was er womöglich anderen angetan hat, die irrtümlich davon ausgingen, mit einer Federung von Apollo seien sie ... so sicher wie in den Armen ihrer Mütter?«

»Antrag auf Streichung«, sagte Ben. »Wenn sie in dieser unflätigen Weise fortfahren, beantrage ich per Dringlichkeitsantrag bei Richter Roemer einen Unterlassungsbefehl.«

»Das können Sie sich schenken. Ich bin fertig.« Lächelnd legte Abernathy seinen Bleistift auf den Tisch. »Ihr Zeuge, Kincaid.«

23

»Was sollte denn dieses ganze Theater?« Consetti ging aufgebracht in Bens Büro auf und ab.

»Eine billig Einschüchterungstaktik, weiter nichts. Weil er merkt, daß ihm die Felle davonschwimmen, greift er nach jedem Strohhalm.«

»An meinem guten Namen vergreift sich der Kerl!« Consetti war puterrot angelaufen und beim Sprechen versprühte er Speichel.

»Ist doch klar, jeder Depp kann auf das Polizeirevier gehen und in den Polizeiberichten blättern. Da er keine Argumente vorbringen kann, versucht er unsere Zeugen madig zu machen.«

»Und dann die Sache mit den Mädchen. Was soll den der Mist?«

»Einfach ignorieren.«

»Die Presse wird es nicht ignorieren! Was ist, wenn er damit zur World geht, und die drucken den Mist auch noch?

Was glauben Sie, wie es dann um meinen Ruf bestellt ist! Von der Reputation des Apollo-Konzerns ganz zu schweigen.«

»Macht er aber nicht. Bei einer Vernehmung kann er sagen, was er will, da genießt er Immunität. Wenn er das gleiche einer Zeitung gegenüber äußert, ist er wegen Verleumdung dran. Das riskiert der nicht, glauben Sie mir.«

Consetti ging immer noch auf und ab. »Ich kann es nicht fassen, daß ich mir das von diesem Fleischkloß bieten ließ. Also, den hätte ich … den hätte ich …«

»Ignorieren hätten Sie ihn sollen.«

»Ignorieren!« Consetti schlug mit der Faust ein Loch in die Luft. »Verdammt nochmal, wieso treten Sie eigentlich so weichlich auf? Herb hätte den sofort abgewürgt.«

»Und dann wäre Abernathy mit einer Beschwerde wegen Behinderung des Offenlegungsverfahrens zum Gericht gelaufen und hätte einen Antrag auf Strafbefehl und Fristverlängerung gestellt. Damit hätte ich ihm nur in die Hände gearbeitet.«

»Herrgott! Anwälte!« Consetti übte sich noch einmal im Schattenboxen. Diesmal kam er Bens Gesicht gefährlich nahe.

»Excusez moi« sagte hinter ihnen eine Stimme. Ben drehte sich um. Christina stand in der Tür. »Entschuldige die Störung, Ben, aber Lieutenant Morelli ist draußen. Er möchte mit dir reden.«

Ben schaute Consetti bedauernd an. »Tut mir leid, Sir. Können wir dieses Gespräch vielleicht später fortsetzen?«

Consetti biß die Zähne zusammen, schob Christina zur Seite und stapfte aus dem Zimmer. »Verdammt nochmal! Diese Juristen!«

Ben grinste Christina verlegen an. »Mike ist nicht wirklich da, oder?«

»Doch, schon. Er wollte warten, aber ich hatte das deutliche Gefühl, daß du in Bedrängnis bist.«

»Das Gefühl hat dich nicht betrogen.«

»Abernathy hat wohl bei der Vernehmung zu fiesen Tricks gegriffen?«

»Und wie! Er hat keinerlei Beweismaterial, das auf technische Mängel schließen ließe. Und unvorbereitet war er auch noch! Der Mensch hat keine Ahnung – weder von technischen noch von den juristischen Aspekten des Falls. Alles, was er aufbieten konnte, war ein Polizeibericht und sehr viel Erfahrung in Sachen geschmackloser Befragungstaktiken.«

»Wahrscheinlich hat er gehofft, das Management von Apollo gerät in Panik und läßt sich auf einen Vergleich ein.«

Ben wußte, daß Christina meist instinktiv das Richtige traf. »Vermutlich hast du recht.«

»Und wenn man sieht, wie Consetti reagiert ...«

»... hat er sich nicht verrechnet. Wenn ich den Fall nicht ganz schnell gewinne, bekommt Abernathy von Apollo demnächst einen Riesenscheck.«

»Wenn das überhaupt jemand schafft, dann du. Wie ich höre, hast du Abernathy gestern bei der Vernehmung richtiggehend vorgeführt.«

»Stimmt. Aber nur, weil er unbeschreiblich schlecht vorbereitet war.«

»Klar doch. Wie könnte es auch daran gelegen haben, daß du deine Sache gut gemacht hast? Übrigens, du solltest Jones mal anrufen.«

»Warum? Hat er Probleme?«

»Nein. Er möchte nur mal wieder die Stimme seines Herrn und Meisters hören. Vielleicht könntest du ihn bitten, hie und da einen Schriftsatz für dich aufzusetzen – um der guten alten Zeiten willen.«

»Ich werde es mir überlegen.«

»Gut. Ich muß mich wieder an die Arbeit machen. Crichton läßt mich eine Prozeßdatenbank füttern. Den solltest du mal im Computerraum sehen. Der ist ganz begeistert von seinem technischen Spielzeug.«

»Tja, das ist nun mal das Vorrecht des Mannes.«

»Nichts dagegen. Nur braucht er mir deswegen noch lange nicht andauernd unter den Rock zu linsen.«

»Eine der Gefahren des Arbeitslebens.«

»Bei Apollo zumindest. Ich schicke Mike zu dir herein.«

»Danke.«

Christina ging durch die Tür, und gleich darauf kam Mike ins Büro.

»Gibt's was Neues?«

»Ja. Komm gleich mit.«

Ben wurde kreidebleich. »Mach keine Witze! Blackwell läßt mich festnehmen. Die Frist ist doch noch gar nicht abgelaufen.«

»Nein, nein. Wir machen eine Hausdurchsuchung bei Hamel.«

»Ach so«, sagte Ben erleichtert. »Und die Witwe?«

»Ist einverstanden. Sie hat heute morgen angerufen und uns gebeten zu kommen.«

»Ich dachte, Sie lehnt eine Hausdurchsuchung strikt ab. Wie kam es zu diesem Sinneswandel?«

»Durch zwei Fäuste, die mehrmals mit voller Wucht in ihr Gesicht gepflanzt wurden.«

24

Ben und Mike fuhren in einem nicht gekennzeichneten silbernen Trans Am zu Hamels Haus.

»Wie hast du deine Abteilung denn zu so einem heißen Ofen überredet?«

Mike grinste. »Das berufliche Einvernehmen zwischen dem Polizeipräsidenten und mir ist sehr gut.«

»Und was heißt denn das? Hast du irgendwelche kompromittierenden Photos von ihm?«

»Kein Kommentar.« Mike kurbelte die Scheibe hinab und wechselte auf die Überholspur. »Rasanter Flitzer, was?«

»Ja. Der Traum eines jeden Sechzehnjährigen.«

»Der Traum eines jeden Mannes, wolltest du sagen.« Er betrachtete sich im Rückspiegel. »Paßt gut zu mir, finde ich.«

»Jedenfalls besser, als dieser schmuddelige Überzieher. Wenn du die Kiste schon vor vier Jahren gehabt hättest, würde jetzt vielleicht nicht ich, sondern Julia neben dir sitzen.«

»Aber nur, wenn das Handschuhfach voller Kreditkarten wäre.«

Ein roter Ferrari scherte hinter ihnen aus und sauste an ihnen vorbei. »Hast du das gesehen?« rief Mike, während er in dem Fach zwischen den Sitzen herumtastete. »Wo ist das Blaulicht?«

»Hör auf, Mike. Du bist kein Verkehrspolizist, und wir haben schließlich schon was vor.«

»Nein, ich höre nicht auf. Ich hab' was gegen Raser; besonders wenn ich meinen Trans Am fahre.« Er befestigte das Blaulicht auf dem Autodach, ließ die Sirene aufheulen und gab Gas. Der Trans Am mobilisierte hörbar sämtliche acht Zylinder. Ben hatte das Gefühl, daß sein Magen aus dem Körper geschleudert wurde.

»Mike! Nun übertreib mal nicht, Herrgott! Ich hab' keine Lust, bei einer Verfolgungsjagd zu sterben.«

»Ein bißchen Courage, Ben! Wir sind gerade dabei, Übeltäter zu fangen!«

»Ich will aber keine Übeltäter fangen, sondern ich würde gerne ein hohes Alter erreichen.« Sie schossen so schnell an einem schwarzen Lieferwagen vorbei, daß Ben zusammenzuckte. »Ich weiß doch längst, welch ein hartgesottener Macho du bist, du brauchst es mir nicht erst beweisen, indem du einen Deppen in einem Ferrari stellst.«

»Das ist eine Frage des Prinzips«, murmelte Mike. »Der Kerl hat nicht mal geblinkt!«

»Dann kriegt er jetzt wohl lebenslänglich, was?« Ben schaute ängstlich auf den Tacho. »Mike! Du fährst hundertfünfzig.«

»Nur? Dann brauche ich mich ja nicht zu wundern, daß ich den Burschen nicht einhole.« Er drückte das Gaspedal durch.

»Hör zu, Mike. Ich gehöre zur unschuldigen Zivilbevölkerung. Ich habe keine Lust, an vorderster Front umzukommen. Laß mich aussteigen!«

»Tut mir leid, Ben. Keine Zeit. Die Gerechtigkeit nimmt ihren Lauf.«

Nach vierzig Minuten und drei Strafzetteln erreichten

Ben und Mike das Haus der Hamels in der Nobelgegend am Philbrook Museum. Gloria Hamel öffnete ihnen die Tür.

Ben war entsetzt.

Mikes Beschreibung hatte schon schlimm genug geklungen, und doch war Ben in keiner Weise auf das Bild vorbereitet, das sich ihm nun bot. Mrs. Hamels Gesicht war ein einziger Alptraum. Ihre Nase war zertrümmert, und ihre Augen waren derartig geschwollen, daß sie kaum etwas sehen konnte. Auf jeder Wange hatte sie eine tiefe Fleischwunde, wodurch eine makabre Symmetrie entstand. Die Nase war von einem weißen Verband verdeckt.

»Tut mir leid, daß sie warten mußten«, sagte Gloria.

Sie sprach sehr unartikuliert, da sie den Mund kaum bewegen konnte. »Ich habe Mühe mit dem Gehen.«

Ben war erstaunt, daß sie sich überhaupt aufrecht halten konnte. »Ich bin Ben Kincaid.«

»Ich weiß.« sie nickte. »Lieutenant Morelli hat mir schon im Krankenhaus erzählt, daß Sie mitkommen.«

»Geht es Ihnen schon etwas besser?« fragte Mike mitfühlend.

»Schwer zu sagen.« Mrs. Hamel schaute sie an, als hoffte sie, in den Augen ihrer Besucher die Antwort zu finden. »Die Ärzte haben gesagt, ich kann nach Hause gehen, aber morgen muß ich wieder ins Krankenhaus. Man muß nochmal nähen.«

Da sein Vater Arzt gewesen war, hatte Ben schon als Kind schwerste Verletzungen gesehen. Trotzdem konnte er sich an niemanden erinnern, der so entstellt, so zerstört ausgesehen hatte. »Entschuldigen Sie bitte die Frage, aber haben Sie einen Arzt für plastische Chirurgie konsultiert?«

»Ja. Der hat mir aber gleich gesagt, daß das sehr teuer ist. Viel zu teuer für mich. Besonders jetzt, wo Howard tot ist.«

»Aber die Krankenversicherung Ihres Mannes bei Apollo …«

»Ist mit dem Tod erloschen. Ich habe mit Robert Crichton gesprochen. Er sagt, es tut ihm leid, aber er kann nichts machen.«

Mike warf Ben einen vielsagenden Blick zu. »Und so was ist dein Chef.«

Ben gab keine Antwort.

»Bitte kommen Sie herein«, sagte Gloria. »Ich stehe nicht gern vor dem Haus.«

Sie traten in die Diele. Das Haus wirkte von innen noch prächtiger als von außen. Die Einrichtung war ausgesprochen edel. Ben hätte nicht gedacht, daß sich einer aus der mittleren Charge der Rechtsabteilung von Apollo so etwas leisten könnte.

»Wieviele Zimmer hat das Haus?« fragte er.

»Zweiundzwanzig. Ohne Speicher, Garage und Keller.«

Ben pfiff. »Mike, wir brauchen Verstärkung.«

»Ja. Viele Männer werden wir allerdings wohl kaum von der Serienmorduntersuchung abziehen können. Ich rufe gleich mal an.«

Gloria deutete auf das Arbeitszimmer. Mike ging hinein und wählte die Nummer der Polizeizentrale, während Ben bei Gloria stehenblieb. Er fühlte sich sehr unwohl.

»Hat die Polizei einen Verdacht, wer Ihnen das angetan haben könnte?«

»Nein, ich glaube nicht.« Sie sprach so undeutlich, daß Ben sie kaum verstand. Es lief ihm kalt über den Rücken. »Ich war der Polizei leider keine Hilfe.«

»Nein?«

»Ich habe überhaupt nichts gesehen. Es war ungefähr um ein Uhr früh, ich schlief, aber dann hörte ich im Erdgeschoß ein Geräusch. Ich war dumm genug, nachzusehen, was los ist. Dabei störte ich den Einbrecher, und er schlug mich bewußtlos – vermutlich damit er fliehen konnte, bevor ich die Polizei rief.«

Traurig betrachtete Ben das Gesicht der Frau. Die rechtzeitige Flucht konnte nicht der einzige Beweggrund des Täters gewesen sein. Es mußte sich um eine von Grund auf grausame Person handeln.

»Können Sie sich vielleicht denken, was der Einbrecher hier wollte?«

Sie schüttelte ganz leicht den Kopf und stöhnte auf. Schon

diese winzige Bewegung hatte ihr Schmerzen verursacht. »Ich weiß nicht, was er gesucht hat.«

»Sie sagten – er. Sind sie sicher, daß es ein Mann war?«

»Das habe ich einfach nur angenommen. Nein, ich kann nicht sagen, ob es ein Mann oder eine Frau war. Es war zu dunkel, um irgend etwas zu erkennen.«

»Es muß ein schreckliches Gefühl sein«, sagte Ben, »wenn man erleben muß, daß man nicht einmal im eigenen Haus sicher ist.«

»Das war nicht der erste Schlag.«

»Ist so etwas schon öfter passiert?«

»Nein, so meine ich das nicht. Überhaupt alles.« Sie setzte sich ganz langsam in einen Sessel. »Schon als Howard ermordet wurde, hat mein Leben seinen Sinn verloren. Und jetzt …« Sie ließ den Kopf langsam nach unten sinken und starrte auf ihre Wände. »… Jetzt möchte ich sterben.«

25

Um halb sechs waren Ben, Mike und ihre drei uniformierten Helfer zum zweitenmal mit allen zweiundzwanzig Zimmer in Gloria Hamels Haus durch.

Gefunden hatten sie nichts.

»Vielleicht ist das hier reine Zeitverschwendung«, sagte Ben, der niedergeschlagen neben dem offenen Kamin im Arbeitszimmer saß. »Wahrscheinlich gibt es gar keine Verbindung zwischen dem Mord an Hamel und seinem Privatleben.«

Mike war immer noch dabei, Schubladen zu öffnen, Teppiche anzuheben und dabei schaute er an allen möglichen anderen Stellen nach, die er bereits alle zweimal überprüft hatte. »Es muß hier einfach etwas geben, was uns weiterhilft. Irgendeinen Hinweis darauf, was mit ihm passiert ist.«

»Also, ich möchte wirklich nicht wie jemand klingen, der die Flinte gleich ins Korn wirft, aber ich glaube nicht, daß wir hier irgend etwas finden.«

»Da täuschst du dich.«

»Warum bist du dir da so sicher?«

»Überleg doch mal, welches Risiko der Einbrecher eingegangen ist. Der war zum Äußersten entschlossen. Du siehst ja, wie er die Hausherrin zugerichtet hat. Der muß irgend etwas gesucht haben: Gloria Hamel stört ihn, bevor er es gefunden hat. Er schlägt sie halb tot und flieht. Ich weiß nicht, was er gesucht hat – aber was immer es auch war, es ist noch da.«

»Na ja, so gesehen ...«

Ben stand auf und setzte die Suche fort.

»Ich schau mal zu Sergeant Mattingly hinaus. Er durchsucht die Garage«, sagte Mike.

»Die Garage? Und was ist mit dem Keller und dem Speicher?«

Mike schlug ihm auf die Schulter. »In Ordnung, Sherlock Kincaid. Ich nehme mir den Keller vor, du übernimmst den Speicher.« Er stieß Ben in die Seite. »Sofern das für dich nicht zu hoch oben ist. Ich möchte nicht, daß du aus einem Fenster fällst, wenn dir schwindlig wird.

Der Speicher war wirklich zu hoch oben für Ben, zumal er nach zwei Seiten große Fenster hatte. Doch das hätte er nie zugegeben. Er versuchte ruhiger zu werden, indem er sich vorsagte, daß er sogar schon einmal aus einem mindest genau so hoch gelegenen Bürofenster gesprungen war, aber irgendwie wurde ihm davon erst recht schlecht.

Über den Hamelschen Speicher wäre jeder Trödler entzückt gewesen. Jeder Quadratzentimeter Boden war mit Souvenirs und ausrangierten Gegenständen aller Art bedeckt. Bei diesem ungeheuren Durcheinander würde die Durchsuchung Stunden dauern.

Zum größten Teil stammte der Krempel vom Hausherrn. Der Speicher war mit halbfertigen Spielereien angefüllt – mit einer Modelleisenbahn, mehreren Modellflugzeugen, einem Schiff in einer Flasche. In einer Ecke lag eine Angel- und Campingausrüstung herum. Die einzigen Spuren Glorias, die er fand, waren eine völlig eingestaubte Schneiderpuppe, eine Nähmaschine und eine Sammlung von Nadeln und Fäden: Überbleibsel einer längst aufgegebenen Liebhaberei.

Nun, es half leider nichts, die Sache vor sich herzuschieben, also fing Ben mit der nächstgelegenen Ecke an. Er versuchte so systematisch wie möglich vorzugehen und untersuchte jede Schublade, jede Kiste, jede Pappschachtel. Jedes Möbelstücke stellte er auf den Kopf, um es auf versteckte Hohlräume und Fächer zu überprüfen.

Nach eineinhalb Stunden war er zur gegenüberliegenden Wand vorgedrungen, hatte aber nichts gefunden, was in irgendeiner Weise Licht auf Hamels Tod warf.

Er klopfte die Wand ab und horchte auf hohle Geräusche, die auf eine Geheimkammer hindeuten könnten. Doch es klang überall nach Gips und Holz.

Daraus wird wohl nichts, dachte Ben.

Über ihm hing ein riesiger ausgestopfter Schwertfisch an der Wand. Einem kleinen Schildchen war zu entnehmen, daß der Fisch am 12. August 1988 von Howard Hamel vor der Padre-Insel gefangen worden war.

Der Anblick des Schwertfischs erinnerte ihn an irgend etwas. Er brauchte eine Weile, bis ihm wieder einfiel, woran: Ich bin ein begeisterter Tiefseefischer, hatte Hamel gesagt. Am liebsten würde ich nichts anderes machen.

Wer weiß? Ben zog einen wackligen Stuhl zu sich her. Als er hinaufgestiegen war, stand er dem Fisch Auge in Auge gegenüber. Vielleicht entsprang es nur seiner überhitzten Phantasie, aber er hatte den Eindruck, daß der Fisch ihn anlächelte. Sorgfältig griff Ben in das Maul und drückte die Kiefer auseinander.

Nichts. Ben sprang von dem Stuhl herunter. Fast schämte er sich ein wenig. Was dachtest du wohl, was du in dem Schwertfisch finden würdest? Einen Schatzplan oder irgend etwas in der Art? dachte er.

Dann erinnerte er sich dran, was Hamel zu ihm gesagt hatte: In ein paar Tagen fahre ich in Urlaub – rüber nach Key West. Ein bißchen Sonne tanken und ein paar Fische fangen. Mal ein paar Tage lang Abstand zu allem gewinnen.

Vielleicht hatte Hamel ja von etwas oder jemand ganz Bestimmtem Abstand gewinnen wollen? Wenn Hamel aber über explosives Datenmaterial verfügte, das jemand anders unbedingt in seinen Besitz bringen wollte, hätte er sie wahrscheinlich in den Urlaub mitgenommen.

Ben raste in die Ecke, in der Hamels Angelausrüstung lag: Ruten, Rollen, Netze und allerhand komplizierter elektronischer Krimskrams. In einem Korb fand er Köder, Haken, Ersatzschnüre. Da! Ganz unten lag ein Foto.

»Mike!«

Keine Antwort. Er rannte zur Treppe und brüllte hinunter: »Mike!«

Mit einiger Verzögerung hörte er Mikes Stimme. »Was ist? Ich untersuche gerade halbvolle Farbkübel, und ich bin schon ganz high von den Farbdämpfen. Hoffentlich störst du mich nicht ohne Grund.«

»Nein.« Sobald Mike am oberen Ende der Leiter erschien, drückte Ben ihm das Foto in die Hand, ein kleines Polaroid-Foto, das noch nicht alt sein konnte.

Mike betrachtete es ganz genau. »Hast du eine Ahnung, wer das sein könnte?«

»Nein. Aber gewöhnlich versteckt man Fotos von nackten Mädchen nicht ausgerechnet im Angelkorb. Ich dachte, das könnte wichtig sein.«

»Und ob das wichtig ist.« Das Foto zeigte ein zierliches blondes Mädchen, das eine Halskette mit einem Anhänger in der Form eines abgebrochenen Herzens trug und sonst völlig nackt war. Ihr Gesichtsausdruck war schwer deutbar, aber einen glücklichen Eindruck machte sie nicht. Im Bildvordergrund sah man von einer weiteren Person nur eine nackte Schulter und ein Stück des Rückens.

Mike drehte das Foto um: Kindergarten-Club – Nr. 1.

»Schau mal, das Muttermal auf der linken Schulter«, sagte Mike. »Und auch da, unter beiden Brüsten. Ja, stimmt: Dieses Mädchen war das erste Opfer des Serienmörders.«

Ben hatte plötzlich Atembeklemmungen. »Dieses Polaroid-Foto sieht noch ziemlich neu aus.«

»Richtig. Die Farben sind praktisch noch gar nicht verblaßt.«

»Was hat das zu bedeuten?«

Mike schüttelte den Kopf. »Das bedeutet, daß der Mordfall Hamel und die Rolle des Apollo-Konzern jetzt von weitaus tragenderer Bedeutung sind, als ursprünglich vermutet.«

26

Tomlinson ging zielstrebig die Promenade entlang und versuchte, möglichst unauffällig zu bleiben, was gar nicht einfach war. Er mußte nah genug an jede wasserstoffblonde Prostituierte im Teenageralter herankommen, um zu sehen, ob sie auf dem Nasenrücken eine Narbe hatte – und er legte keinen gesteigerten Wert darauf, zusammengeschlagen zu werden. Sein Streifzug führte ihn vorbei an Massagesalons, Dampfbädern, Sexshops und an Sexkinos, die Lavendelduft verströmten. An der Ecke Eleventh Street und Cincinnati Street stand eine ziemlich robuste Negerin in einem fast durchsichtigen Jäckchen und einem falschen Pelzmantel. Weiter hinten, im Schatten der Häuser, war undeutlich eine zweite Frau zu sehen.

»Willst du ein Rendezvous?« fragte die Schwarze.

»Ja«, sagte Tomlinson, »aber nicht mit dir, fürchte ich.«

»Was hast du an mir auszusetzen?«

»Nichts. Gar nichts.«

»Mach ich dir vielleicht Angst? Vor einer Frau wie mir würdest du wohl am liebsten zu deiner Mama rennen.«

»Nein. Ich suche einfach nur jemand Bestimmten.«

»Jede Wette.« Sie drehte sich zu ihrer Kollegin um. »Das ist 'ne gutbetuchte Schwester.«

»Weder Schwester noch betucht«, grinste Tomlinson.

Die andere Frau trat in den Schein der Straßenlampe. Sie hatte schwarze Haare und war vermutlich Mitte dreißig, vielleicht auch jünger – auf der Straße alterte man schnell. Sie war jedenfalls nicht das Mädchen, das er suchte.

»Die Damen kennen nicht zufällig ein Mädchen namens Trixie? Sie arbeitet auch auf der Promenade.«

»Worum geht's?« fragte die Schwarze. »Bist du vielleicht ihr Daddy?«

»Nein. Sie interessiert mich nur.«

»Klar. Trixie ist eher deine Kragenweite. Klein, ungefährlich und weiß.«

»Wir sind schon miteinander bekannt«, sagte Tomlinson.

»Ein Stammkunde! Wie niedlich.« Beide Frauen lachten. »Geh einfach da rüber. Drei Ecken weiter findest du deine Traumfrau – wenn sie nicht gerade beschäftigt ist. Wahrscheinlich ist sie mit Buddy zusammen. Wer weiß, vielleicht findest du an dem ja noch mehr Gefallen als an Trixie.« Wieder lachten sie schallend.

Tomlinson bedankte sich und schlug die angegebene Richtung ein. Er konnte den beiden nicht böse sein. Sicherlich waren sie nicht aus eigener Schuld auf die schiefe Bahn geraten. Aus der Zeit, als er in dieser Gegend Streife gegangen war, wußte er, daß Prostituierte fast durchweg Opfer schlimmen sexuellen Mißbrauchs waren. Und falls sie es noch nicht waren zu dem Zeitpunkt, als sie den ältesten Beruf der Welt ergriffen, dauerte es mit Sicherheit nicht lange, bis sie es wurden. Die meisten hatten jeden Tag mit Sex und Nadeln zu tun – und waren also extrem von der Geißel des zwanzigsten Jahrhunderts bedroht.

Besonders weh tat es ihm, wenn er die Mädchen im Teenageralter sah, die aus verschiedenen – meist zwingenden – Gründen von zuhause weggelaufen waren und nun auf der Straße lebten. Als er hier noch Dienst tat, versuchte er, möglichst viele von ihnen von der Straße zu holen. Es ging ihm nicht darum, sie wegen Straftaten zu belangen, sondern ihnen eine Lebensweise zu ermöglichen, die sie nicht umbrachte, bevor sie sechzehn waren. Gelegentlich hatte er damit Erfolg gehabt, sehr viel öfter war es jedoch mißlungen. Der Zeitfaktor spielte eine große Rolle. Wenn er früh an sie herankam – vor dem Ende des ersten Jahres – hatte er noch eine Chance, sie von der Straße wegzubekommen, sie in eine andere Umgebung zu verpflanzen, ihnen eine andere Arbeit zu besorgen. Später war nichts mehr zu machen. Dann blieben sie ihr Leben lang hier.

Ihr größter Feind war die neugewonnene Freiheit. Diese Mädchen liefen von zuhause weg und konnten auf einmal machen, was sie wollten. Sie konnten ausgehen und die ganze Nacht wegbleiben, Rockkonzerte besuchen, problemlos Drogen besorgen. War das nicht die Erfüllung eines langgehegten Traums? Bis sie dann in der Falle saßen. Bis die Kontrolle über ihr Leben vom Zuhälter, von den Drogen, vom Alkohol übernommen wurde. Bald wurde ihr Leben von allen möglichen Leuten und allen möglichen Zwängen beherrscht, nur nicht mehr von ihnen selber.

Ein paar Häuserblöcke weiter fand Tomlinson das Mädchen. Der Mann im Tätowierungsstudio hatte eine präzise Beschreibung geliefert. Das Mädchen war extrem dünn. Ihr BH war ausgepolstert, um eine Üppigkeit vorzutäuschen, die sie nicht besaß. Als er näher kam, sah er, daß sie nicht von Natur aus blond war und Pickel im Gesicht hatte. Wie um ihre Profession zu unterstreichen, lagen um ihre Füße herum etliche Pennies verstreut.

Sie stand neben einem nicht mehr ganz jungen Mann in hautengen rötlichen Leggins mit schütteren roten Haaren: offenbar ein Prostituierter.

Tomlinson schlenderte auf das Mädchen zu. »Bist du Trixie?«

Sie musterte ihn argwöhnisch. »Wer will das wissen?«

Er sah die kleine Narbe auf ihrem Nasenrücken. »Ich will das wissen. Ich suche dich schon seit drei Tagen.«

»Mich? Ich habe nichts verbrochen.«

»Habe ich auch nicht behauptet. Wie kommst du überhaupt darauf …«

»Na, weil du ein Bulle bist.«

Tomlinson war untröstlich. Schon wieder war er als Chamäleon durchgefallen. »Hat mich jemand wiedererkannt?«

»Nee. Aber das springt einem doch förmlich in die Augen. Oder, Buddy?«

Der Mann in den Lederleggins nickte.

»Ich habe geglaubt, ich falle nicht auf.«

»Wenn du mal wieder nicht auffallen willst, solltest du diese edle Jeans zuhause lassen. Viel zu neu und viel zu teuer für einen von hier. Und wo wir schon dabei sind, die Schuhe kannste auch vergessen.«

»Und ich habe mir eingebildet, damit hätte ich es genau getroffen.«

»Eben. Das ist alles viel zu gewollt. Und außerdem suchst du nach was ganz Bestimmtem. Leute von hier machen das nicht.«

Tomlinson mußte grinsen. Mr. Chamäleon war von einer Miss Marple in Stöckelschuhen zerpflückt worden. »Ich heiße Tomlinson. Ich habe gehört, du warst eine enge Freundin von Suzie.«

»Weißt du, wo sie ist?« fragte Trixie besorgt und stolperte beinahe auf ihren hohen Absätzen. »Ich habe sie überall gesucht.«

»Vielleicht weiß ich, wo sie ist«, sagte Tomlinson. »Können wir uns unter vier Augen unterhalten?« Nach anfänglichem Zögern ging sie mit ihm zur Seite. Tomlinson bemerkte, daß Buddy sie nicht aus den Augen ließ.

»Ich habe im Gefängnis angerufen«, sagte Trixie, »aber da ist niemand, der so aussieht wie Suzie. Dann habe ich es bei sämtlichen Krankenhäusern versucht, aber dabei ist auch nichts herausgekommen. Sie ist doch hoffentlich nicht in Schwierigkeiten?«

»Kommt darauf an.« Tomlinson bemerkte, daß er die Aufmerksamkeit von ein paar ziemlich üblen Typen auf der anderen Straßenseite erregt hatte. Langes Gerede war hier nicht gern gesehen. Es wurde erwartet, daß man sich schnell einigte und von der Straße verschwand. »Weißt du, ob Suzie eine Tätowierung hatte?«

»Ja, klar. Ich war dabei, als sie sich tätowieren ließ, wenn ich auch dagegen war. Suzie ist erst seit einem halben Jahr auf der Straße. Ich war so 'ne Art ... na, vermutlich so was wie ein Mutterersatz. Tätowierungen finde ich ätzend. Aber sie hatte so 'nen Typen getroffen, und der war ein Schmetterlingsfan, und da hat sie eben gemeint ...«

»Ein Schmetterling? Hat sie sich einen Schmetterling eintätowieren lassen?«

»Ja. Verziert mit Rosen und solchem Zeug. Dieser Typ hat

ihr erzählt, er liebt sie, und er kommt zurück und nimmt sie mit. Sie hat ihm das geglaubt. Als er dann nicht gekommen ist, war sie fix und fertig.«

»Kannst du mir sagen … wo sie die Tätowierung hatte?«

»Was soll das? Stehst du irgendwie auf Tätowierungen?«

»Nein, ich versuche nur, jemanden zu identifizieren.«

Trixie wurde kreidebleich. »O mein Gott. Sie ist doch nicht … «

»Ich weiß es nicht sicher.«

Sie preßte die Lippen zusammen. Offenbar fiel es ihr schwer, die Worte auszusprechen, die ihre Befürchtungen zur Gewißheit machen konnten. »An ihrem Busen. An diesem.« Sie zeigte auf ihre linke Brust.

Tomlinson legte ihr die Hand auf die Schulter. »Es tut mir leid …«

»O nein!« Trixie preßte die Faust gegen den Mund. »O Gott, ich hätte besser auf sie acht geben müssen.«

»Es ist nicht deine Schuld.«

»Doch! Ich habe ihr versprochen, daß ich auf sie aufpasse. Allen habe ich es versprochen.«

»Allen?«

»O mein Gott!« sagte sie immer wieder. »Zuerst Angel. Dann Suzie und Barbara. Vor ein paar Tagen ist anscheinend auch Bobbie Rae verschwunden. Das bedeutet, daß ich die letzte bin.«

Tomlinson war verwirrt. »Die letzte …?«

»Verstehen Sie denn nicht? Das kann doch kein Zufall sein. Wenn es einer oder vielleicht auch zwei von uns passiert wäre. Aber nicht allen!«

Tomlinson rüttelte sie an den Schultern. »Trixie, bitte beruhige dich. Ich verstehe nicht, was du meinst. Erkläre es mir bitte.«

Sie schluckte mehrmals. Ihr Gesicht verzerrte sich. »Die bringen uns alle um.« Blicklos schaute sie ihn an. »Den ganzen Kindergartenclub.«

Plötzlich brüllte aus einem offenen Fenster des gegenüberliegenden Gebäudes jemand zu ihnen herüber. Tomlinson verstand ihn nicht, aber der Mann war zweifellos wütend.

»Verdammt«, murmelte Trixie, »jetzt krieg' ich Ärger.«

»Was?« fragte Tomlinson. »Wer ist der Mann?«

»Das ist mein Boss.«

»Was hat er gesagt?«

»Er ist sauer, weil ich schon zehn Minuten mit einem potentiellen Kunden rede und wir immer noch auf der Straße stehen. Der meint, in der Zeit müßte ich die Sache schon hinter mir haben und auf den nächsten Kunden warten. Hör zu, du mußt jetzt gehen.«

»Das kann ich doch nicht machen.«

»Mußt du aber.«

»Trixie, wenn du recht hast, wenn wirklich jemand systematisch Leute umbringt, und nur du bist noch übrig, dann schwebst du in akuter Lebensgefahr.«

»Und wenn Sonny ausrastet, schlägt er mich zusammen. Ich weiß nicht, was schlimmer ist.« Mit hilfloser Stimme sagte sie: »Bitte, geh.«

»Ich könnte dich festnehmen.«

»In spätestens zwei Stunden hat mich Sonny aus dem Knast geholt – und dann schlägt er mich halb tot.«

»Gut. Dann ... kaufe ich dich eben. Gehen wir rauf.«

»Der Mindestsatz ist dreißig Dollar. Hast du soviel Geld bei dir?«

Tomlinson zog die Brieftasche heraus und wurde verlegen.

»Nein.«

»Dann schlägt Sonny *dich* halb tot.«

Völlig frustriert trat Tomlinson ein paar Schritte zurück und schaute den wütenden Mann im Haus gegenüber böse an.

»Trixie, ich muß unbedingt mit dir sprechen.«

»Dann komm morgen wieder. Ich muß bis morgen früh arbeiten, und dann schlafe ich bis zum Abend. Wir treffen uns um neun.«

»Wo?«

Sie zeigte auf ein Café schräg gegenüber. »Da drüben. Wir können etwas essen und uns unterhalten.« Sie blinzelte ihm zu. »Du zahlst.«

Tomlinson biß sich auf die Unterlippe. Dieses Arrangement gefiel ihm überhaupt nicht, aber eine andere Lösung schien es nicht zu geben. »Versprich mir, daß du kommst.«

»Versprochen. Und jetzt verschwinde. Du verdeckst die Schaufensterauslage.«

Tomlinson entfernte sich langsam, ging zu seinem Wagen und parkte ihn an der nächsten Straßenkreuzung – schräg gegenüber von Trixies Standort. Er behielt sie im Auge, bis ungefähr nach einer halben Stunde ein großer Mann in einer grünen Armeejacke bei ihr stehenblieb. Sie hängte sich bei ihm ein und führte ihn ins Haus. Eine halbe Minute später ging in einem kleinen Zimmer im zweiten Stock das Licht an.

Angewidert fuhr Tomlinson davon. Ihm war speiübel.

Er mußte jemand finden, der morgen abend für ihn die Telefonzentrale übernahm. Auf jeden Fall würde er morgen abend um neun wieder hier sein. Nein, schon früher.

27

Als Ben am Schreibtisch saß und versuchte, seinen Computer zu irgendeiner Aktion zu bewegen, steckte Christina den Kopf durch die Tür.

»Solltest du nicht im Konferenzzimmer beim Abteilungs-Meeting sein?«

Irritiert ließ Ben die Maus los. »Das ist doch gestrichen worden.«

»Nein – nur verschoben, weil Crichton mit seinem Rücken beim Arzt war. Die Sitzung beginnt pünktlich um zehn.«

Ben schaute auf die Uhr und sprang sofort auf. »Heiliger Strohsack! Wie hast du das denn herausgefunden?«

»Ich bleibe eben au courant. Einer von uns beiden muß schließlich wissen, was Sache ist, und du hast ja vor lauter Computerspielen keine Zeit dazu.«

»Du bist meine Retterin in der Not, Christina. Bin schon weg.«

»Bon voyage.«

Ben raste durch den Korridor in den Konferenzraum.

Glücklicherweise gingen einige der Anwälte noch im Raum hin und her, Crichton war also noch nicht da.

»Hallo, Kincaid«, sagte Herb. »Freut mich, daß Sie es noch geschafft haben. Wir dachten schon, Sie tauchen erst nach Crichton auf. Das hätte ein gewaltiges Donnerwetter gegeben, Mann, o Mann.«

»Ich habe gar nicht gewußt, daß Versammlung ist.«

»Komisch«, sagte Rob. »Herb hat uns doch allen ein Memo geschickt.«

Herb runzelte die Stirn. »Genau. Ich habe es an alle Juristen der Abteilung geschickt. Mir ist völlig schleierhaft, warum Sie keines bekommen haben.«

»Ben, könnten Sie nicht einen Ihrer Punkte aus der Tagesordnung herausnehmen.« Chuck stand mit einem Ordner in der Hand hinter ihm. »Wir versuchen das Programm zu straffen.«

»Dann sollten Sie zuallererst Crichton beibringen, wie man sich selber eine Tasse Kaffee einschenken kann.«

Candice lächelte. »Was Hänschen nicht lernt ... Besonders wenn Hans es gar nicht lernen will.«

»Würde mich interessieren, was er macht, wenn ...« Ben nahm die Kaffeekanne von der Anrichte und füllte die Tasse, die an Crichtons Platz stand. »Das dürfte ihm den Spaß verderben.«

»Ich höre, daß sie gestern im Haus von Howard Hamel waren, Kincaid«, sagte Doug Gleason hinter seinem Laptop hervor.

»Was um alles in der Welt haben Sie denn dort gemacht?«

»Ich habe der Polizei bei der Suche nach Informationen geholfen, die uns verraten könnten, was mit Howard passiert ist.«

»Nein, wirklich? Der Hauptverdächtige spielt den Ermittler. Hoch interessant.«

»Ich bin kein Verdächtiger«, sagte Ben. Offiziell jedenfalls nicht, setzte er in Gedanken hinzu. Noch nicht.

Doug zog kräftig an seinem Zigarillo. »Also, wenn Howard in meinem Büro gefunden worden wäre, hätte mir die Polizei garantiert die eine oder andere Frage gestellt. Tja, Beziehungen muß man haben.«

»Was wollen Sie damit sagen, Doug?«

»Ach, gar nichts.«

»Woher zum Teufel wissen Sie überhaupt, daß ich in Hamels Haus war?«

»Ich habe eben davon läuten hören.«

»Gleason«, sagte Candice. »Ich mag Kincaid zwar nicht, aber trotzdem finde ich, daß Sie sich widerwärtig benehmen. Sie sind ein unausstehlicher Kerl.«

»Ziehen Sie die Krallen ruhig wieder ein, Candy«, antwortete Doug sanft. »Mit mir brauchen sie doch keinen Streit vom Zaun zu brechen. Schließlich weiß jeder, daß ich nicht mit Ihnen schlafe.«

»Was zum Teufel soll das nun wieder heißen?«

»Das müßten Sie eigentlich selber herausbekommen. Notfalls können sie sich ja ein Lexikon kaufen.«

»Wissen Sie was, Gleason? Am liebsten würde ich Ihnen einen kräftigen Tritt zwischen die Beine verpassen.«

»Ach, auf solche Sachen stehen Sie also? Überrascht mich nicht.«

Rob trat zwischen die beiden. »Kinder, Kinder! Nur ruhig Blut.« Er hielt die Streithähne mit ausgestreckten Armen auf Distanz. »Warum muß ich bloß bei jeder Sitzung die Hälfte meiner Zeit auf die Schlichtung solcher Querelen verwenden?«

»Weil Sie kein Gespür dafür haben, wann man der Natur Ihren Lauf lassen sollte«, antwortete Chuck. »Kincaid, muß der Fall Nelson wirklich auf die Tagesordnung?«

»Da hat sich seit letzter Woche viel getan.«

»Aber muß das hier besprochen werden? Brauchen sie unsere Unterstützung?«

»Nein, eigentlich nicht.«

»Schön. Kann also gestrichen werden. Shelly?«

Am Tischende raschelte jemand mit Papier. Ben hatte Shelly noch gar nicht bemerkt.

»Shelly, die ganzen verdammten Projekte, an denen Sie in

den letzten drei Monaten gearbeitet haben, stehen auf der Tagesordnung. Ich hoffe, Sie können sich zu jedem einzelnen detailliert äußern.«

Shellys Gesichtsfarbe bekam einen Stich ins Gelbe, doch sie blieb stumm.

Um die allgemeine Aufmerksamkeit von Shelly abzulenken, sagte Ben: »Ich frage mich, ob wir uns nicht irgend etwas zu Howards Andenken überlegen sollten.«

»Zu Howards Andenken?« fragte Herb.

»Ja. Irgend etwas zur Erinnerung an unseren verstorbenen Kollegen. Herrgott, es ist noch keine Woche her, seit einer von uns umgebracht wurde. Und wir machen einfach weiter, als ob nichts geschehen wäre. Als ob es ihn gar nicht gegeben hätte.«

»Und was schlagen Sie vor?« fragte Chuck.

»Ich weiß nicht recht. Vielleicht könnte jeder von uns kurz erzählen, welche Erinnerungen ihn am meisten mit Hamel verbinden.«

»Dazu fällt mir als erstes ein, daß er mir den Fall Kestrel gestohlen hat«, sagte Herb. »Und dann hat er die Sache auch noch in den Sand gesetzt. Das hat mich in meiner Karriere vermutlich um fünf Jahre zurückgeworfen.«

»Und mir fällt ein, wie er sich mal bei einem unserer Sommercamps an mich rangemacht hat«, sagte Candice. »Er hatte viel zuviel getrunken und lallte mich pausenlos an – seine Frau sei frigide, und ob ich diese und jene Stellung schon mal probiert hätte. Dabei starrte er dauernd auf meine ... Na, jedenfalls war es widerlich. Richtiggehend gesabbert hat er.«

»Ich glaube kaum, daß Ben an derartige Erinnerungen gedacht hat«, sagte Rob ruhig.

»Warum denn nicht? Macht doch Spaß!« mischte sich Chuck ein. »Wißt ihr noch, wie er bei unserem Golfturnier andauernd die Anzahl von Crichtons Schlägen nach unten korrigiert hat? Mann, o Mann, was für ein Schleimer. Wenn man sich in dieser Abteilung vor irgend jemand in acht nehmen mußte, dann vor ihm.«

»Erinnert ihr euch an den Kauf von Alumco?« steuerte

Doug bei: »Wie er versehentlich alle Strategieunterlagen verlor – nur seine nicht?«

»Was ist denn hier geboten?« dröhnte eine Stimme durch den Raum. »Ich dachte, wir haben eine Sitzung.«

Crichton stand in der Tür. Obwohl er fünfzehn Minuten zu spät kam, erwartete er, alle wie brave Sonntagsschüler auf ihren Plätzen vorzufinden.

Sofort huschte jeder auf den nächstbesten Platz. Herb gelang es freilich auch diesmal wieder Chuck auszutricksen und den Sessel neben Crichton zu ergattern.

Als alle am Konferenztisch saßen, schritt Crichton zum Chefsessel und setzte sich, wobei er das Gesicht verzog. Offenbar schmerzte sein Rücken noch.

Er griff nach seiner Kaffeetasse. »Herrgott, wo bleibt Janice! Sie soll …« Er brach abrupt ab, als er sah, daß seine Tasse dampfte. »Da hat ja schon jemand …«, knurrte er und schlürfte unwillig von seinem Kaffee.

Ben mußte verdammt aufpassen, um nicht zu grinsen. Wie ungezogen von ihm, Crichton den Spaß zu verderben.

»Chuck, haben sie die Tagesordnung vorbereitet?«

Chuck schob sie ihm hin. »Zunächst möchte ich daran erinnern, daß morgen das Softballspiel gegen die Rechtsabteilung von Memorex Telex stattfindet. Ich erwarte, daß Sie alle kommen. Ganz egal, ob die Sonne scheint, oder ob es regnet, ob Sie sich wohlfühlen oder nicht, ob Sie viel Arbeit haben oder wenig.« Crichton überflog die Tagesordnung.

»Kincaid?«

Ben zuckte zusammen und blickte auf. »Ja?«

»Was ist mit dem Fall Nelson? Er ist nicht auf der Tagesordnung.«

»Ja, weil …«

»Habe ich nicht gesagt, daß zu jedem wichtigen Projekt ein Memorandum zur Sitzung einzureichen ist?«

»Ja …«

»Sind Sie etwa der Meinung, dieser Fall sei nicht wichtig? Obwohl er das Unternehmen Millionen Dollar kosten könnte?«

»Nein, es war so – Chuck hat …«

»Verdammt noch mal, wenn ich eine Anweisung erteile, erwarte ich, daß Sie ausgeführt wird!«

»Ja, natürlich.«

»Da gibt es keine Ausnahmen.«

»Also, der einzige Grund …«

»Kincaid, ich will noch heute abend ein Memorandum auf meinem Schreibtisch liegen haben. Es gibt keine Entschuldigung dafür, mit einem Verfahren dieser Größenordnung leichtfertig umzugehen. Ich will hoffen, daß das nie wieder vorkommt. Haben Sie mich verstanden?«

Ben schaute grimmig zu Chuck hinüber, der das Gesicht natürlich von ihm weggedreht hatte. Die anderen grinsten beinahe verhohlen. Von Anfang an hatten sie gewußt, daß Chuck ihn ins offene Messer laufen ließ. Die üblichen schmutzigen Tricks nach Managerart.

»Ja, ich habe Sie verstanden, Sir. Kommt nicht wieder vor.«

»Das will ich aber auch hoffen.« Crichton nahm einen kräftigen Schluck aus seiner Kaffeetasse. Dann schien sein Ärger plötzlich verpufft zu sein. Sein rot angelaufenes Gesicht nahm wieder die normale Farbe an. »Meine Güte, Kincaid. Ich weiß gar nicht, was über mich gekommen ist. In so einem Ton mit einem Anwalt Ihres Kalibers zu sprechen! Wegen einer Lappalie! Ich weiß wirklich nicht, was das war. Würden Sie meine Entschuldigung akzeptieren?«

Hatten sich seine Kollegen gerade noch gefreut, so waren Sie nun entsetzt. Offenbar war Ben Kincaid sogar gegen schmutzige Tricks immun. »Am besten vergessen wir das ganze«, sagte Ben.

»Einverstanden. Informieren Sie uns nun über den neuesten Stand.«

Ben berichtete von der Offenlegung der prozeßrelevanten Akten, von der Vernehmung der Kläger, von dem Gerichtstermin, bei dem über den Antrag auf Herausgabe bestimmter Akten entschieden wurde und von der Vernehmung Andrew Consettis.

»Ich werde nach Oklahoma City fahren und mit Al Austin und Bernie King reden«, schloß er.

Crichton hob den Kopf. »So? Warum denn das?«

»Consetti hat bei seiner Vernehmung auf die beiden verwiesen.«

»Al Austin ist nicht mehr bei Apollo.«

»Aber Consetti hat gesagt, daß er an der Planung von XKL-1 beteiligt war.«

»Hat die Klägerseite einen Antrag auf Vernehmung gestellt?«

»Nein. Bisher nicht.«

»Und bei Bernie King?«

»Auch nicht.«

»Wieso wollen Sie dann mit ihnen reden?«

»Als Verteidiger bin ich auf die Wahrheitsfindung verpflichtet, und ich muß mir ein vollständiges Bild vom Hergang des Geschehens machen. Außerdem brauche ich einen klaren Überblick, um abzuschätzen, wo Apollo verwundbar ist, wo unsere Stärken und Schwächen liegen.«

»Bernie King ist unser erster Mann in Oklahoma City. Ein äußerst vielbeschäftigter Manager, der siebenhundert Leute unter sich hat. Für juristische Spielchen hat er keine Zeit.«

»Ich werde ihn nicht länger beanspruchen als nötig ...«

»Hören Sie, Kincaid. Es ist natürlich ihr Fall, aber ich bin der Meinung, Sie sollten Ihre Zeit nicht vergeuden – und die Zeit anderer wichtiger Apollo-Angestellter schon gar nicht. Bringen Sie so viel wie möglich von der Gegenseite in Erfahrung, und stellen sie dann Ihren Antrag auf Einstellung des Verfahrens. Ich sehe keine Notwendigkeit, den eigenen Klienten auszuforschen.«

Er stellte die Tasse auf den Tisch und schaute Ben bedeutungsvoll an. »Sie wissen doch sowieso schon, welche Position Sie einzunehmen haben.«

28

Auf dem Weg nach Oklahoma City brummte Ben die meiste Zeit vor sich hin.

»Alle Achtung«, sagte Rob neben ihm auf dem Beifahrersitz. »Crichton hat ausdrücklich gesagt, er will nicht, daß Sie nach Oklahoma City fahren, und Sie fahren trotzdem.«

»Das wäre nicht das erste Mal, daß ich zu blöd bin, um einen Wink mit dem Zaunpfahl zu verstehen.«

»Ach was, Ben. Sie machen eben keine halben Sachen – ganz egal, was oder wer Ihnen in die Quere kommt. Vermutlich hält Sie Crichton gerade deshalb für einen erstklassigen Anwalt.«

»Wir werden hören, was er nach dem heutigen Tag sagt.«

Ben fuhr bei der nächsten Ausfahrt vom Northwest Expressway. »Wie heißt das Lokal, in dem wir uns mit King treffen?«

»Knockers heißt der Laden.«

»Komischer Name für ein Restaurant.«

»Ich war noch nie dort, aber Crichton empfiehlt es jedem, der nach Oklahoma City fährt.«

Einige Minuten später waren sie da. Es war offensichtlich ein beliebtes Lokal; der Parkplatz war fast voll.

»Die müssen eine gute Küche haben, wenn sie so viele Leute anziehen«, sagte Ben.

Sie stiegen aus und gingen zum Eingang.

Ben hatte jedoch keine Augen für das Lokal; es ging ihm wie allen anderen Gästen: Seine Aufmerksamkeit wurde sogleich vom Personal gefangengenommen, das ausnahmslos weiblich und blond war.

Die »Hostessen« trugen ein enganliegendes weißes T-Shirt und extrem enge und knappe Shorts. Die T-Shirts waren neckisch auf dem Bauch geknotet. Daß sie darunter nichts trugen, sah man auf den ersten Blick.

»Kann ich Ihnen behilflich sein?« Eine gut gebaute junge Hostess legte kichernd ihren Arm um Ben. »Darf ich Sie zu einem Tisch führen? Oder in eine Nische? Ich erfülle Ihnen gerne jeden Wunsch.«

Ben sah, daß auch Rob von einer Hostess in Beschlag genommen wurde. »Eine Nische, bitte. Wir sind verabredet. Mit einem Mann namens Bernie King. Vielleicht ist er schon hier.« ·

»Ah, Bernie! Wir sind alle ganz hingerissen von Bernie. Er ist weiter hinten.«

Ben folgte den schwingenden Hüften zu einer Nische im hinteren Teil des Lokals, das erstaunlich voll war. Offenbar frequentierten sämtliche Büros von Oklahoma City dieses Restaurant. Außerdem war nicht zu übersehen, daß die Kundschaft ausschließlich aus Männern bestand.

Vor Bernies Nische flimmerte ein riesiger Fernsehschirm. Auf seinem Tisch stand eine Hostess und ließ einen Hula-Hoop-Reifen um ihre Hüften kreisen.

»Auf geht's, Jenny!« rief Bens Hostess. »Schneller!«

Jenny lächelte leicht leicht benommen und beschleunigte ihren rhythmischen Hüftschwung.

Ben tauchte unter dem schwingenden Reifen durch und stellte sich vor. »Mr. King? Ich bin Ben Kincaid. Das ist Rob Fielder.«

King richtete seinen glasigen Blick kurz auf Ben. »Freut mich.« Dann wandte er seine Aufmerksamkeit wieder der Tänzerin auf dem Tisch zu und seufzte. »Okay, Jenny. Genug. Ich fürchte, wir haben hier Geschäftliches zu bereden.«

»Schade«, riefen die Hostessen wie aus einem Munde. Jenny griff nach dem Hula-Hoop-Reifen und stieg vom Tisch herab. Sie legte Ben beide Hände auf die Schultern. »Kann ich Ihnen etwas zu trinken bringen?«

Sie nahm die Getränkebestellung auf – Cola für Ben und Rob, ein doppelter Martini für Bernie King – und hüpfte mit ihren Freundinnen davon. King schien mit sich und der Welt vollkommen zufrieden zu sein. »Ich versuche wenigstens einmal pro Woche hierher zu kommen. Robert Crichton hat mir den Tip gegeben. Eine der wenigen Gefälligkeiten, die er mir je erwiesen hat. Was sagen Sie zu dem Laden, Kincaid?«

Ben senkte den Blick auf den Tisch. »Meine Meinung wird Sie kaum interessieren.«

»Dann hätte ich Sie ja wohl nicht gefragt.«

»Nun …«, Ben holte tief Luft. »Ich halte dieses Lokal für infantil und sexistisch. Es ist abstoßend und verletzt die Würde der Frauen.«

King lächelte. »Hätte ich in Ihrem Alter auch gesagt. Das heißt, ich hätte dieselbe Ansicht vertreten, wenn auch mit anderen Worten.« Er streckte sich und legte die Füße auf den Rand der halbhohen Einfassung ihrer Nische. »Aber seit ich etwas älter bin, sehe ich das nicht mehr so eng. Ich mag mich nicht mehr über solche Sachen ereifern. Wenn mich Menschen glücklich machen wollen, warum sollte ich sie dann daran hindern?«

»Schuppen wie diese werfen das Selbstbewußtsein der Frauen hundert Jahre zurück.«

»Schon möglich. Ist das denn so schlimm?«

»Allerdings. Besonders im Berufsleben. Bei Apollo habe ich schon Dinge mitansehen müssen …«

»Genug, genug. Ich bin nicht der Generaldirektor.«

»Das ist es ja gerade. Keiner fühlt sich verantwortlich. Wir haben bei Apollo einen Vizepräsidenten für jeden Aspekt der Firmenpolitik, den man sich nur denken kann. Nur für die Wahrung moralischer Standards nicht.«

Wieder lächelte King. »Moralische Standards finden auf der Jahreshauptversammlung bei den Aktionären in der Regel kein großes Interesse.«

»Vielleicht ist das ein Fehler.«

»Gut, gut. Genug philosophiert. Ich dachte, Sie wollten sich mit mir über den XKL-1 unterhalten.«

»Stimmt.« Ben brachte ihn über den Fortgang des Verfahrens auf den neuesten Stand und fuhr fort: »Andrew Consetti erwähnte, daß Sie dieses Entwicklungsprojekt leiteten.«

»Ja, zusammen mit Al Austin.«

»Richtig. Da gibt es einen Punkt, der mich irritiert. Nach der Beendigung des Projekts wurden Sie Vizepräsident des Gesamtunternehmens und Leiter der Geschäftsstelle in Oklahoma City, Al Austin hingegen ist seither wie vom Erdboden verschluckt.«

»Ich bilde mir ein, daß ich meine Beförderung nicht nur

diesem einen Projekt verdanke. Schließlich arbeite ich schon seit zwanzig Jahren für Apollo.«

Ben gelang es nur mit Mühe, sich auf Kings Worte zu konzentrieren. Direkt vor seinen Augen tummelten sich auf dem Fernsehschirm vier schöne Frauen in hautengen Gymnastikanzügen – angeblich zur körperlichen Ertüchtigung. Er hatte durchaus nichts gegen schöne Frauen einzuwenden, doch die Art, auf die hier Schweiß und Strumpfhosen im Großformat vorgeführt wurden, ging ihm allmählich auf die Nerven.

»Können Sie die Tests beschreiben, denen der XKL-1 unterzogen wurde?« fragte Ben, bemüht, nicht mehr auf den Bildschirm zu schauen.

»Wir haben einfach alles getestet. Verhalten unter hoher Belastung, Aufprall von vorn, von hinten. Alles, was man sich nur denken kann.«

»Weder ich noch meine Anwaltsgehilfin haben im Archiv Testberichte gefunden.«

»Ach, nein?« King überlegte einen Augenblick. »Es ist eben schon fünf Jahre her. Vermutlich hat man sie weggeworfen.«

»Hmm.« Ben nahm King genau ins Visier. »Sie sind also ganz sicher, daß das Produkt gründlich getestet wurde?«

»Absolut sicher.«

»Mit positiven Testergebnissen?«

King stützte sich mit den Händen auf den Tisch. »Wir haben das Produkt ja schließlich auf den Markt gebracht, nicht?«

»Das ist aber keine klare Antwort auf meine Frage.«

»Die Abteilung Qualitätskontrolle würde niemals ein Produkt freigeben, wenn sie sich nicht restlos davon überzeugt hätte, daß es sicher ist.«

»Damit ist meine Frage immer noch nicht beantwortet.«

Zum erstenmal wurde King ungehalten. »Ich habe Ihre Frage bereits mehrmals beantwortet.«

»Nein. Haben die Tests ergeben, daß das Produkt sicher war? Das ist meine Frage.«

»Ja, es war sicher. Wunderbar sicher sogar. Gott bewahre

mich vor der Hartnäckigkeit von Juristen.« Er lehnte sich in die Nischenecke zurück. »Ich dachte eigentlich, Sie wären auf unserer Seite.«

»Bin ich auch. Ich möchte nur wissen, wie es ablief.«

Kings Blick wanderte zu einer Gruppe Hostessen, die sich zu einer lebenden Pyramide formierten. »Jetzt wissen Sie es ja.«

Rob ergriff die Gelegenheit, die Wogen ein bißchen zu glätten: »Haben Sie vielleicht eine Erklärung dafür, wie das mit Jason Nelson passieren konnte, Mr. King?«

»Wie soll ich wissen, was passiert ist? Ich war schließlich nicht dabei.«

»Aber Sie sind über den Fall informiert, nicht wahr?«

»Ich habe den Bericht gelesen, den Crichton mir geschickt hat.«

»Haben Sie keinerlei Vermutung, wie das passiert sein könnte?«

»Vermutungen kann jeder anstellen. Vielleicht hat der Junge zuviel getrunken, oder er hat zu heftig mit seiner Freundin geschmust und das Gleichgewicht verloren. Oder er hat einfach nicht aufgepaßt.«

»Die Nelsons sind fest davon überzeugt, daß Apollo am Tod ihres Sohnes schuldig ist.«

»Weil ihnen das ihr Anwalt eingeredet hat. Oder meinen Sie etwa, daß die selber auf die Idee gekommen sind, eine schadhafte Federung könnte schuld sein? Woher denn! Das hat der Anwalt ausgeheckt – auf der Suche nach jemand, den er melken kann. Wenn der Junge selber an dem Unfall schuld ist, bekommen die Eltern von niemand einen Cent. Wahrscheinlich arbeitet der Anwalt auf der Basis eines Erfolgshonorars.«

»Auf mich machen die Nelsons nicht den Eindruck geldgieriger Leute ...«

»Es geht nicht nur ums Geld. Es geht auch um Sühne. Schließlich waren sie dabei, als es passiert ist. Das muß furchtbar sein. Vielleicht haben sie ihn sogar zum Mitfahren aufgefordert. Können Sie sich vorstellen, wie den beiden zumute sein muß? Wieviel besser wäre es für sie, wenn jemand anders verantwortlich wäre, auf den sie ihre Schuldgefühle abwälzen könnten.«

Ben mußte zugeben, daß an Kings Erklärung etwas Wahres dran sein konnte. Er hatte des öfteren mit Fällen zu tun gehabt, in denen jemand ein Verfahren anstrengte, um sich selbst Absolution erteilen zu können. »Eine letzte Frage, Sir. Wissen Sie, wo Al Austin zu finden ist?«

»Nein«, sagte King schnell.

»Können Sie sich vielleicht denken, wo er sein könnte?«

»Keine Ahnung.«

Lag es einfach daran, daß Ben den Mann nicht leiden konnte, oder gab es noch andere Gründe, warum er King nicht glaubte? »Können Sie mir sagen, warum er von Apollo weggegangen ist?«

»Vermutlich kann das nicht einmal Al selber. Ich mochte ihn wirklich gern, aber er gehört zu den Menschen, die mit dem, was sie machen, nie zufrieden sind. Er hat immer nach etwas Besserem Ausschau gehalten. Wie ich ihn kenne, wäre es durchaus möglich, daß er sich entschlossen hat, den Kontinent zu erforschen oder den ganz großen amerikanischen Roman zu schreiben oder gar Berggipfel in Nepal zu bezwingen.«

»Hoffentlich nicht«, sagte Ben. »Ich glaube kaum, daß ich in Nepal eine Vorladung durchsetzen kann.«

»Lassen Sie Al in Frieden«, sagte King. »Er kann Ihnen sowieso nicht weiterhelfen.«

»Das höre ich andauernd.«

Jenny kam an ihren Tisch gehüpft. »Irgend etwas nicht in Ordnung. Sie haben nicht geklingelt. Haben Sie denn gar keinen Appetit?« fragte sie anzüglich.

»Doch«, sagte Ben. »Ich möchte eine Rehkeule.«

»Das haben wir nicht«, antwortete sie. »Aber Megan könnte auf Ihrem Tisch einen Kitztanz aufführen.«

»Schon gut. Was haben Sie denn?«

»Hamburger.«

»Und was noch?«

»Das ist alles. Zum Essen jedenfalls.« Sie zwinkerte ihm zu.

Ben seufzte. »Na dann, Hamburger. Ach, wäre es vielleicht möglich, ein anderes Programm einzuschalten?«

29

In seinem Büro hatte Ben soeben einige Anmerkungen zu seinem Treffen mit Bernie King ins Diktaphon gesprochen. Irgend etwas war daran nicht ganz koscher gewesen – er wußte nur noch nicht recht, was. Sicher war er sich dagegen in einem Punkt: Er konnte all diese Männer nicht mehr sehen, die mit betont gelassenem Gesicht sagten, es bestehe kein Grund zur Sorge, Nachforschungen seien unangebracht, er solle keinen Staub aufwirbeln. Millionen Dollar standen auf dem Spiel, und doch gab man sich bei Apollo betont gelangweilt, als käme es überhaupt nicht darauf an, was wirklich passiert war. Irgend etwas stimmte da nicht.

Ben nahm den Hörer ab und wählte die Nummer seines alten Büros auf der North Side. Loving meldete sich.

»Loving? Ich bin's, Ben. Wie gehen die Geschäfte?«

Vom anderen Ende der Leitung kam ein Geräusch, das nach einem mißmutigen Knurren klang, bevor Loving sagte: »Ich komme einigermaßen über die Runden, Captain. Die meiste Zeit beschatte ich untreue Ehemänner. Was fehlt, sind die seltsamen Klienten, die du immer an Land gezogen hast. Da gab's immer irgendwelche Informationen zu beschaffen.«

In der Regel so, daß er die Leute terrorisierte und drohte, ihnen das Leben zur Hölle zu machen, dachte Ben. Er hatte Loving kennengelernt, nachdem er dessen Frau im Scheidungsverfahren vertreten hatte. Eines Tages kam Loving wutentbrannt in Bens Büro gestürmt und richtete beträchtlichen Schaden an. Ben zeigte ihn nicht an, und aus Dankbarkeit bot ihm Loving tatkräftige Unterstützung beim Aufbau der Kanzlei an. Später arbeitete er als privater Ermittler ausschließlich für Ben und war dabei recht erfolgreich, wenn seine Methoden auch nicht die subtilsten waren.

»Hast du herausgefunden, wo der geschiedene Mann von Mrs. Crawford das ganze Geld versteckt hat?« fragte Ben.

»Schon vor ein paar Tagen. Kinderspiel.«

»Wie hast du das angestellt? Hast du die Datenbank geknackt und so seine Kontobewegungen verfolgt?«

»Nee. Ich habe ihn mit den Beinen nach oben über einen Swimmingpool gehalten, bis er die Information freiwillig ausspuckte. Du weißt schon, den Kopf immer eine Minute lang unter und eine Sekunde lang über Wasser. Du glaubst nicht, wie gern der nach einer Weile geredet hat.«

»Ich habe einen neuen Fall für dich.«

»Wirklich?« fragte Loving mit ehrlicher Begeisterung. »Soll das heißen, die Nobelfirma, für die du arbeitest, möchte mich engagieren?«

»Der Auftrag ist eher inoffizieller Natur.«

»Um so besser. Ganz wie in alten Zeiten.«

»Es ist aber eine heikle Angelegenheit, Loving. Vielleicht ist es zuviel verlangt …«

»Wie meinst du das? Traust du mir die Sache nicht zu? Laß mich das erst mal anpacken.«

»Nun, du mußt einen gewissen Al Austin finden. Ich weiß nur, daß er bis vor ungefähr fünf Jahren für den Apollo-Konzern gearbeitet hat, und zwar in Tulsa, im Entwicklungszentrum. Zuletzt hat er an einer neuen Federung mit der Bezeichnung XKL-1 gearbeitet, doch bevor das Produkt auf den Markt gebracht wurde, ist er verschwunden. Ich weiß weder warum, noch wohin er gegangen ist. Tut mir leid, aber das ist schon alles, was ich dir an Anhaltspunkten bieten kann.«

»Ich kenne ein paar Apollo-Angestellte. Stammgäste im Bull-N-Bear an der Harvard Street. Die spielen da ab und an ein bißchen Billard und zwitschern ein paar Bierchen. Ich werde mal sehen, was ich rauskriege.«

»Prima. Ruf mich an, sobald du etwas weißt.«

»Wird gemacht, Captain.«

»Ich bin doch gar nicht mehr dein Captain, äh, dein Chef.«

»Ach, was. Für mich wirst du immer der Captain bleiben.«

»Wenn du meinst. Nett von dir.«

»Im Büro haben wir überhaupt nichts verändert. Alles bleibt, wie es war, als du noch dort gearbeitet hast.«

»Also, das muß nun wirklich nicht sein.«

»Wir rechnen eben damit, daß du zurückkommst. Christina sagt, das ist bloß eine Frage der Zeit.«

»So? Sagt sie das? Daraus wird wohl nichts.«

»Ich mach mich besser gleich an die Arbeit. Danke für den Anruf.«

Auf die vertraute Stimme folgte ein vertrautes Gesicht aus seinem früheren Leben: Jones spazierte durch die Tür.

»Jones! Ich habe mich gefragt, warum du nicht im Büro ans Telefon gegangen bist.«

»Hast du einen Kontrollanruf gemacht?« Bens früherer Sekretär strahlte. »Oder hast du dich einfach nur an die Leute erinnert, denen du auf deinem Weg nach oben begegnet bist? Wer weiß, vielleicht brauchst du uns wieder auf dem Weg nach unten.«

»Meinem was? Hast du dich etwa auch mit Christina unterhalten?«

»Mach dir nichts vor, Boß. Christina behält immer recht.«

»Diesmal nicht. Dieses Luxusbüro und das regelmäßige Einkommen sagen mir nämlich sehr zu. Außerdem scheint mein Chef große Stücke auf mich zu halten und bisher habe ich alle Aufgaben mit Erfolg erledigt. Schau mal, ich habe sogar einen eigenen Computer.«

»Ich weiß. Deshalb bin ich ja da. Christina sagt, du kannst das Ding noch nicht mal anschalten.«

»Ich hatte eben keine Zeit für Büro-Kleinkram.«

»Mhm. Deshalb bekommst du jetzt von mir eine kurze Einführung. Mein Computer und ich, Teil eins.«

»Das wird nicht nötig sein ...«

»Nein? Dann zeig mir mal, wie du mit deinem Computer arbeitest.« Jones betätigte den Netzschalter auf der Rückseite des Geräts.

»Warte mal. Wo genau befindet sich dieser Schalter?« fragte Ben. »Ich konnte ihn bisher nicht entdecken.«

»Hier. Ich klebe ein gelbes Schildchen mit der Aufschrift ›schalte mich ein‹ daneben.« Auf dem Bildschirm erschien ein blaues Fenster. »Das ist dein Menü. Darauf kannst du sehen, welche Programme die Firma schon auf der Festplatte gespeichert hat. Was willst du nun mit deinem PC machen?«

»Also … Weiß ich nicht. Was kann ich denn alles machen?«

Jones verdrehte die Augen und bewegte den Cursor nach oben. »Anwälte schreiben doch viel. Wie wär's also mit Textverarbeitung?«

»Richtig! Davon habe ich schon gehört. Klingt gut.«

»Man wählt ›T‹ aus um das Textverarbeitungsprogramm zu starten, das bereits auf der Festplatte gespeichert ist. Wenn du einen Text geschrieben hast, möchtest du ihn vermutlich sichern. Am besten machst du das doppelt – einmal auf der Festplatte und einmal auf Diskette. Wo hast du deine Disketten?«

»Meine … was?«

Jones schüttelte den Kopf. »Du kannst von Glück sagen, daß ich vorbeigekommen bin, Boß.« Er kramte in Bens Schreibtischschubladen herum, bis er eine Schachtel vorformatierte 3,5' Disketten fand. »Diese Dinger meine ich.«

Ben starrte wie hypnotisiert auf die Diskette, die Jones aus der Schachtel gezogen hatte. »Das ist es!«

»Sag' ich doch. Eine Diskette. Ben, du bist nicht bei der Sache.«

»Nein, das meine ich nicht! Das ist es, woran ich mich aber nicht erinnern konnte. Genau so ein Ding hatte Hamel in der Hand, als er auf mich draufgeplumpst ist.«

»Boß, stehst du unter Medikamenten?«

Ben klärte Jones in aller Kürze über die Vorfälle der letzten Tage auf: Wie er in seinem Büro Hamel tot aufgefunden hatte, wie die Leiche verschwunden und auf dem Hinterhof seiner Pension wieder aufgetaucht war.

»Boß, du bist der reinste Fliegenfänger für Mordfälle.«

»Das wirft enorm wichtige Fragen auf«, sagte Ben ohne auf Jones' Kommentar einzugehen. »Warum umklammerte Hamel eine Diskette? Was war darauf gespeichert? Ging es dem Mörder um diese Diskette?«

»Die Polizei hat doch bestimmt alles abgesucht, als die Leiche verschwunden war.«

»Ja.«

»Und keine Diskette gefunden?«

»Nein.«

»Mit der Leiche ist also auch die Diskette verschwunden.«

»Ja. Welche Arten von Information kann man auf so einem Ding speichern, Jones?«

»Praktisch alles, was man will. Finanzdaten, Texte, Listen, ganze Publikationen.«

Ben schnippte mit den Fingern. »Hast du nicht gesagt, man kann Texte auf der Festplatte und auf Diskette speichern?«

»So macht man das in der Regel. Man muß es aber nicht so machen.«

»Es könnte also sein, daß die Informationen, die Hamel in der Hand hielt, auch irgendwo in einem Computer gespeichert sind.«

»Richtig. Bloß wo?«

»Nun, ich habe die Leiche in meinem Büro gefunden …«

Jones tippte flugs ein paar Buchstaben und öffnete das Dateiverzeichnis des Textverarbeitungsprogramms. Es war leer. Die nächsten zehn Minuten rief er immer wieder neue Verzeichnisse anderer Programme auf. »Tut mir leid, Boß. Da ist nichts.«

»Wenn nicht hier, dann vielleicht im Zentralcomputer. Das würde sowieso mehr Sinn ergeben. Der Computerraum ist gleich gegenüber, auf der anderen Seite des Korridors.« Ben schnippte wieder mit den Fingern. »Vielleicht hat Hamel dort gearbeitet, und als er Herb und Candice oder Rob und mich kommen hörte, ist er über den Flur gelaufen und hat sich in meinem Büro versteckt.«

»Soll ich rübergehen und eine Suchaktion starten?«

»Jetzt nicht. Im Computerraum herrscht tagsüber reger Betrieb. Du kannst dich nicht einfach hinsetzen und vertrauliche Dateien lesen. Außerdem möchte ich nicht, daß der Mörder den Braten riecht. Ich gehe davon aus, daß es ein Apollo-Angestellter ist.«

»Ach. Wie beruhigend. Ich glaube es wird Zeit, daß ich gehe.«

»Okay. Ich ruf' dich an. Vielleicht können wir eine heimliche Suchaktion arrangieren.«

»Du weißt, wo du mich erreichst.« Jones strahlte ihn an und ging.

Ben konzentrierte sich. Die Diskette unterstützte seine Theorie. Der Täter stand demnach in enger Verbindung zum Apollo-Konzern, hatte bereits einen Menschen ermordet, einen zweiten zu ermorden versucht (wenn Ben die Sache mit Crichton richtig einschätzte) und würde wahrscheinlich erneut zuschlagen. Erst recht, wenn er das Gefühl hatte, daß Ben ihm auf der Spur war.

Er stand auf und schloß die Tür. Plötzlich kam ihm sein Büro sehr klein vor. Das gesamte Gebäude schien zu schrumpfen. Er hatte das Gefühl, daß die Wände sich auf ihn zu bewegten, daß er in einer fremden Welt festsaß, in der er von Intriganten und Speichelleckern umgeben war – und von einem skrupellosen Mörder.

Durchaus möglich, daß er der nächste war.

30

Ben parkte seinen Honda Accord ein gutes Stück hinter der Zuschauertribüne am Ende einer unbefestigten Straße, wo man davon ausgehen konnte, daß der Wagen vor verirrten Bällen sicher war – nicht zuletzt vor seinen eigenen.

Außer ihm war bereits die ganze Apollo-Mannschaft beim Aufwärmen auf dem Softball-Feld. Alle trugen einen graurotem Dreß, der auf dem Rücken das Apollo-Emblem trug.

Christina warf Ben einen Schläger und eine Baseball-Mütze mit Apollo-Emblem zu. »Schön, daß du es noch geschafft hast«, sagte sie. »Ich dachte schon, wir müßten für dich einen Ersatzmann von außerhalb einschmuggeln.«

»Damit wärt ihr besser gefahren«, antwortete Ben. »Ich bin

ein lausiger Softball-Spieler. Eigentlich wäre ich jetzt viel lieber ganz woanders.«

»Nun quengle nicht so. Zeig mal ein bißchen esprit de corps.«

Herb trainierte bereits kräftig, indem er seinen Schläger durch die Luft wirbelte. Chuck und Candice übten ebenfalls in Bens Nähe, die beiden warfen einander einen Ball zu. Doug war eifrig damit beschäftigt, die Schläger entsprechend ihrer Länge zu sortieren. Ben fragte sich, wo der Mann wohl seinen Computer gelassen hatte. Shelly war auch da. Sie saß still wie immer auf einer Bank.

Crichton stand neben dem Heimmal und schnitt durch den Zaun hindurch Clownsgrimassen. *Wie bitte?* Ben schaute genauer hin. Richtig, Clownsgrimassen. Und dazu gab er komische Laute von sich. Auf der Bank hinter dem Zaun saß ein kleines Mädchen neben seiner Mutter, die ein etwa einjähriges Kind auf dem Arm trug. Crichton gab tatsächlich sein Bestes als Alleinunterhalter, und die ganze Familie lachte.

Was sagt man dazu? dachte Ben. Dieser knallharte, arbeitswütige und sexistische Kerl war richtig nett zu seiner Familie. Nun ja, bei Mussolini war das auch nicht anders. Trotzdem war es nicht mehr so einfach, jemanden absolut widerlich zu finden, wenn man aus seinem Munde »Häschen in der Grube« gehört hatte.

Als Ben bemerkte, daß sich die Mannschaft bei ihren Aufwärmübungen zufällig um Christina und ihn herum gruppiert hatte, ergriff er die günstige Gelegenheit, um einen Versuchsballon steigen zu lassen.

»Anscheinend bekommen wir in den nächsten Tagen Besuch von der Polizei«, sagte er.

Chuck spitzte die Ohren. »Von der Polizei?« Er warf den Softball Candice zu. »Was wollen die denn von uns?«

»Sie haben schließlich noch nicht herausbekommen, wer Howard umgebracht hat.«

»Mein Gott«, sagte Candice, »wenn die nicht mal herausfinden, wer all die Mädchen zerstückelt, dann finden sie Howards Mörder schon gar nicht.«

175

»Meinen Sie?« fragte Ben.

»Das ist einfach eine Frage der Prioritätensetzung, und es ist sonnenklar, daß die Zerstückelungsmorde zur Zeit Vorrang haben. Bis jetzt habe ich Howards Namen noch nie in den Nachrichten gehörte, aber jeden Abend erfahre ich neue grausige Einzelheiten über die Mädchenmorde.«

»Was die Polizei wohl für Fragen stellen wird?« sagte Chuck, womit sie wieder beim vorigen Thema waren.

»Die üblichen, vermutlich«, sagte Ben leichthin. »Kannten Sie Howard? Wo waren Sie in der Mordnacht? War sein Tod für Sie aus irgendeinem Grund wünschenswert?«

Doug grinste. »Wenn die Polizei bei der Motivsuche kleinlich ist, kämen wir wohl alle in Frage.«

»Die Polizei kann verdammt kleinlich sein«, sagte Chuck gedankenverloren.

»Warum sagen Sie das?« fragte Ben.

Chuck zuckte die Schultern und schaute weg. »Einfach nur so.«

»Wo Rob sich an dem Tag, als Howard umgebracht wurde, aufhielt, kann ich bezeugen. Außerdem weiß ich auch, wo Herb war, kurz bevor ich die Leiche fand.«

»Ja? Wo denn?«

Herb funkelte Ben drohend an.

»Im Büro«, sagte Ben. »Aber wie steht es mit allen anderen? Wo waren Sie, Chuck?«

»Was weiß ich denn? Soweit reicht meine Erinnerung nicht zurück.«

»Sie haben sich das doch sicher überlegt, als Sie von Howards Tod hörten.«

»Ich war in jener Nacht zuhause und habe ferngesehen. Allein.«

»Nicht gerade ein wasserdichtes Alibi, Chuck«, sagte Christina.

»Tut mir schrecklich leid. Wenn ich gewußt hätte, daß jemand ermordet wird, wäre ich in die Oper gegangen.« Er warf den Ball Candice so scharf zu, daß er laut gegen ihren Softball-Handschuh knallte. Candice zuckte zusammen, nahm den Handschuh ab und schüttelte den Arm aus.

»Nicht so heftig, Chuck.«

»Tut mir leid«, sagte er, machte aber überhaupt nicht den Eindruck, daß es ihm leid tat.

»Und Sie Doug?« fragte Ben. »Was haben Sie in der besagten Nacht gemacht?«

»Ich habe geschrieben«, antwortete Doug.

»Wer hätte das gedacht«, spottete Chuck.

»Ich habe Sie aber nicht im Büro gesehen«, kommentierte Ben.

»Da war ich auch nicht. Ich bin zuhause gewesen.«

»Haben Sie Akten mit nach Hause genommen?«

»Ich habe nicht an einer Apollo-Sache gearbeitet. Für manche von uns gibt es ein Leben nach Büroschluß, ob Sie es glauben oder nicht. Ich habe an meinem Roman gearbeitet.«

»Sie schreiben einen Roman?«

»Wer hätte das gedacht«, kommentierte Chuck erneut.

»Was für einen denn?« fragte Christina. »Einen Abenteuerroman? Oder vielleicht eine mysteriöse Mordgeschichte?«

Doug warf Christina einen abschätzigen Blick zu. »Wohl kaum. Es handelt sich um einen dekonstruktivistischen Dialog unter Rekurs auf den Existenzialismus der Zeit nach dem Zweiten Weltkrieg im Spiegel der Dichtung des 17. Jahrhunderts.«

»Klingt ja faszinierend«, sagte Ben trocken.

»Und das wird ein Roman?« fragte Christina.

»Aber ja. Er ist freilich in Sonettform geschrieben.«

»In Sonettform?«

»Vierzehnzeiliger jambischer Pentameter mit dem Reimschema a-b-c-b-c. Es ist eine gewaltige Aufgabe. Aber schließlich leidet jeder Schriftsteller für sein Werk.«

Ben hatte den Verdacht, daß der Hauptleidtragende nicht der Schreiber, sondern der Leser sein würde. »Wann werden Sie das Buch voraussichtlich abschließen?«

»Es ist bereits fertig. Ich habe es nur noch einmal ein bißchen überarbeitet.«

»Und dann?«

»Nun, gegenwärtig wird es von mehreren Verlagen geprüft.«

»Oh«, sagte Ben. »Von welchen?«

»Also … sowohl Penguin als auch Vintage habe ihr Interesse bekundet. Leider sehen sie sich aber aufgrund der Rezession vor schwierige Entscheidungen gestellt. Dabei triumphiert manchmal kommerzieller Schund über bedeutsame Literatur. Eine sehr vielversprechende Reaktion kam jedoch von der University of Peoria Press.«

»Wieviel müssen Sie denen für die Veröffentlichung zahlen?«

»Weniger als …« Plötzlich wurde er abweisend. »Das ist doch wohl meine Sache.«

»Wo Sie in der Mordnacht waren, kann also niemand bezeugen?«

»Nein, vermutlich nicht.«

Ben schüttelte den Kopf. »Sie und Chuck sind nicht zu beneiden. Wenn die Polizei keinerlei konkrete Anhaltspunkte hat, neigt sie zu Überreaktionen.«

»Und was glauben Sie, was die tun werden?«

»Ich weiß es nicht, aber meiner Meinung nach kann die Polizei diesen Fall höchstens lösen, wenn sie ganz am Anfang anfängt – also praktisch beim Kindergarten.«

Der Softball, der gerade auf Chuck zuflog, knallte ihm an die Brust. Er japste, wandte den Blick aber keine Sekunde von Ben ab.

»Was wollen Sie damit sagen?«

»Daß die Polizei noch einmal ganz von vorne anfangen muß, weiter nichts.« Ben bemühte sich, arglos zu klingen.

Chuck hob den Softball auf, ließ Ben dabei aber keine Sekunde aus den Augen.

Nun kam Rob dahergeschlendert und ärgerte Candice, indem er einen für sie bestimmten Softball fing. In seinem Dreß sah er großartig aus: Er war eindeutig der einzige richtige Sportler im Team.

»Seid ihr alle startklar?« rief er. Mit mäßigem Enthusiasmus wurde seine Frage bejaht. »Gut, dann gebe ich jetzt die Aufstellung bekannt. Wenn jemand Probleme damit hat, läßt er es mich sofort wissen, ja?« Offiziell war Crichton der Trainer der Mannschaft und Rob der Spielführer. In der Praxis sah das so aus, daß Rob sich Gedanken über das Spiel machte und die ganze Arbeit erledigte, während Crichton Anfeuerungsreden hielt und die Pokale entgegennahm.

Die Mannschaft sammelte sich um Rob. »Keine Probleme? Gut, dann hören Sie jetzt gut zu. Der Trainer wird vor dem Spiel einige Worte an Sie richten.«

Nach dieser angemessenen Einführung trat Crichton gewichtig unter seine Leute. »Alles mal herhören. Ich werde mich kurz fassen. Ich hoffe, Sie wissen alle, wie wichtig dieses Spiel ist.«

Ben wußte es nicht. Soweit ihm bekannt war, handelte es sich um das dritte Spiel der Saison; bisher hatte die Mannschaft einmal gewonnen und einmal verloren. Also nichts Besonderes.

»Mir ist bekannt, daß viele Leute anderer Meinung sind«, fuhr Crichton fort. »›Die Anwaltsliga braucht man doch nicht ernstzunehmen!‹ sagen sie. ›Da spielt man doch nur zum Spaß!‹ Nun, ich sehe das anders. Nehmen Sie Ihre Arbeit ernst? Nehmen Sie Ihr Leben ernst? Mein Vater pflegte zu sagen, ›alles, was es wert ist, überhaupt getan zu werden, ist es auch wert, ernstgenommen zu werden.‹ Und damit hatte er recht.«

»Man könnte natürlich einfach herumalbern, Konfetti verstreuen, Bier trinken. Man könnte ganz entspannt und liebenswürdig auftreten. Aber was hätten wir davon? Es geht verdammt noch mal nicht darum, Gläser zu stemmen, sondern Softball zu spielen. Ehrlichen, proaktiven Softball. Und man braucht erst gar nicht zu spielen, wenn man nicht auf Sieg spielt. Das ist etwas für geborene Verlierer – also nichts für uns, oder?«

Die Mannschaft antwortete mit einem kämpferischen »Nein!«, wobei Chuck freilich mindestens die Hälfte zum Lautstärkepegel beitrug.

Crichton packte den Spieler rechts und den Spieler links von sich an der Schulter. »Wir sind nicht irgendwer. Wir sind auch nicht einfach nur Anwälte, sondern die Crème! Echte Profis! Und das bedeutet mehr als Schriftsätze abheften und komplizierte Gedankengänge formulieren. Es heißt, in allen Lebensbereichen professionell vorzugehen. Auch beim Softball.«

»Deshalb will ich auf dem Spielfeld keine bierseligen Hanswurste sehen, sondern Profis. Sieger will ich sehen! Verstanden?«

»Jawohl!« brüllten die Spieler, klopften auf ihren Softball-Handschuh und liefen auf das Feld der Ehre.

Memorex Telex hatte bereits einen Vorsprung von neun Läufen. Die Mannschaft brauchte nur noch drei, dann war das Spiel gelaufen. Leider sah es ganz danach aus, daß Memorex Telex die entscheidenden Läufe in Kürze schaffen würde.

Das Spiel war eine Komödie der Irrungen gewesen, jedoch alles andere als witzig, da Crichton die Spieler ständig mit seinem Gebrüll drangsalierte. Also vielleicht eher eine Tragödie der Irrungen?«

Christina und Candice saßen schon das ganze Spiel über auf der Ersatzbank. Obwohl sie in einer Liga für gemischte Mannschaften spielten, hatten Crichton und Rob noch keine einzige Frau auf den Platz geschickt.

Sexismus in Reinkultur. Daß Candice einen kräftigen Wurfarm hatte, war Ben schon bei den Aufwärmübungen aufgefallen, und daß Christina sehr viel besser spielte als er, wußte er ohnehin.

Und doch stand er am Mal 2 und machte alles andere als eine gute Figur.

Shelly mußte am Mal 3 die Läufer instruieren – eine Aufgabe, für die sie denkbar ungeeignet war. Da sie die Spielregeln nicht beherrschte, wußte sie gar nicht, worauf sie die Spieler aufmerksam machen mußte, und deshalb blieb sie stumm. Als Chuck nach seinem einzigen Treffer losrannte und rief, »komm ich durch, komm ich durch?«, zuckte sie nur mit den Schultern.

Chuck kam nicht durch.

»Verdammte Idiotin«, fluchte er vor sich hin. »Versteht von Softball genauso viel wie von Jura. Ich werde mich nochmal mit Crichton über sie unterhalten, und zwar demnächst. Das ist doch nicht auszuhalten, verdammt nochmal.«

Der nächste Schlagmann von Memorex Telex schlug den Ball genau über die Mitte. Er flog an Crichton vorbei direkt auf Ben zu, dem er unter dem Handschuh wegrutschte. Immerhin gelang es ihm aber, den Ball mit dem Hinterteil abzustoppen, indem er sich blitzschnell hinsetzte. Dann hob er ihn ungeschickt auf und prellte ihn. Dummerweise sprang er ihm ans Kinn. Bis er ihn schließlich dem Mann am Mal 1 zugeworfen hatte, war der gegnerische Schlagmann schon zum Mal 1 gelaufen.

Nun sah es übel aus. Ben sah sich um. Die Atmosphäre war ziemlich geladen.

Crichton stapfte zur Ersatzbank. »Jetzt ist es Zeit für meinen Glückshandschuh!« verkündete er. Er zog aus einer Kiste unter der Bank einen leuchtend orangefarbenen Handschuh hervor.

»Mit diesem Handschuh habe ich noch kein einziges Spiel verloren«, sagte Crichton und ging wieder zum Wurfmal.

Wahrscheinlich hat er noch kein einziges Mal damit gespielt, dachte Ben. Crichton und Doug – Werfer und Fänger – tauschten die üblichen Zeichen aus. Doug signalisierte Crichton, er solle nach außen werfen, doch Crichton warf über die Mitte ins Leere.

Doug holte den Ball und ließ ihn verärgert zu Crichton zurücksausen, der leider nicht aufpaßte, da er gerade einen gegnerischen Läufer einzuschüchtern versuchte. Der Ball knallte ihm an die Schläfe.

Er fiel zu Boden und hielt sich dabei den Kopf. Rob erreichte das Wurfmal als erster, Ben kam gleich hinterher. Dann kam ein völlig entgeisterter Doug angetrabt.

»Entschuldigen Sie, Mr. Crichton«, sagte er. »Mir ist nicht aufgefallen, daß Sie weggeschaut haben.«

Crichton gab keine Antwort. Er lag mit geschlossenen Augen auf dem Boden.

»Ich fürchte, das ist was Ernstes«, sagte Ben.

»O Gott«, jammerte Doug. »Gerade jetzt, wo meine Beförderung ansteht.«

»Rob«, sagte Ben, »du kennst dich doch mit Erster Hilfe aus.«

Nach kurzem Zögern beugte sich Rob über Crichton. »Verdammt! Sehen Sie die helle Flüssigkeit im Gehörgang?«

»Was ist das?« fragte Ben.

»Ich bin nicht sicher. Aber wenn es zerebrale Rückenmarksflüssigkeit ist, hat er wahrscheinlich einen Schädelbruch.«

Ben schluckte. Das hörte sich gar nicht gut an.

»Vielleicht muß er operiert werden. Helfen Sie mir, ihn auszustrecken.« Ben nahm Crichtons Beine und streckte den zusammengekrümmten Körper aus.

»Heben Sie jetzt seine Beine hoch«, wies Rob ihn an.

Ben tat es. Plötzlich flatterten Crichtons Augenlider: Er kam zu sich.

»Durst«, stieß er heiser hervor.

»Hol mal jemand was zu trinken!« befahl Rob.

Doug trabte schuldbewußt zum Spielfeldrand und kam mit einem Bier aus der Kühlbox zurück. Crichton trank gierig, die Hälfte lief allerdings auf sein T-Shirt.

»Helft mir beim Aufstehen«, murmelte Crichton. »Das Spiel ist noch nicht zu Ende.«

»Kommt gar nicht in Frage«, sagte Rob. »Sie sind verletzt.«

»Unsinn. Mir geht's gut.«

»Gut? Sie sind bewußtlos gewesen!«

»Das spielt keine Rolle. Das Spiel ist noch nicht zu Ende.«

»Für Sie schon«, beharrte Rob.

Dennoch versuchte Crichton aufzustehen, sank aber stöhnend zurück. »Ich habe mein ganzes Leben lang nie aufgegeben, und ich gebe auch jetzt nicht auf.«

»Schauen Sie, Sir«, sagte Rob. »Das richtet sich nicht gegen Sie, aber einen verletzten Werfer können wir nicht gebrauchen. Die ziehen uns doch so schon ab.«

»Vielleicht haben Sie recht.« Crichton schien über dieses ehrenvolle Schlupfloch froh zu sein. »Aber wer wird meine Stelle einnehmen? Wir haben keinen Ersatzmann.«

»Stimmt. Ich werde wohl Candice fragen müssen.«

Crichtons Gesicht schien zwar auszudrücken, daß Rob fast

genausogut einen Besenstiel hätte einwechseln können, doch er nickte widerstrebend.

»Candice«, rief Rob. »Übernehmen Sie das Wurfmal.«

Candice zuckte zusammen und stand auf. »Ich habe aber noch nie als Werfer gespielt.«

»Ich schon.« Christina sprang auf, schob Candice zur Seite, schnappte sich ihren Handschuh und ging entschlossen zum Wurfmal. »Als ich bei Swayze & Reynolds war, habe ich zweimal pro Woche als Werferin gespielt«, sagte sie. »Wir sind Meister geworden.«

Crichtons spöttischer Ton kam wegen seiner Schmerzen nicht recht zur Geltung: »War das etwa einen Damenliga?«

»Allerdings. Und jede von uns hätte euch Witzbolden allerhand beibringen können. Auf geht's. Wo bleibt der Ball?«

Inzwischen trugen Rob und Ben Crichton vom Spielfeld. Candice fuhr ihn und seine Familie zur Notaufnahme, und das Spiel wurde mit Christina am Wurfmal fortgesetzt.

Der Schlagmann amüsierte sich offensichtlich köstlich darüber, daß er nun einer Werferin gegenüberstand. Er grinste seinen Mannschaftskameraden zu, machte vielsagende Bemerkungen und hielt den Schläger nur mit einer Hand. Der erste Schlag sauste an ihm vorbei. Christinas Würfe brachten ordentlich Tempo ins Spiel.

Beim zweiten Schlag war der Typ schon sehr viel konzentrierter, hatte aber wieder keine Chance.

»Christina, Christina!« skandierte Ben.

Der Schlagmann runzelte die Stirn. Er war jetzt ganz bei der Sache – und trotzdem chancenlos.

Das Apollo-Team jubelte. Alle waren dankbar für die Verschnaufpause.

»Christina, Christina«, skandierte nun auch Rob.

Ben lief zu ihr hin und gab ihr einen Klaps auf den Hintern. Alle waren im Moment bester Laune.

Bloß Doug nicht. Er starrte ganz unglücklich die Straße hinab, auf der Candice soeben mit Crichton verschwunden war.

31

Abernathy kam fünf Minuten zu spät zu dem Gerichtstermin und brachte seine Klienten mit, Carl und June Nelson.

Das war äußerst ungewöhnlich, da bei dieser Art von Verhandlung keine Zeugen aufgerufen wurden. Es gab eigentlich keinen Grund, warum sich die beiden zum Gericht bemühen sollten – abgesehen von der Überlegung, dem Richter könnte es schwerer fallen, die Klage abzuweisen, wenn er zwei gramgebeugte Menschen vor sich sah. Und darauf lief es wohl hinaus. Wenn es Abernathy nicht gelingen sollte, mit juristischen Mitteln zu siegen, würde er es mit moralischer Einschüchterung versuchen.

Ben grüßte die Nelsons, als sie in der ersten Reihe des Zuschauerraums Platz nahmen. Sie reagierten kühl und reserviert – was wahrscheinlich auf Abernathys Konto ging. Vermutlich personalisierte er die Auseinandersetzung und machte Ben dafür verantwortlich, wenn die Klage vielleicht schon vor der Eröffnung der Hauptverhandlung abgewiesen wurde. Es war eine Schande. Die Nelsons hatten wirklich etwas Besseres verdient.

Rob saß ganz hinten im Gerichtssaal. Er würde Crichton, der noch im Krankenhaus lag, über alles haarklein berichten, das war klar. Großartig, dachte Ben. Über mangelnden Erfolgsdruck brauche ich mich also nicht zu beklagen.

Abernathy zupfte an Bens Ärmel und zog ihn beiseite.

»Haben Sie sich nicht doch noch zur Herausgabe der zehn Seiten entschlossen?«

»Der Richter hat dagegen entschieden.«

»Weiß ich, weiß ich. Nur dachte ich, Sie hätten vielleicht Gewissensbisse. Aber ich hätte es eigentlich besser wissen müssen.«

»Soweit ich weiß, handelt es sich nur um hochtechnisches Geschreibsel zu einem ganz anderen Entwicklungsprojekt. Das würde Ihnen kein bißchen weiterhelfen. Ich weiß gar nicht, warum Sie das Zeug unbedingt sehen wollen.«

»Den Grund kenne ich selber nicht so genau«, erwiderte Abernathy. »Aber jedesmal, wenn ein großes Unternehmen derartige Anstrengungen unternimmt, um etwas vor mir geheimzuhalten, schöpfe ich Verdacht.«

»Ich habe gesehen, daß Sie keine Stellungnahme zu meinem Antrag auf Einstellung des Verfahrens abgegeben haben«, sagte Ben. »Soll das heißen, Sie haben nichts dagegen einzuwenden?«

»Es heißt einfach nur, daß meiner Überzeugung nach jeder Streitfall vor zwölf Geschworenen im Gerichtssaal verhandelt werden sollte und nicht auf Papier. Ich halte überhaupt nichts von all diesen Anträgen, die ihr jungen Leute andauernd stellt.«

»Falls Sie Beweismittel vorlegen, wäre ich Ihnen dankbar, wenn Sie mir schon im voraus Einblick geben würden.«

»Ich werde meine Beweismittel in der Hauptverhandlung vorlegen.«

»Die findet vielleicht gar nicht statt, wenn Sie heute nichts vorlegen.«

Abernathy legte sich die Hände auf den voluminösen Bauch. »Wollen Sie mir etwa vorschreiben, wie ich den Fall anzugehen habe?«

»Nein. Nur halte ich die Nelsons für rechtschaffene Leute und möchte nicht, daß sie den Kürzeren ziehen, nur weil ihr Anwalt sich zu wenig um ihren Fall kümmert.«

»Das ist eine bodenlose Unverschämtheit, Kincaid.«

»Ich wollte nicht grob werden. Ich bezweifle nur, ob die Nelsons wissen, worauf sie sich da eingelassen haben. Wie sind sie überhaupt zu Ihnen gekommen? Auf einen Ihrer Werbespots haben sie doch bestimmt nicht geantwortet.«

»Nein. Ich habe meine Dienste brieflich angeboten«, sagte er herausfordernd.

»Sie haben Ihnen einen Brief geschrieben?«

»Reine Routinesache. Ich verschicke ungefähr zwanzig bis dreißig Briefe pro Tag. Ich habe jemand, der jeden Nachmittag die Polizeiberichte durchsieht und die interessanteren Unfälle herauspickt. Dann fährt er zu den Krankenhäusern und geht die Kartei der Neuaufnahmen durch.

»Ich kann mir nicht vorstellen, daß die Krankenhausverwaltungen das zulassen.«

»Wir haben gute Beziehungen zu ein paar Leuten an der Pforte.«

»Soll das heißen, Sie zahlen Bestechungsgelder?«

»So würde ich das nicht nennen.«

»Das erklärt eine ganze Menge. Vor ein paar Monaten hatte ich einen kleinen Blechschaden, und gleich am nächsten Tag habe ich Post von vier Anwälten und zwei Krankengymnasten bekommen. Jetzt weiß ich wenigstens, wie das funktioniert.«

»Unser Markt ist eben hart umkämpft«, sagte Abernathy. »Ein kleiner Anwalt muß sehen, wo er bleibt.«

»Ich habe auch eine kleine Kanzlei gehabt«, antwortete Ben, »aber Unfallopfern bin ich nicht auf die Pelle gerückt.«

»Nun, ich kann mir solchen Luxus nicht leisten. Ich habe eine Familie zu ernähren.«

»Und solch einen Brief haben Sie also auch an die Nelsons geschickt.«

»Genau genommen waren es drei – einen nach dem anderen, unter verschiedenen Geschäftsadressen. Um die Chancen zu verbessern, daß sie mich aussuchen.«

»Und als Sie die Nelsons erst mal so weit hatten, daß die Ihnen den Fall anvertrauten, haben Sie in der Sache keinen Finger mehr gerührt.«

»Ich versuche schon die ganze Zeit, im Interesse aller Beteiligten zu einem Vergleich zu kommen …«

»Genau so läuft das bei Ihnen, was? Sie arbeiten immer mit Erfolgshonoraren und ziehen so viele Mandate wie möglich an Land. Dahinter steckt die Überlegung, daß ein Teil der Fälle auch ohne ernsthafte Arbeit mit lohnenden Vergleichen enden wird. Und die Fälle, in denen kein Vergleich zustande kommt, gehen eben den Bach runter.«

»Man kann schließlich nicht jeden Fall gewinnen.«

»Besonders, wenn man es gar nicht ernsthaft versucht.«

»Kincaid, Sie vertreten einen Riesenkonzern. Woher die Sorge um die Schicksalsschläge ganz normaler Menschen? Ich weiß wirklich nicht, worüber Sie sich derartig aufregen.«

»Wie soll ich das sagen, Abernathy? Sie verkörpern für mich all das, was faul ist in unserem Rechtswesen. Mich ärgert es maßlos, daß die Öffentlichkeit die Arbeit der Juristen so wenig würdigt, daß wir eine derartig schlechte Presse haben, und daß schlechte Anwaltswitze kursieren. Und dann treffe ich jemand wie Sie, und ich brauche mich nicht mehr zu fragen, wo die Leute ihre Meinung herhaben. Das ist wirklich deprimierend.«

Der Richter rauschte in den Gerichtssaal. »Erheben Sie sich von Ihren Plätzen«, intonierte der Gerichtsdiener.

Roemer schien auf seine kühle, sachliche Art richtig in Fahrt zu sein. Das konnte bedeuten, daß er Bens Schriftsatz gelesen und überzeugend gefunden hatte. Es konnte aber auch bedeuten, daß die Sonne schien und ihn in den Southern Hills eine Golfpartie erwartete.

»Haben Sie zu Ihrem Antrag noch etwas hinzuzufügen?« fragte der Richter.

»Ja«, antwortete Ben und stand auf. Eigentlich stand alles, was er zu sagen hatte, bereits in dem Schriftsatz, doch er war lange genug als Anwalt tätig, um sich nicht darauf zu verlassen, daß der Richter seinen Antrag auch wirklich gelesen hatte.

»Laut höchstrichterlicher Rechtsprechung hat der Kläger konkrete Anhaltspunkte für die vorgebrachten Anschuldigungen beizubringen. Dies ist den Klägern im vorliegenden Fall nicht gelungen.

Die Kläger haben mehrere Tausend Seiten Apollo-Akten durchgesehen, Beweisanträge gestellt und Zeugen vernommen, wodurch dem Apollo-Konzern Kosten in Höhe von Tausenden Dollar entstanden sind. Und doch stehen sie mit leeren Händen da. Auf Kosten Apollos wurde ein gigantischer Fischzug unternommen, bei dem jedoch kein einziger Fisch gefangen wurde.

Euer Ehren, ich habe in meinem Antrag zu sämtlichen Behauptungen der Kläger Stellung genommen. Sie behaupten, das Federungssystem XKL-1 weise technische Mängel auf, der Apollo-Konzern habe seine Sorgfaltspflicht verletzt, ein angemessener Hinweis auf die Gefahr sei unterblieben. Sie können jedoch für keine dieser Behauptungen auch nur den geringsten Anhaltspunkt beibringen.

Die Kläger behaupten, daß der Apollo-Konzern für den Tod ihres Sohnes verantwortlich sei, können diese Aussage jedoch auf keine Beweise stützen. Die Nelsons haben einen schweren Schicksalsschlag erlitten, und ich bin sicher, daß wir alle mit ihnen fühlen. Doch es gibt keine Verbindung zwischen dem, was ihrem Sohn zugestoßen ist, und dem Apollo-Konzern. Die Klage sollte daher abgewiesen werden.«

»Danke, Mr. Kincaid«, sagte Roemer. Ob der Richter zufrieden war, weil ihn die Argumentation überzeugt hatte oder weil Ben sie zügig vorgetragen hatte, war schwer zu sagen. Roemer blätterte in seinen Papieren. Offensichtlich suchte er etwas.

»Mr. Abernathy, ich kann hier keine Erwiderung auf den Antrag der Verteidigung finden.«

»Äh, ich habe keine eingereicht, Sir.«

Roemer runzelte die Stirn. »Möchten Sie jetzt erwidern?«

»Ja, Sir.« Abernathy fuhrwerkte mit seinen Unterlagen herum und erhob sich. Ben schaute zu den Nelsons hinüber, die einen angeschlagenen Eindruck machten.

»Wissen Sie, Euer Ehren, ich halte nicht viel von diesen ganzen Anträgen vor der Hauptverhandlung.«

Roemer hob die Augenbrauen ein wenig.

»Ich bin der Meinung, daß es jedem Mann und jeder Frau zusteht, ihre Sache vor zwölf Geschworenen darzulegen.«

»Wenn man ihrer Theorie folgen würde«, entgegnete Roemer, »wären die Gerichte vor lauter Arbeitsüberlastung gar nicht mehr funktionsfähig. Auch so ist es schon der reinste Alptraum, all die Fälle zu erledigen, die zur Hauptverhandlung gelangen.«

»Trotzdem, Euer Ehren. Jeder Rechtsuchende verdient einen fairen Prozeß …«

»Es ist hier nicht unsere Aufgabe, über Rechtspolitik zu diskutieren, Mr. Abernathy. Der Oberste Gerichtshof hat den Rahmen abgesteckt. Haben Sie eine Erwiderung auf den Antrag der Verteidigung vorzubringen?«

»Also … Ich bin natürlich anderer Meinung …«

»Können Sie auf Tatsachen verweisen, die der Klage ihrer Mandanten eine gewisse Plausibilität verleihen?«

»Unsere Nachforschungen sind noch nicht abgeschlossen. Wir hoffen in Bälde …«

»Vielleicht haben Sie mich nicht richtig verstanden, Herr Anwalt. Ich habe gefragt, ob Sie irgendwelche Indizien nennen können. Jetzt.«

Ben vergrub das Gesicht schnell in den Händen, um sein Grinsen zu verbergen. Das lief ja wie geschmiert. Er drehte sich um. Es war nicht zu übersehen, daß auch Rob sich freute.

»Euer Ehren, es handelt sich um hochkomplizierte technische Probleme. Wir brauchen mehr Zeit …«

»Die Zeit ist um, Mr. Abernathy. Wenn Sie jetzt nichts vorzuweisen haben, ist nichts mehr zu machen.«

»Aber, Euer Ehren …«

»Mr. Abernathy. Es könnte sein, daß eidesstattliche Erklärungen Ihrer Mandanten genügen. Die werden Sie doch wohl haben?«

»Das habe ich nicht in Betracht gezogen, Sir …«

»Das ist völlig absurd. Sie verfügen über keinerlei Beweismaterial, und sie werden wohl auch keines finden, wenn es Ihnen nicht zufliegt. Dieser Fall ist entscheidungsreif.«

»Herr Richter, darf ich …«

»Überreif. Dies ist ein Musterbeispiel für die Art von Fällen, die der Oberste Gerichtshof mit seiner Entscheidung unterbinden will. Hier wird mit haltlosen Behauptungen eine unbescholtene Firma in ein unsinniges, teures Verfahren verwickelt. Die Klage ist abgewiesen.« Zur Bekräftigung klopfte er mit dem Hammer auf den Tisch.

Ben erhob sich. »Danke, Euer Ehren.«

»Die Verhandlung ist geschlossen.« Alle erhoben sich, und Roemer verließ den Saal.

Ben war ganz elektrisiert. Welch ein Erfolg! Zwar würde Abernathy wohl Widerspruch einlegen, doch er hatte keine Chance.

Ein großer Sieg, und was noch besser war, ein Sieg unter den Augen eines Abgesandten des Chefs. Als er sich umwandte und auf Rob zuging, fiel ihm auf, daß die Nelsons immer noch regungslos in der ersten Reihe saßen.

June Nelsons Lippen bewegten sich. Ben verstand nicht, was sie sagte. Er beugte sich zu ihr hinab. Ganz leise sagte sie immer wieder dasselbe.

»Mein Sohn … mein Sohn … Sie haben mir meinen Sohn genommen.«

Carl Nelson nahm sanft ihren Arm. »Die Vorstellung ist zu Ende, June. Komm, wir gehen.«

Sie reagierte nicht. »Das interessiert keinen … Sie haben mir meinen Sohn genommen …«

Sachte zog Carl sie auf die Füße und steuerte mit ihr auf den Ausgang zu.

»Wird es gehen?« fragte Ben.

»Ja. Die Sache hat meine Frau natürlich sehr mitgenommen. Es ist nicht leicht, wenn man den Sohn verliert. Und dann tut der Richter den Fall einfach so ab …« Seine Stimme versagte. Er holte tief Luft. »Das ist gerade so, als würde er sagen, das geht schon in Ordnung, die haben alles richtig gemacht. Und keiner interessiert sich dafür, daß unser Sohn nicht mehr da ist.«

Ben war den Tränen nahe. »Es tut mir leid«, sagte er leise.

Carl Nelson legte ihm die Hand auf die Schulter. »Schon gut, mein Junge. Sie haben nur ihre Arbeit gemacht.«

Sie schlurften an Ben vorbei aus dem Gerichtssaal.

32

Tomlinson wartete vor dem Café in der Eleventh Street in seinem Wagen und trommelte mit den Fingern auf das Lenkrad. Er wartete schon seit Viertel nach acht. Vielleicht war das übervorsichtig, doch er wollte kein Risiko eingehen. Er war ganz nah dran. Er würde den Mörder fassen und Morelli ein für alle Mal beweisen, daß er das Zeug zur Mordkommission hatte. Nur durfte er den Ball nicht kurz vor dem Tor noch verstolpern.

Tomlinson sah auf die Uhr am Armaturenbrett. Fünf nach neun. Trixie hatte Verspätung. Nur mit der Ruhe, sagte er sich. Trixie war ein junges Mädchen, und seit wann waren Teenager pünktlich? Dennoch machte es ihn nervös. Zu viele potentielle Zeugen waren bereits gestorben. Er würde nicht zulassen, daß auch Trixie starb und ihr Geheimnis mit ins Grab nahm.

Er tastete die Umrisse des Revolvers ab, den er in einem Schulterhalfter unter seiner Jacke trug. Wenn jemand merkte, daß er eine Waffe aus dem Arsenal mitgenommen hatte, war der Teufel los, denn beim Telefondienst kam man in der Regel ohne Knarre aus. Doch Trixie war in Gefahr, und er war fest entschlossen, sie zu schützen. Sie war ein sympathisches Mädchen. Er wollte sich lieber gar nicht vorstellen, was sie in ihrem Alter dazu getrieben hatte, auf die Straße zu gehen. Jedenfalls war ihr kurzes Leben bisher schon hart genug gewesen. Wenn es nach ihm ging, sollte sich das ändern.

Tomlinson hoffte nur, daß Trixie bald kam. Er wurde allmählich nervös. Außerdem hatte er Karen versprochen, nicht die ganze Nacht wegzubleiben – wie gestern und vorgestern und vorvorgestern. Er konnte sich nicht einmal mehr erinnern, wann er das letzte Mal einen Abend mit Kathleen verbracht hatte. Inzwischen war er nur noch zu Zeiten zuhause, in denen sie garantiert schlief. Genau das hatte er nie werden wollen: Einer, der nur arbeitete und keine Zeit für die Familie hatte. Wie sein Vater.

Er kurbelte die Scheibe hinunter und lauschte den disharmonischen Klängen der Großstadt. Wenn es ihm gelang, diesen einen Fall zu lösen und den Mörder hinter Gitter zu bringen, dann würde er befördert werden und er konnte wieder ein normales Leben führen. Mehr wollte er gar nicht. Warum war es nur so schwierig, dies zu erreichen?

Um zehn nach neun öffnete Trixie die Tür des gegenüberliegenden Gebäudes. Sie trug ausgefranste Jeans mit Löchern über den Knien, ein weißes, verkehrt herum angezogenes T-Shirt und große goldene Ohrringe. Eigentlich sah sie ganz normal aus – ein junges Mädchen, wie man ihnen zuhauf in jedem Einkaufszentrum begegnet. Wenn es nur so wäre.

Sie ging zwischen zwei geparkten Autos hindurch und betrat die vierspurige Straße. Als sie genau in der Mitte war, hörte Tomlinson plötzlich Reifen quietschen. Ein großer schwarzer Transporter, der am Bordstein stand, scherte aus und raste mit unglaublicher Geschwindigkeit genau in der Mitte die Straße hinunter. Worauf er zielte, war klar.

»Trixie!« brüllte Tomlinson.

Als Trixie nach oben blickte, sah sie die Scheinwerfer des Transporters auf sich zurasen. Völlig verstört taumelte sie nach hinten.

»Trixie! Schnell!«

Sie lief stolpernd zum Straßenrand zurück und sprang auf die Haube eines geparkten Autos. Schon schrammte der Transporter mit einem metallischen Kratzen an dem Wagen entlang. Funken sprühten. Das geparkte Auto begann zu schaukeln. Trixie ließ sich zur Seite rollen und landete auf dem Bordstein.

»Warte, Trixie! Ich komme!«

Doch Trixie wartete nicht. Sie rannte wieder ins Haus. Mit einem Schlag gingen alle Lichter in dem Gebäude aus.

Tomlinson rannte über die Straße. Den Transporter zu verfolgen, wäre völlig sinnlos gewesen. Er betrat das hohe, schmalbrüstige, nun vollkommen dunkle Haus.

Durch hohe Fenster drang ein Schimmer des Mondscheins. Trotzdem sah Tomlinson kaum die Hand vor den Augen.

»Trixie! Hier ist Tomlinson. Der Polizist.«

Keine Reaktion. Natürlich nicht. Sie konnte schließlich nicht wissen, wer da im Erdgeschoß herumschlich, und sie kannte ihn noch nicht lange genug, um seine Stimme zu erkennen. Woher sollte sie wissen, ob er nicht der Verrückte aus dem Transporter war? Vielleicht meinte sie sogar, er habe sich mit ihr verabredet, um sie umzubringen. Nein, sie würde auf keinen Fall aus ihrem Versteck kommen.

»Ist hier sonst noch jemand?« Keine Antwort.

Wahrscheinlich war sonst wirklich niemand da. Die anderen Mädchen arbeiteten und ihr Zuhälter wohnte im Haus gegenüber. Aller Wahrscheinlichkeit nach waren nur er und Trixie im Haus.

Langsam gewöhnten sich seine Augen an die Dunkelheit. Jetzt konnte er die schattenhaften Umrisse der Treppe sehen, die ins Obergeschoß führte. Gegenüber war das Wohnzimmer. Nichts Elegantes. Einfach nur ein Fernsehapparat und ein altes abgeschabtes Sofa. Vom Wohnzimmer ging er in die Küche und dann wieder auf den Flur, ohne jemand zu finden.

Tomlinson stieg die Treppe hinauf. Die Stufen knarrten unter seinen Füßen, was in dem dunklen Raum unheimlich wirkte. Er bewegte sich sehr vorsichtig, um nicht irgendwo ins Leere zu treten und hinunterzufallen. Trotz der Dunkelheit war ihm nicht entgangen, daß dieses Haus ein übles Loch war. Verdreckt, schlecht belüftet, eigentlich unbewohnbar – und doch verlangte Trixies Boß für ein Zimmer wahrscheinlich mehr, als Tomlinson sein ganzes Haus kostete. Dadurch erhöhte er seinen Anteil am Gewinn.

Oben angekommen, stieß Tomlinson auf einen Lichtschalter und betätigte ihn, doch alles blieb dunkel, Trixie hatte also die Sicherung herausgedreht.

Nach beiden Seiten erstreckte sich ein langer Flur. Die Abstände zwischen den Türen, die Tomlinson ausmachen konnte, waren sehr klein. Die Zimmer konnten nicht viel größer als Wandschränke sein. Platz für ein Bett und eine Kleidertruhe.

Er öffnete die Tür zum ersten Zimmer auf der linken Seite. »Trixie. Ich bin wirklich nicht der …«

Plötzlich hörte er einen Schrei und irgend etwas fiel ihm ins Gesicht. Tomlinson stolperte ein paar Schritte zurück. Er war völlig desorientiert und hatte panische Angst. Das Ding schien sich an ihn zu klammern. Jetzt ritzte ihm etwas die Haut auf. Verzweifelt schlug er um sich, versuchte sich loszureißen, griff nach oben – es war eine Katze.

Er packte das Biest am Pelz und schleuderte es durch den Raum. Obwohl er schweißnaß war und am ganzen Körper zitterte, mußte er lachen. Eine verdammte Katze, die ihn angesprungen und ihm das Gesicht zerkratzt hatte! Weiter nichts! Und ihm war beinahe das Herz stehen geblieben.

Die Dunkelheit zerrte offenbar an seinen Nerven. Sein

Atem ging keuchend. Das Hemd klebte ihm am Körper. Wenn er doch irgendwo Kerzen oder eine Taschenlampe finden würde. Vielleicht sollte er im Auto eine holen.

Nein, das ging nicht. Sonst verschwand Trixie auf Nimmerwiedersehen. Er mußte sie finden, und zwar jetzt. Noch hatte er die Chance, ihr Vertrauen wiederzugewinnen.

Er hörte ein Geräusch im Erdgeschoß, das er nicht recht einordnen konnte. Es kam wohl von der Katze, die vor dem Monster, mit dem sie soeben zusammengestoßen war, das Weite suchte. Trixie konnte es nicht sein. Er hätte sie die knarrende Treppe hinuntergehen hören.

»Trixie! Bitte, komm her. Mach die Sicherungen wieder rein, damit wir ...«

Plötzlich schoß ihm ein Gedanke durch den Kopf. Vielleicht war das da unten gar nicht die Katze gewesen. Vielleicht ...

Er erstarrte. Seine Brust hob und senkte sich. Zu einer anderen Bewegung war er nicht mehr fähig. Was war, wenn nicht die Katze hinausgelaufen, sondern jemand anders hereingeschlüpft war?

Er spannte sämtliche Muskeln an, um seine Erstarrung zu überwinden, und lief zum Fenster. Tatsächlich! Keine fünf Meter vom Haus stand ein schwarzer Transporter mit getönten Scheiben.

Tomlinson hätte sich selbst ohrfeigen können. Der Fahrer des Transporters war nicht etwa davongerast, nein, er war hier, im Haus. Irgendwo im Dunkeln.

So leise wie möglich schlich Tomlinson zurück auf den Flur. Es war unheimlich still. Aber war da nicht doch etwas – ganz leise und regelmäßig? Schritte oder ein regelmäßiges Atmen? Oder bildete er sich das nur ein?

»Trixie?« flüsterte er. »Bist du das? Dann komm bitte zu mir her. Zusammen sind wir sicherer. Ich kann dich schützen.«

Das Geräusch verstummte, und erste dieses Verstummen gab Tomlinson die Sicherheit, daß es da gewesen war.

»Trixie?« flüsterte er noch einmal.

Wenn es Trixie war, so rührte sie sich nicht. War es vielleicht doch der andere? Nein. Der Fahrer des Transporters konnte unmöglich heraufgekommen sein. Die Treppe knarrte viel zu sehr. Tomlinson hätte ihn auf jeden Fall gehört.

Tomlinson griff nach seinem Revolver, preßte sich an die Wand und versuchte, mit den Augen die Dunkelheit zu durchdringen.

Da war nichts. Nichts und niemand. Erleichtert ließ er die Luft aus seinen Lungen entweichen. Wie lange hatte er den Atem wohl angehalten? Er stellte sich oben an die Treppe. Ja, das war eindeutig der beste, sicherste Platz. Wenn er hier stand, kam der Unbekannte auf keinen Fall unbemerkt herauf, und Trixie kam nicht hinunter – sonst müßte sie schon durch ihn hindurchgehen.

Sein Selbstvertrauen kehrte zurück. Endlich hatte er eine vernünftige, im Grunde narrensichere Strategie. Er schämte sich fast, nicht eher darauf gekommen zu sein. Er hatte sich in der Dunkelheit keinen klaren Kopf bewahrt. Seine Fähigkeiten als Polizist hatten darunter gelitten. Nun brauchte er sich keine Sorgen mehr zu machen. Jetzt konnte eigentlich nichts mehr passieren …

Die Hände schlossen sich zu einem Würgegriff um seinen Hals und schnitten ihm die Luft ab. Ein wuchtiger Schlag traf ihn in den Bauch. Tomlinson versuchte, seinen Revolver herauszuziehen, doch einer der beiden Hände packte ihn und brach ihm die Finger. Der Revolver fiel auf den Boden. Er hatte unerträgliche Schmerzen. Ihm wurde schwindlig und speiübel.

Auf einmal war es noch dunkler als zuvor. Etwas Dünnes, Kaltes war ihm über den Kopf gezogen worden. Es knisterte wie Plastik. Er rang nach Atem, sog dadurch aber nur die Plastikfolie an seinen Mund und bekam erst recht keine Luft mehr. Er versuchte sich loszureißen, konnte sich aber nicht rühren. Der Angreifer mußte ungeheuer stark sein.

Daß Tomlinsons Beine nachgaben und über die oberste Stufe rutschten, änderte nichts: Die starken Hände hielten ihn in der Senkrechten.

Um seinen Hals zog sich etwas Dünnes zu. Tomlinson wußte, daß es zu Ende ging. Er versuchte seinen Peiniger mit den Beinen zu treffen, trat aber nur ins Leere. Er war vollkommen hilflos.

Trixie! wollte er schreien, brachte aber keinen Laut heraus. Sein Bewußtsein verblaßte. Vor seinen Augen tanzten weiße Punkte. Was würde aus Karen und Kathleen werden? Er wollte weinen, er wollte um Gnade betteln, aber auch das konnte er nicht.

Und dann wurde es auf einmal ganz dunkel.

Dritter Teil

Ins Chaos

33

Der Mann stieg in der Eleventh Street aus seinem Transporter und ging über die Straße zu dem Café. Seine schwarzen Stiefel klapperten auf dem Pflaster. Der Wind zerzauste sein akkurat gekämmtes Haar. Ärgerlich strich er die verirrten Strähnen wieder glatt.

Er öffnete die Glastür, ging zur Theke und winkte der Bedienung lächelnd zu.

»Entschuldigen Sie bitte. Haben Sie gestern auch hier gearbeitet?«

»Allerdings.« Sie steckte ihren Block in die Schürze und lehnte sich an die Theke. »Wieso? Hast du dich in mich verliebt und willst mich heiraten?«

»Nein«, grinste der Mann. »Aber was nicht ist, kann ja noch werden. Im Moment suche ich jemand anders.«

»So, so.« Sie wischte sich die Hände an einem Geschirrtuch ab. »Aus einem bestimmten Grund? Du bist doch hoffentlich kein Bulle?«

»Nein. Absolut nicht.« Er nahm ein Polaroid-Foto aus der Tasche und reichte es der Frau. »Dieses Mädchen suche ich. Trixie, wenn ich nicht irre.«

Die Frau warf einen Blick auf das Foto und gab es zurück. »Was willst du denn von Trixie?«

»Ich schulde ihr noch Geld. Ich bin … na ja, ich bin Kunde bei ihr. Genauer gesagt, eine Art Stammkunde. Letztes Mal hatte ich nicht genug Geld bei mir, und das will ich jetzt begleichen.«

»Sonny hat dich gehen lassen, obwohl du nicht voll bezahlt hast? Also den kenne ich anders.«

»Eben. Deshalb ist es ja so wichtig, daß ich Trixie schnell finde. Ich möchte nicht, daß sie Ärger bekommt.«

Die Augen der Frau verengten sich zu schmalen Schlitzen. »Bist du sicher, daß du nicht noch was anderes willst?«

Nach kurzem Zögern antwortete der Mann: »Ihnen kann

ich also nichts vormachen, stimmt's? Ich dachte, ich könnte ihr das Geld bringen und gleichzeitig ein neues Rendezvous vereinbaren.«

»Hast du diesmal genug Geld?«

»Ja. Eigentlich dachte ich an einen dieser kostspieligen Picknick-Ausflüge auf den Spielplatz. Mit ein paar Freunden von mir.«

»Auf den Spielplatz? Was um alles in der Welt willst du denn da draußen?«

»Mich auf die Suche nach der Ewigkeit machen«, sagte der Mann. »Die letzten Hürden überspringen. Endlich fühlen, daß ich etwas zum Abschluß bringe.«

»Klingt irgendwie seltsam.«

»Tut mir leid. Hin und wieder geht die Metaphysik mit mir durch. Können Sie mir sagen, wo ich Trixie finde?«

»Normalerweise direkt gegenüber, auf der anderen Straßenseite. Heute scheint sie aber nicht da zu sein. Gestern habe ich sie auch nicht gesehen, wenn ich's mir recht überlege.«

»Haben Sie eine Ahnung, wo sie sein könnte?«

»Nee. Sie meldet sich bei mir weder an noch ab.«

»Nun, falls Sie Trixie sehen, könnten Sie ihr bitte sagen, daß ein Freund nach ihr sucht. Ich frage morgen noch mal nach.«

»Tu das, Süßer. Weit kann sie nicht sein.«

Die Bedienung sah dem gutaussehenden Mann nach, wie er das Café verließ, in seinen Transporter stieg und davon fuhr.

Als er eindeutig weg war, beugte sie sich auf den Boden hinab und flüsterte: »Hast du alles verstanden?«

Trixie kroch unter der Theke hervor und rieb sich den Schmutz von den Knien. »Ja. Jedes verlogene Wort.«

»Konntest du sehen, wie er aussieht?«

»Nein. Ich habe nur seine Stimme gehört.«

»Seine Augen hättest du sehen sollen. Die meiste Zeit hat er ja ganz normal gewirkt. Hübsch und nett. Bloß als er so geschraubt dahergeredet hat, da hat er mal eine Sekunde lang die Maske fallen lassen. Da bin ich echt erschrocken, als ich in seine Augen gekuckt habe.«

»Du machst mir Angst, Marge.«

»Was willst du jetzt machen?«

»Ich weiß es nicht. Aber ich muß weg hier, das ist klar.«

»Was sagt Sonny? Der müßte sich doch um dich kümmern.«

»Der kümmert sich nur um sich selber. Der meint, ich sollte längst auf der Straße sein.«

»Da findet dich dieser Typ doch sofort.«

»Ich weiß. Ich muß mich irgendwo verstecken.«

»Hast du keine Verwandten?«

»Hier in der Gegend nicht. Und zu meinem Vater gehe ich auf keinen Fall zurück. Ganz egal, was passiert.«

»Vielleicht solltest du in Urlaub fahren. Hast du Geld?«

»Dafür reicht's nicht.« Sie streckte die Beine aus, achtete aber darauf, daß man sie von draußen nicht durch das Fenster sehen konnte. »Marge, könntest du mich vielleicht bei dir unterbringen? Nur ein paar Tage.«

»Tut mir leid, Trixie. Ich würde fast alles für dich tun, das weißt du. Aber ich habe zwei Kinder. Ich kann nicht riskieren, daß ein Psychopath sich auf unser Haus einschießt.«

»Aber der bringt mich um!« Tränen schossen ihr in die Augen. »Hast du gehört, was er mit diesem netten Polizisten gemacht hat?«

Marge nickte voller Ingrimm. »Ja, das habe ich gehört. Gerade darum kann ich es nicht machen.« Nach einer Weile fügte sie hinzu: »Liebes, vielleicht solltest du mit der Polizei reden.«

»Mach keine Witze.«

»Nein, ganz im Ernst.«

»Damit die mir auch noch eine reinwürgen können?«

»Vielleicht können sie dir helfen.«

»Ich bin schon mal zur Polizei gegangen. Rausgekommen ist dabei nur, daß man mich hinterher halbtot geschlagen hat. Wann hat die Polizei jemand wie mir schon mal geholfen? Jetzt sind schon vier von uns tot. Vier! In weniger als drei Wochen. Und die Polizei hat nichts erreicht.«

Marge warf das Geschirrtuch auf die Theke. »Irgendwas mußt du unternehmen, Liebes. Je früher, desto besser.«

»Trixie blieb auf dem Boden sitzen. Sie hatte die Arme um die Knie geschlungen und schaukelte vor und zurück. »Ja, Marge, ich weiß.«

34

Ben, Christina und Jones fuhren im gläsernen Aufzug des Apollo-Hochhauses nach oben. Es war kurz vor ein Uhr früh. Die Nacht war bedeckt, man sah keinen Mond und keine Sterne. Komischerweise ging es Ben relativ gut. Die Dunkelheit beschwichtigte wohl seine Höhenangst.

»Ich habe immer noch meine Zweifel, ob das wirklich eine gute Idee war«, sagte er nervös.

»Kriegst du kalte Füße, Boß?«

»Mach dir mal keine Sorgen um Ben«, sagte Christina. »Der war schon immer ein Angsthase. Trotzdem bringt er derartige Manöver stets elegant über die Bühne.«

»Und aus irgendwelchen Gründen immer mit dir«, fügte Ben hinzu. »Ich dachte, wir hätten Einbrüchen für alle Zeit abgeschworen.«

»Das ist ja wohl kein Einbruch«, antwortete sie. »Schließlich arbeiten wir hier.«

»Deshalb dürfen wir noch lange nicht um ein Uhr nachts hier herumschleichen. Die Erlaubnis zum Durchsuchen des Zentralcomputers würden wir erst recht nicht erhalten.«

»Wenn wir fragen würden.« Christina lächelte. »Nur keine Bange, Jones. Ben ist ein großartiger Einbrecher. Und wer sollte uns zu nachtschlafender Zeit hier finden?«

»Ich mache mir keine Sorgen«, antwortete Jones. »Wenn die mich schnappen, geb' ich einfach dem Boß die Schuld.«

Ben wurde aufmerksam. »Ach ja?«

»Ich sag einfach, ich hatte keine Ahnung, daß wir was Verbotenes machen. Ben hat mich nur gebeten, ihm behilflich zu sein, weil er mit dem Computer nicht klarkommt. Woher soll ich wissen, daß das ein krummes Ding ist?«

Es gongte, und die Aufzugtüren gingen auf. »Da fällt mir

aber ein Stein vom Herzen, wenn dir nichts passieren kann«, sagte Ben. »Gehen wir.«

Sie gingen den Korridor entlang, der zu Bens Büro und zum Computerraum führte. Alle drei trugen gut eingelaufene Turnschuhe, die nicht quietschten.

Ben hörte plötzlich ein lautes Klopfen. Er blieb abrupt stehen und bedeutete den beiden anderen, sich ebenfalls nicht mehr zu rühren. »Was war denn das?« flüsterte er.

»Jedenfalls war es da vorne im Flur.«

»Na, prima. Genau unsere Richtung.« Ben runzelte die Stirn und schlich auf Zehenspitzen weiter. Das Klopfen setzte wieder ein.

Er schlich näher heran. Auf einmal sah er Herb, der splitternackt vor seinem Büro stand und gegen die Tür trommelte. Herbert der Scharfe war wieder in Aktion.

»Verdammt nochmal!« rief Herb durch die geschlossene Tür. »Das ist wirklich nicht witzig! Was ist, wenn jemand kommt?«

Ben hörte eine gedämpfte Stimme, konnte das Gesagte aber nicht verstehen. Es handelte sich aber zweifellos um eine weibliche Stimme. Vielleicht hatte es Herb mit seinen Schimpfworten bei Candice übertrieben.

»Laß mich rein!« rief er und hämmerte wieder an die Tür. »Komm schon!« Die Tür blieb geschlossen. »Es tut mir leid. Du hast überhaupt nicht zugenommen. Ich wollte dich bloß necken. Du siehst blendend aus.«

Wieder wartete er, und wieder kam von der anderen Seite keine Reaktion. »Du kannst es doch nicht so schamlos ausnutzen, wenn ich mal über den Flur aufs Klo gehe.« Enttäuscht ließ er den Kopf hängen. »Was ist, wenn jemand aus dem Aufzug kommt …«, jammerte er und drehte den Kopf in die entsprechende Richtung. Dabei sah er Ben auf dem Boden kauern. »Herrgott!«

Herb versteckte sich so gut es ging hinter einem Schreibmaschinentisch. »Kincaid, Sie schon wieder!«

Ben richtete sich auf. »Machen Sie das eigentlich andauernd? Wo liegt das Problem, Herb? Können Sie sich kein Hotelzimmer leisten?«

»Das geht Sie überhaupt nichts an. Was machen Sie überhaupt hier?«

»Ich wollte vor der Sitzung morgen früh noch etwas erledigen.«

»Klingt nicht sonderlich überzeugend.«

»Ach, nein? Na, wenigstens habe ich meine Hose an.«

Herb knurrte böse. »Hören Sie, ich will nicht, daß diese Geschichte die Runde macht und am Ende bei Crichton landet.«

»Hhmm. Ich könnte das Thema natürlich auch morgen bei der Sitzung auf die Tagesordnung setzen lassen.«

»Ha, ha, ha. Mensch, Kincaid, wir werden uns doch nicht gegenseitig reinreiten!«

»Na schön.« Ben ging den Weg, den er gekommen war, grinsend zurück. Herbs Getrommel setzte wieder ein, bis endlich die Tür aufgeschlossen wurde.

Zu Bens Verblüffung kam ihm plötzlich Candice auf halbem Weg entgegen, als er den Korridor zurückging. Sie steuerte auf Herbs Büro zu.

»Candice!« rief er ungläubig.

»Ganz recht. Was ist denn?«

»Ich dachte … also, ich war der Meinung …«

»Nun mal langsam, Kincaid. Was wollen Sie denn sagen?«

»Ich … Ach, lassen wir das. Was machen Sie denn hier mitten in der Nacht?«

»Ich suche Herb. Haben Sie den Oberarsch vielleicht gesehen?«

Ben spürte, daß ihm der Schweiß auf die Stirn trat. »Ich glaube, er ist in seinem Büro.«

Sie verengte ihre Augen zu schmalen Schlitzen. »Allein?«

»Nein, ich glaube nicht.«

»Dieser Mistkerl. Ich hätte es mir ja denken können.«

»Ich will Ihnen nicht dreinreden, Candice«, sagte Ben, »aber ich finde, je weniger Sie mit Herb zu tun haben, desto besser.«

»Sie haben leicht reden. Wenn man gleich als S4-Anwalt eingestellt wird …«

»Als was?«

203

»Als Anwalt der Stufe vier. Zwei Stufen und zwanzigtausend Dollar über mir. Ich arbeite seit fünf Jahren hier, und Crichton hat alle Männer in der Abteilung in regelmäßigen Abständen befördert. Mich nicht.«

»Warum nicht?«

»Weil ich ihr Spielchen nicht mitgespielt habe. Ich habe mich eben mit meinen Vorschlägen nicht hinter Männern versteckt, um dann ruhig zuzuschauen, wie die das Lob einstreichen. Und dann war da noch das Dauerproblem Herb.«

»Ich weiß nicht recht, wie Sie das meinen.«

»Herb ist mir vom ersten Tag an auf die Pelle gerückt. Zunächst mit blöden Ratschlägen und Fragen. Ich sollte mich gefälligst weiblich kleiden. Fragte mich, wozu ich wohl bereit wäre, um mir das Wohlwollen meiner Chefs zu sichern. Außerdem hat er mich dauernd befummelt und anzügliche Witze gerissen. Dann wurde er kühner. Ob ich mir bei ihm Pornos anschauen will, hat er gefragt. Ob ich nicht manchmal den Drang verspüre, mit bestimmten Kollegen zu bumsen. Ob ich's gern mit Frauen mache oder für mich allein. Es war widerlich. Ich habe ihn aber immer abblitzen lassen.«

»Gut.«

»Das sagt sich so leicht. Dann ist er dazu übergegangen, mich in der ganzen Abteilung schlechtzumachen. Auch bei Crichton. Ich habe Herb zur Rede gestellt und gefragt, was das soll. Er gab mir deutlich zu verstehen, daß ich auf keinen grünen Zweig kommen würde, solange Kollegen wie er mich als unausstehliche Schlampe darstellten. Er erklärte sich bereit, ein positives Bild von mir zu zeichnen. Das hätte freilich seinen Preis.«

»Sie sind doch nicht etwa darauf eingegangen?«

»Ich habe mich jahrelang gewehrt. Aber als ich dann sah, daß Arschlöcher wie Chuck und Doug zum S3- und S4-Anwalt aufstiegen, während ich immer noch auf Stufe 1 war, dachte ich, was soll's.« Sie machte eine fahrige Handbewegung. »Ich habe Herb gegeben, was er wollte.«

»Und?«

»Vier Monate später war ich S2-Anwältin. Die erste und einzige Frau, die je in Crichtons Abteilung befördert worden ist. Das war natürlich eine Alibi-Beförderung. Crichton mußte mit rechtlichen Problemen rechnen, wenn er nicht wenigstens einer Frau einen Knochen hinwarf.«

»So war das also mit Ihnen und Herb.«

»Ja. Herbert der Scharfe.« Sie lachte bitter. »Ich hasse ihn. Haben Sie geglaubt, die ganzen Wortgefechte zwischen mir und Herb seien reine Scheingefechte gewesen? Für mich bestimmt nicht! Vielleicht nicht mal für ihn. Aber jetzt ist endgültig Schluß. Ich bin hergekommen, um ihm das zu sagen. Ich weiß nur zu gut, daß er mich beruflich nach wie vor fertigmachen kann, aber ich halte es einfach nicht mehr aus.«

»Ich glaube, Sie gehen jetzt besser nicht zu ihm rein.«

»Keine Sorge. Um so besser, wenn ich ihn in flagranti erwische. Das macht die Sache leichter. Vielleicht kann ich ihn sogar damit erpressen. Sie haben nicht zufällig eine Kamera dabei?« Ben schüttelte den Kopf. »Schade. Ich geh' jetzt da rein.«

»Ich weiß wirklich nicht, ob das ratsam ...«

Ohne Bens Einwand zu registrieren, marschierte sie bereits schnurstracks auf Herbs Büro zu. Ben verschwand schleunigst in die entgegengesetzte Richtung und stieß wieder zu seinen Leuten.

»Was ist denn da drüben los?« fragte Christina.

»Später.«

»Später? Dann schau' ich mir das eben selber an.«

Ben hielt sie am Arm fest. »Glaub mir, Christina, das ist ganz und gar unerquicklich. Außerdem fliegen da garantiert gleich die Fetzen.«

Er schob sie in die andere Richtung. »Komm, wir können auch andersherum gehen.«

Sie gingen leise am Aufzug vorbei zum anderen Korridor. Ben kam es so vor, als hätte er weiter vorne ein Geräusch gehört – wie wenn sich etwas bewegt hätte. Er drückte sich mit dem Rücken an die Wand und bewegte sich ganz langsam auf die Ecke zu.

»Sei vorsichtig«, flüsterte Christina. »Ich hab's auch gehört.«

Ben atmete ganz regelmäßig, um seinen rasenden Puls zu

beruhigen. Dieses andauernde Herumschleichen setzte ihm mächtig zu. Dabei war die Heimlichtuerei im Grunde sinnlos. Wer hatte ihn nicht schon alles gesehen? Er fuhr um die Ecke herum und prallte mit einem Mann zusammen.

»Uuhh!« Der Mann zuckte zusammen.

»Uuhh!« erschrak auch Ben.

Nach dem ersten Schock erkannte ihn Ben. »Loving?«

Es war tatsächlich Bens privater Ermittler aus früheren Tagen. Er trug Jeans und ein T-Shirt.

»Was machst du denn hier?«

»Ich decke eure Rückfront«, antwortete Loving. »Wäre ja möglich, daß ihr Schutz braucht.«

»Wenn du unsere Rückfront deckst, warum bist du dann vor uns?«

»Weil ihr andauernd die Richtung wechselt!«

»Ich bitte vielmals um Vergebung. Wie bist du denn heraufgekommen. Ich habe den Aufzug nicht gehört.«

»Den habe ich auch nicht genommen. Ich bin durchs Treppenhaus heraufgekommen.«

»Von ganz unten? Du mußt ja fix und fertig sein.«

»Kleinigkeit«, sagte er und tat so, als ob er gar nicht außer Atem war.

»Warum setzt du dich nicht erst mal zum Verschnaufen eine Weile hin. Wir müssen gleich weiter.«

»Kommt gar nicht in Frage. Womöglich braucht ihr einen starken Arm. Ich weiche keinen Zentimeter von euch.«

Ben ergab sich in das Unvermeidliche. Resigniert forderte er Loving zum Mitkommen auf und führte seine Leute über eine Reihe von Fluren an seinem Büro vorbei zum Computerraum. An der Wand entlang standen eine ganze Reihe Computerterminals und Drucker, Mitten im Raum befand sich ein weitaus größerer Terminal.

»Das muß der Zentralcomputer sein«, sagte Jones. »Der steuert wahrscheinlich den ganzen LAN.«

»Meinst du, daß du reinkommst?«

Jones ließ seine Finger spielen. »Machen wir mal einen Versuch.« Er setzte sich an den Terminal und schaltete den Prozessor an. »Aha. Der geht gleich ins Dateiverzeichnis von

Word Perfect. Ich will gleich mal sehen, ob vielleicht eine Datei dabei ist, die Hamel interessiert haben könnte.«

Erst jetzt merkte er, daß die Tastatur in ein Holzkästchen eingeschlossen war. »Oh«, sagte er. »Da will jemand verhindern, daß Unbefugte mit dem Computer spielen.«

»Heißt das, die haben Dreck am Stecken?«

»Nicht unbedingt. Unternehmen treiben allgemein einen ziemlichen Aufwand, um Betriebsgeheimnisse zu schützen. Wenn jeder Hacker drankommen würde, hätten sie nämlich bald keine mehr.«

Ben inspizierte das flache Holzkästchen. »Ich glaube kaum, daß wir das ohne Schlüssel aufkriegen.«

»Darf ich mal?« fragte Loving. »Seht ihr, schon braucht ihr einen starken Mann.« Loving hielt die Hand über das Holzkästchen, streckte die Finger und konzentrierte sich. Dann schlug er mit der Handkante fest auf den Holzdeckel.

»Au, verdammt!« schrie er. »Tut das weh.«

»Hast du dich mal mit Karate beschäftigt?«

»Nein. Aber die Typen in den Filmen machen's doch immer so.«

»Jones, hat der Deckel nachgegeben?«

»Nein. Das Kästchen ist unversehrt.«

»Mist«, sagte Ben. »Das kriegen wir nie auf. Die ganze Aufregung und das Risiko – alles für die Katz!«

»Nicht verzagen, Christina fragen. Seht, was ich gefunden habe.« Christina hielt einen Messingring hoch, an dem ein einsamer Schlüssel baumelte.

»Wo hast du denn den gefunden?«

»Hinter dem Schrank dort. Da wird der Ersatzschlüssel verwahrt.«

»Wcher weißt du das?«

Christina schaute zur Decke hinauf. »Ach, ich habe neulich mal in der Mittagspause Marilyn von der Buchhaltung ein Essen spendiert, und da ist das Gespräch dann irgendwie auf das Computersystem von Apollo gekommen, und dann kam eins zum anderen.«

»Wir gemein von dir, uns nichts davon zu sagen.«

»Na, ja. Mir kam es jedenfalls etwas dürftig vor, einfach zu sagen, ›jetzt schleichen wir uns da mal ein, dann werden wir schon sehen‹.«

»Ohne dich wären wir jetzt total aufgeschmissen.« Ben schloß das Kästchen auf und holte die Tastatur heraus, und Jones begann sofort, Befehle einzugeben.

»Sehr gut«, sagte er. »Die Dateien sind alphabetisch geordnet. Jede hat einen Namen. Ich überfliege das mal. Vielleicht finde ich eine, die Hamel das Leben gekostet hat.«

Christina schaute ihm über die Schulter. »Das sind doch Hunderte von Dateien.«

»Richtig«, antwortete Jones. »Vielleicht solltet ihr Platz nehmen.

Anderthalb Stunden später saßen Ben und Christina immer noch auf dem Boden. Nicht gerade die anregendste Art, die frühen Morgenstunden zu verbringen. Ben fielen fast die Augen zu. Loving hingegen hatte sich vor der Tür postiert, um die Augen offenzuhalten.

»Hast du etwas Interessantes gefunden?« fragte Ben.

»Eigentlich interessiere ich mich mehr für das, was ich nicht finden kann«, antwortete Jones. »Sämtliche Dateien des ganzen Systems lassen sich ganz leicht aufrufen – mit einer Ausnahme. In diese eine Datei kommt man nur mit einem Codewort rein.«

»Meinst du, du kriegst das hin?«

»Nur, wenn wir auf das richtige Codewort kommen.«

»Was können wir also tun?«

»Ganz naheliegende Varianten habe ich schon ausprobiert – *Apollo, Konzern, Howard Hamel* und noch ein paar andere.«

»Probier mal *Crichton*«, schlug Ben vor. Es war durchaus möglich, daß der Mann seinen eigenen Namen verwendete. Egozentrisch genug war er.

Jones tippte den Namen ein. Keine Reaktion.

»Wie wär's mit *Herbert*? Oder falls er eine romantische Anwandlung hatte – *Candice*?«

Jones versuchte beide Namen. Nichts passierte.

»Vielleicht was Allgemeineres«, sagte Christina. »*Anwalt, Recht, Mord* …«

Jones tippte diese drei Worte und eine ganze Reihe weiterer Vorschläge ein, ohne die Datei knacken zu können.

»Moment mal.« Ben schnippte mit den Fingern. »Versuch mal *Kindergarten-Club.*«

Jones schaute ihn befremdet an, tippte aber folgsam und drückte die Eingabetaste.

Sofort verschwand das Dateiverzeichnis, und an seine Stelle trat eine Textdatei.

»Geschafft!« frohlockte Jones. »Gut gemacht, Boß!«

»Einfach nur geraten.« Er überflog den Text. Es handelte sich um eine Adressenliste mit fünfzehn Namen.

»Das sind alles Apollo-Angestellte.« Christina zeigte auf den Bildschirm.

»Hinter jedem Namen steht die Abteilung und die Durchwahl.«

»Seht mal«, sagte Jones. »Das leere Feld ganz oben. Da hat bestimmt jemand einen Namen gelöscht.«

»Das wird ja immer mysteriöser.« Die meisten Namen waren Ben unbekannt. »Was verbindet die wohl alle miteinander?« fragte er sich laut.

»Offenbar gehören sie alle dem Kindergarten-Club an«, sagte Christina.

»Ja.« Ben nickte zerstreut. »Aber was hat man sich darunter vorzustellen?«

35

Am Nachmittag desselben Tages saß Ben in seinem Büro und hatte Mühe, die Augen offenzuhalten. Bis zum Abschluß des Falls Nelson hatte er keine ruhige Minute gehabt, jetzt war er beschäftigungslos und langweilte sich schrecklich. Zu seiner Überraschung hatte er bisher keinen neuen Fall bekommen. Deshalb war er erleichtert, als Christina in sein Büro hereinschneite.

»Irgendwas Neues über Crichton?« fragte Ben.

»Ich habe gehört, er wird bald aus dem Krankenhaus entlassen. Wie ich den kenne, erscheint er gleich am nächsten Tag im Büro.«

»Da könntest du recht haben.« Ben legte den Finger an die Lippen. »Ist das nicht komisch?« flüsterte er. »Wir beide sind erst bei zwei dieser sportiven Betriebsausflüge gewesen, und jedesmal hat Crichton eine Verletzung davongetragen.«

»Das habe ich mir auch schon überlegt«, sagte Christina. »Als ob es jemand auf ihn abgesehen hätte.«

»Könnte man fast meinen.«

»Was ist mit der Kindergartenliste. Hat sich da was ergeben?«

Sie schüttelte den Kopf.

»Mist. Die Frist, die mir der Polizeipräsident gesetzt hat, läuft morgen ab. Wenn ich nichts Konkretes für ihn habe, bin ich geliefert.«

»Ich tue, was ich kann«, sagte Christina. »Ich habe mir die Personalakten von den fünfzehn Typen, die auf der Liste stehen, vorgenommen. Sie sind in verschiedenen Abteilungen, haben verschiedene Vorgesetzte, machen ganz unterschiedliche Arbeiten. Ich kann nichts finden, was sie verbindet, abgesehen davon, daß es sich bei allen um Apollo-Angestellte handelt – bei den meisten um ziemlich hohe.«

Ben schlug mit der flachen Hand auf den Tisch. »Verdammt, vielleicht sollten wir sie ganz einfach fragen, was der Kindergarten-Club ist.«

»Klar doch! Ungeheuer vielversprechend. ›Verzeihen Sie, aber wir haben Hinweise darauf, daß Sie zu einer unheimlichen Organisation gehören, die in die Verstümmelungsmorde an vier jungen Mädchen verwickelt ist, möglicherweise auch in den Mord an Howard Hamel. Könnten Sie uns Näheres dazu sagen?‹ Und dann warten wir seelenruhig, was passiert.«

»Du hast recht, das geht wohl nicht.«

»Du bist einfach zu anständig, Ben. Statt einen Frontalangriff zu starten, sollten wir uns etwas Pfiffiges überlegen.«

»Für Einbrüche in Büros bin ich aber nicht mehr zu haben.«

»Verlangt ja auch keiner von dir. Aber einen informativen Spaziergang durch die Abteilung könntest du doch machen.«

»Ich kann nicht ganz folgen.«

»Überleg doch mal. Alles, was wir bisher herausgebracht haben, deutet in die Rechtsabteilung. Hier sitzen die Hauptverdächtigen. Hamel muß etwas gewußt haben, was nicht durchsickern durfte. Es wäre doch möglich, daß auch noch andere Kollegen von dir etwas über den Kindergarten-Club wissen.«

»Klingt ganz plausibel. Aber was fange ich damit an?«

»Schau dich in ihren Büros um«, flüsterte sie.

»Während der Arbeitszeit?«

»Wirklich ungestört ist man hier ja zu keiner Zeit, wie wir feststellen mußten. Und wenn dich nachts um zwei jemand in seinem Büro erwischt, machst du dich sehr viel verdächtiger als tagsüber.«

»Ja, schon. Aber ich kann doch nicht einfach durch die Büros spazieren und in Schreibtischen und Aktenschränken herumwühlen. Da bräuchte ich schon einen guten Vorwand.«

»Der wird sich doch wohl finden. Woran arbeitest du gerade?«

»An nichts.«

»An rein gar nichts? Hast du mit Rob gesprochen? Er übermittelt Crichtons Anweisungen.«

»Crichton hat mir keinen neuen Auftrag erteilt, seit ich mit dem Fall Nelson fertig bin.«

Christina runzelte die Stirn. »Echt? Na, um so besser. Crichton beklagt sich andauernd, daß er nie weiß, welche Fälle gerade verhandelt werden und welche nicht. Ich finde, als tatkräftiger junger Anwalt solltest du die Initiative ergreifen und ein Prozeßregister erstellen.«

»Ein Prozeßregister?«

»Klar. Mit allen Terminen, Daten und Fristen. Dazu brauchst du natürlich von deinen Kollegen Informationen über ihre Fälle, und wenn sie gerade nicht im Büro sind, mußt du dich eben selber ein wenig umschauen, um zu finden, was du brauchst.«

»Und wenn sie da sind?«

»Du mußt dich eben vorher vergewissern, daß sie nicht da sind.«

»Ich weiß nicht recht, Christina. Klingt ziemlich gefährlich.«

»Stimmt. Die Sache birgt ein Risiko. Aber wenn du in vierundzwanzig Stunden noch nichts herausbekommen hast, kommt Blackwell. Das ist kein Risiko, das ist eine Gewißheit.«

»Hm, so gesehen … nehmen wir das Prozeßregister am besten gleich in Angriff.«

36

Ben entschloß sich, mit Shellys Büro zu beginnen. Sein erster Kandidat war Doug gewesen, doch der saß so unverrückbar hinter seinem Computer, daß er wohl allenfalls durch einen allgemeinen Stromausfall aus seinem Büro herauszulocken gewesen wäre. Shelly war dagegen nicht in ihrem Büro – und würde vermutlich auch nicht gleich Krach schlagen, falls sie ihn überraschte.

Ben nahm ein kleines Foto in die Hand, das in einem Rahmen auf Shellys Schreibtisch stand. Es zeigte ein süßes rothaariges Kind mit Pausbacken, ungefähr drei Monate alt – zweifellos Shellys Tochter Angie. Die Ähnlichkeit war deutlich. Er blätterte Shellys Terminkalender durch: die üblichen Termine und Fristen. Keinerlei Hinweise auf einen Kindergarten-Club – auch nicht in Form eines kryptischen K.C. Die ungewöhnlich vielen Arzttermine ließen sich vermutlich damit erklären, daß die Entbindung noch nicht lange zurücklag.

Ben warf einen Blick auf den Korridor hinaus. Von Shelly keine Spur. Er zog die Schreibtischschubladen auf: Bleistifte, Federhalter, Radiergummis, Büroklammern. Im oberen Schubfach ihres Schranks stapelten sich Akten; daneben, auf der einen Seite, lag ein halbvolles Päckchen Schokoriegel, und auf der anderen Seite tümmelten sich Kinderfotos.

Büroorganisation war offensichtlich nicht gerade Shellys Stärke. Zu seiner Verwunderung stieß Ben zwischen den Bildern auf ein Foto von Howard Hamel.

Er hielt es neben ein Bild von Angie. Auch zwischen diesen beiden schien es eine Ähnlichkeit zu geben.

Er legte die Fotos zurück und ging die Akten durch. Zunächst fand er nichts Interessantes, bis ihm ein Aufkleber mit der Aufschrift *Nelson* ins Auge sprang. Er zog die Akte heraus. Tatsächlich, da ging es um denselben Fall Nelson, den Ben neulich gewonnen hatte.

»Suchen Sie etwas Bestimmtes?«

Ben fuhr hoch und knallte das Schubfach zu.

Shelly stand in der Tür.

»Ich … Ich suche …«

»Ja?«

»Sie haben doch eine Akte zum Fall Nelson. Ich will die Sache endlich abschließen, aber mir fehlen noch ein paar Stellungnahmen der Kläger, und ich dachte mir, die könnten bei Ihnen sein.«

Sie entspannte sich ein wenig. »Ich war ganz am Anfang kurz mit dem Fall befaßt. Ich habe nichts Derartiges.«

»Das habe ich schon gesehen. Tut mir leid.« Er entfernte sich vom Schreibtisch. »Wie sind Sie denn an diesen Fall geraten?«

»Ich war gerade vom Schwangerschaftsurlaub zurück. Crichton hat mir den Fall gleich am ersten Tag aufgedrückt und am nächsten schon wieder entzogen. Offenbar hat Chuck ihm gesagt, daß ich meine Gedanken noch nicht beisammen hätte.«

»Ich dachte, vor mir hätte Rob an dem Fall gearbeitet.«

»Erst zwei, drei Tage, bevor Sie gekommen sind, wurde die Sache Rob übertragen. Ursprünglich war Howard Hamel zuständig.«

»Hamel?«

»Ja. Als Crichton dann sah, wie aufwendig die Sache war, wollte er mich auch noch dafür abstellen. Chuck hat aber gleich dafür gesorgt, daß ich wieder abserviert wurde, und als Sie kamen, wurde auch Howard kaltgestellt.«

»Ach, so war das.« Ben zeigte auf das Bild auf dem Schreibtisch. »Übrigens, ein bezauberndes Kind.«

Ben sah Shelly zum erstenmal lächeln. »Nicht wahr?« Sie nahm das Foto in die Hand.

»Shelly! Ich dachte, ich hätte Ihnen einen Auftrag erteilt!« Chuck stand in der Tür.

Shelly ließ das Foto fallen wie eine heiße Kartoffel. »Ja, Chuck. Vor fünf Minuten.«

»Ich bin davon ausgegangen, daß Sie sich sofort an die Arbeit machen, statt sich an Kinderfotos aufzugeilen.«

»Ich habe mich nicht ...« Sie trat von einem Bein aufs andere. »Ich habe Ben bei seinem Fall geholfen.«

»Das habe ich gesehen! Würde mich verdammt noch mal interessieren, warum Crichton Anwältinnen einstellt, die eigentlich nur Mami spielen wollen.«

»Das ist nicht fair ...«

»Vielleicht sollten wir alle unsere Fälle einfach hinschmeißen und nur noch Kindergeburtstag feiern.«

»Chuck, das reicht«, sagte Ben ruhig.

»Halten Sie sich da raus, Kincaid. Das geht Sie überhaupt nichts an.«

»Da bin ich anderer Meinung. Als Anwalt des Apollo-Konzerns betrachte ich es als meine Pflicht, Sie an Handlungen zu hindern, für die das Unternehmen zur Rechenschaft gezogen werden könnte.«

»Scheren Sie sich zum Teufel.«

»Ihr Betragen ist ein klassischer Fall von Diskriminierung aufgrund des Geschlechts. Sollte sich herausstellen, daß dies kein Einzelfall ist, könnte das Apollo leicht Hunderttausende Dollar kosten – und dann bekommen Sie keinen Fuß mehr auf den Boden. Ehrlich gesagt, glaube ich, daß Shelly bereits mehr als genug Material hat, um ein Verfahren anzustrengen.«

»Sie wissen ja gar nicht, wovon Sie reden ...«

»O doch! Der oberste Gerichtshof hat 1986 entschieden, daß Diskriminierung aufgrund des Geschlechts unter das Bürgerrechtsgesetz von 1964 fällt. Ich kenne die einschlägigen Richtlinien, und Sie haben gegen fast alle verstoßen.«

Chuck verstummte.

»Tatsächlich steht und fällt Ihre Position bei Apollo mit Shellys Zurückhaltung. Shellys Geduldsfaden kann natürlich jederzeit reißen.«

Shelly und Chuck fixierten einander.

»An Ihrer Stelle wäre ich in Zukunft höflich zu Shelly. Sofern Ihnen etwas an Ihrem Job liegt.«

Chuck lief knallrot an, als würde er gleich explodieren. Er ballte die Fäuste und setzte zum Sprechen an, machte dann aber auf dem Absatz kehrt und stapfte davon.

»Danke«, sagte Shelly leise.

»Ich bin nicht sicher, ob ich Ihnen einen großen Gefallen getan habe. Wahrscheinlich hat er jetzt eine Stinkwut. Behalten Sie ihn im Auge.«

»Mach ich. Trotzdem – danke.«

Ben ging aus dem Büro. Er war froh, daß es ihm gelungen war, Shelly einen Dienst zu erweisen – wie kurzfristig die Wirkung auch sein mochte. Mindestens genau so froh war er allerdings darüber, daß er aus ihrem Büro herausgekommen war, ohne erklären zu müssen, was er dort eigentlich gewollt hatte.

37

Den Rest des Tages verbrachte Ben damit, alle möglichen Büros zu durchstöbern. Das überraschende Auftauchen Shellys hatte ihn vorsichtiger gemacht: Er machte sich nur noch dann auf die Suche, wenn er sicher sein konnte, daß der betreffende Anwalt in einer Besprechung war, die noch mindestens eine halbe Stunde dauern würde. Dennoch schaffte er bis zum Abend alle Büros.

Er hatte sich bei sämtlichen Anwälten aller Stufen umgeschaut – sowohl bei Herb als auch bei Candice, bei Chuck wie bei Doug. Sogar Robs Büro hatte er durchsucht, obwohl er doch wußte, daß Rob an dem Tag, als Hamel ermordet wurde, die ganze Zeit mit ihm zusammengewesen war. Die

Suchaktion ergab, daß Doug erstaunlicherweise Krimis las und Herb – wie nicht anders zu erwarten – ein Päckchen Kondome in seinem Schreibtisch verwahrte. Ben fand jedoch keinerlei Hinweis auf den Mörder von Howard Hamel und auch keinen Anhaltspunkt für die Verbindung zwischen diesem Verbrechen und den Mädchenmorden.

Nun saß Ben mit den Füßen auf dem Schreibtisch in seinem Büro und dachte nach. Leider ergebnislos. Er war von einer Lösung des Rätsels so weit entfernt wie eh und je.

Er blickte vom Schreibtisch auf, und sah, zu seiner Verblüffung, direkt vor ihm – Crichton.

»Ganz versunken, Kincaid?«

Ben nahm die Beine vom Schreibtisch und setzte sich aufrecht. »Ich habe nur versucht, etwas durchzudenken.«

»Ich kann später nochmal reinschauen, wenn Sie zu beschäftigt sind.«

»Nein. Ehrlich gesagt habe ich überhaupt nichts mehr zu tun, seit der Fall Nelson abgeschlossen ist.«

Crichton sagte einfach nur, »hier, ein neuer Fall für Sie«, und warf eine Akte auf den Schreibtisch. »Eine äußerst dringende Sache. Ich möchte, daß Sie morgen früh eine gründliche Fallanalyse und eine Prozeßstrategie abliefern.«

»Morgen früh? Um wieviel Uhr werden Sie im Büro sein?«

»Sie liefern es nicht bei mir ab, sondern bei Harry Carter.«

Ausgerechnet Carter. Apollos Bluthund, vor dem ihn Christina ausdrücklich gewarnt hatte. »Darf ich fragen, warum?«

»Das fällt eher in sein Spezialgebiet. Außerdem bin ich viel zu beschäftigt, um mich in so etwas verstricken zu lassen.«

»Entschuldigen Sie die Frage, Sir, aber gehören Sie nicht im Grunde nach Hause, um sich zu erholen?«

Crichton schnaubte verächtlich. »Das war doch nur eine Beule! Sämtliche Softball-Spieler haben sich benommen wie alte Frauen.«

»Aber Sie hatten doch einen Schädelbruch, Sir?«

»Nur einen ganz kleinen. Bei sowas ist Arbeit die beste Medizin. So schnell darf man sich nicht umhauen lassen.

Man muß sofort wieder in den Sattel steigen und weiterreiten.«

Ben fragte sich, ob Crichton sich bei einem Gemeinplatz-Versand oder so etwas Ähnlichem eindeckte. »Aber man hat Ihnen doch bestimmt gesagt, Sie sollten unnötige Bewegungen vermeiden.«

»Ach, Unsinn. Auf mich wartet eine Menge Arbeit.« Er zeigte auf die gewichtige Akte auf Bens Schreibtisch. »Genau wie auf Sie.« Er machte auf dem Absatz kehrt und ging.

Ben wog den Ordner in der Hand. Für einen Fall im Anfangsstadium war die Akte außerordentlich dick. Er überflog ein paar Schriftstücke. Es ging um Kartellrechtsverletzungen: Preisabsprachen, Wettbewerbsausschluß. Dutzende von Firmen waren in die Sache verwickelt. Ben war irritiert. Das Kartellrecht war ein abgelegenes Rechtsgebiet, in dem er sich überhaupt nicht auskannte, und Crichton verfügte sicherlich über ein halbes Dutzend Leute, die für diesen Fall bessere Voraussetzungen mitbrachten. Warum um alles in der Welt gab Crichton den Fall ausgerechnet ihm?

Bevor Ben sich über dieses neue Rätsel Gedanken machen konnte, trat eine vertraute Gestalt in einem viel zu warmen Mantel in sein Büro.

»Mike! Schön, daß du kommst. Ich habe dich gestern abend anzurufen versucht, aber ...«

Ben brach abrupt ab. Hinter Mike erschien der Polizeipräsident im Büro.

»Tag, Kincaid. Ich wollte mich mal nach Ihren Fortschritten erkundigen.«

Ben stand auf. »Moment mal. Sie haben mir eine Woche gegeben. Ein Tag bleibt mir noch.«

»Weiß ich, weiß ich. Ich wollte nur sehen, ob Sie vorankommen. Wenn Sie noch gar nichts erreicht haben sollten, wäre es doch sinnlos, bis zur letzten Minute zu warten.«

»Besonders, wenn ich keinen anderen Verdächtigen zu bieten habe, stimmt's?«

»Sie bewegen sich auf dünnem Eis«, fauchte Blackwell. »Ich habe mehr als genug Material über Sie, um Sie einzusperren.«

217

»Ich dachte, wir haben ein Abkommen.«

»Haben wir auch. Ich wollte Ihnen nur klarmachen, daß ich es ernst meine.«

Mike schob sich zwischen Ben und Blackwell. »Man hat mir ausgerichtet, daß du angerufen hast. Erzähl uns doch, was du herausgefunden hast.«

Ben berichtete von der Computerdatei, die Jones gefunden hatte. »Ich habe eine Kopie für euch gemacht.«

Mike überflog die Liste. »Es ist dir und Christina also nicht gelungen, Gemeinsamkeiten zwischen den Namen auf der Liste zu entdecken.«

»Nein. Abgesehen davon, daß es sich ausschließlich um Apollo-Angestellte handelt.«

»Hhmm«, machte Blackwell. »Vielleicht sollten wir diese Typen verhören.«

»Das halte ich für keine gute Idee«, sagte Ben. »Wir brauchen schon noch mehr Fakten, die wir denen unter die Nase reiben können, sonst sagt keiner was.«

Mike nickte. »Der Meinung bin ich auch. Ich werde sie aber alle beschatten lassen, falls wir genügend Leute auftreiben können. Vielleicht hilft es uns weiter, wenn wir herausfinden, was die so machen. Womöglich veranstaltet der Club demnächst sogar ein Treffen.«

»Das wäre natürlich ideal«, sagte Ben.

»Sie haben mich nicht davon überzeugt, daß es eine Verbindung zwischen diesem angeblichen Club und den Mädchenmorden gibt«, fuhr Blackwell barsch dazwischen. »Ich werde keine Leute von wichtigen Fahndungseinsätzen abziehen, um sie einer Schimäre nachjagen zu lassen.«

»Ich habe Ihnen doch das Foto gezeigt, das wir bei Hamel zuhause gefunden haben«, sagte Mike. »Ist das nicht Beweis genug? Ein paar Leute können wir doch wohl zur Verfolgung dieser Spur abstellen. In den Rotlichtvierteln sind ohnehin schon so viele verdeckte Ermittler im Einsatz, daß die sich gegenseitig aushorchen.«

»In den Rotlichtvierteln?« fragte Ben. »Wieso gerade da?«

Mike blickte Blackwell fragend an. Nach kurzem Zögern zuckte dieser mit den Schultern. »Meinetwegen.«

»Was ich dir jetzt sage, ist streng geheim. Die Presse ist noch nicht darüber informiert worden.«

»Ich kann schweigen«, versicherte Ben. »Schieß los.«

Wir haben herausgefunden, was die Opfer miteinander verbindet – sie waren alle minderjährige Prostituierte.«

Ben nickte. »Das müßte die Ermittlungen ein gutes Stück voranbringen. Wie habt ihr das herausbekommen?«

»Durch einen pflichtversessenen Sergeant, der sich über dienstliche Anweisungen hinweggesetzt hat«, polterte Blackwell.

»Dieser eine pflichtvergessene Sergeant hat in kürzester Zeit mehr in Erfahrung gebracht als wir alle zusammen in den letzten drei Wochen«, sagte Mike kühl. »Ben, habe ich dich mal mit Sergeant Tomlinson bekannt gemacht?«

»Nicht, daß ich wüßte.«

»Ein anständiger Kerl. Sehr korrekt. Hat eine reizende Frau und ein richtig süßes Kind. Ich mag ihn gern.«

»Sie hatten freilich eine merkwürdige Art, ihm das zu zeigen«, kommentierte Blackwell.

Mike bog unbehaglich den Hals. »Ich habe es ihm bewußt schwergemacht, um ihn aus der Reserve zu locken. Seine Einsatzbereitschaft ist gut, aber der richtige Schwung fehlt manchmal noch ein bißchen.«

Blackwell lächelte süffisant. »Permanent durch die Mangel gedreht haben Sie ihn.«

»Er hat seine Versetzung in die Mordkommission beantragt«, erklärte Mike. »Das Zeug dazu hat er, aber damit er nicht meint, das sei alles ganz einfach, habe ich ihn ein bißchen getriezt. Damit er sich ordentlich anstrengt.«

»Und jetzt liegt er im Krankenhaus«, sagte Blackwell. »Halt tot.«

»Was!« Ben riß die Augen auf. »Was ist passiert?«

»Wir glauben, daß er auf unseren Mörder gestoßen ist«, sagte Mike. »Jemand hat ihn gewürgt und ihm mit einer Seidenschnur einen Müllbeutel um den Hals gebunden. Viel hat nicht mehr gefehlt, und Tomlinson wäre tot gewesen. Verhindert wurde das nur dadurch, daß eine Bewohnerin des Hauses, in dem sich dieser Vorfall ereignete, gerade noch rechtzeitig dazukam. Ein Freudenmädchen. Der Mörder ergriff die Flucht, warf Tomlinson aber vorher noch die Treppe hinunter – quasi als Dreingabe.«

»O Gott«, rief Ben. »Aber der Sergeant lebt noch?«

»Ja. Tomlinson konnte ins St. Johns Hospital gebracht werden, weil die Frau, die den Mörder überraschte, mutig genug war, die Polizei anzurufen, obwohl sie selber einiges zu befürchtet hatte. Tomlinson wird immer noch künstlich beatmet; er ist nach wie vor bewußtlos. Es besteht die Gefahr, daß er das Bewußtsein nicht wiedererlangt, oder daß er wegen Sauerstoffmangel eine schwere Gehirnschädigung davonträgt.«

»O Gott. Weiß man, wie er den Mörder gefunden hat?«

»In seinem Schreibtisch haben wir Notizen gefunden. Sehr bruchstückhaft, aber allemal besser als nichts. Offensichtlich hat Tomlinson das Motiv einer Tätowierung am Körper des zweiten Opfer wiedererkannt, und er ist dadurch auf das Rotlichtviertel gekommen. Welches Viertel das war, wissen wir nicht genau, aber ich tippe auf die Eleventh Street, weil Tomlinson dort früher Streife gegangen ist. Jedenfalls hat er recherchiert und ist zu dem Ergebnis gekommen, daß alle Opfer minderjährige Prostituierte waren. Leider erklärt er die Zusammenhänge in seinen Notizen nicht. Aus der letzten Eintragung geht nur hervor, daß er eine gewisse Trixie suchte.«

»Ihr habt einen Namen? Na, dann braucht ihr doch nur alle jugendlichen Prostituierten namens Trixie überprüfen.«

»Das haben wir natürlich versucht. Wir haben jedes Freudenmädchen ausgefragt, das wir finden konnten. Alle behaupten, sie kennen keine Trixie.«

»Sie ist also untergetaucht. Vielleicht hat sie die Stadt verlassen.«

»Das glaube ich kaum. Wir haben die üblichen Routen genau überwacht. Die meisten jugendlichen Prostituierten haben ohnehin wenig Bewegungsspielraum. Ich vermute, daß sie noch hier ist, sich aber vor uns versteckt.«

»Und warum?«

»Es ist nicht gerade ungewöhnlich, daß eine minderjährige Prostituierte der Polizei aus dem Weg geht.«

»Stimmt.« Vielleicht hätte jemand, der nichts mit der Polizei zu tun hat, bessere Chancen, dachte Ben. Daß er nicht der einzige war, dem dies durch den Kopf ging, sah er Mike an den Augen an.

»Verfügen wir über eine Beschreibung von Trixie oder vom Täter?«

»Nein, leider nicht. Vielleicht kann man davon ausgehen, daß der Mörder ein Mann ist, weil er sehr kräftig sein muß, und weil alle Opfer Freudenmädchen sind. Aber auch das muß nicht stimmen. Es wäre sogar möglich, daß er in fremdem Auftrag arbeitet. Es gibt die unterschiedlichsten Serienmörder.«

»Bist du sicher, daß es ein und derselbe Täter war?«

Mike zögerte einen Augenblick. »Das bleibt aber zwischen uns, ja?«

»Ich lauf schon nicht zur New York Times.«

Mike vergewisserte sich durch einen Blick bei Blackwell. »Ich bin ganz sicher, daß alle Morde von derselben Person verübt wurden. Der Täter geht immer genau gleich vor. Nicht einmal ein Augenzeuge könnte die Verbrechen derartig exakt kopieren. Bei dem Wort Serienmörder stellt man sich einen irrationalen Täter vor. Einen Psychopathen oder einen Perversen, der sich von den Eingebungen seines kranken Gehirns bestimmen läßt. Diese Verbrechen haben jedoch etwas überaus Logisches an sich.«

»Was soll denn an der Ermordung und Verstümmelung von vier wehrlosen Prostituierten logisch sein?«

»Diese Verstümmelungen sind offenbar weder auf Frauenhaß noch auf kanibalistische Tendenzen zurückzuführen, weder auf sexuelle Obsessionen noch auf irgendeine andere bekannte Persönlichkeitsstruktur, die die Täterprofile des FBI nennen. Der Mörder vergeht sich nicht sexuell an den Opfern, er schreibt keine Drohbriefe an potentielle Opfer und keine triumphierenden Briefe an die Polizei. Es sieht ganz so aus, als ob er die Absonderlichkeiten des typischen Serienmörders nachahmt, ohne aber die Wahnsinnsmerkmale eines echten Psychotikers erkennen zu lassen.«

»O Gott, nein. Wenn das stimmt, suchen wir jemanden,

221

der so etwas wie logische Beweggründe für seine Morde hat.«

Mike verzog den Mund. »Richtig. Tomlinson ist offenbar auch davon ausgegangen.«

»Entschuldige, aber das überzeugt mich nicht. Wer zu solchen Verbrechen fähig ist, ist doch auf jeden Fall geistesgestört. Der geht euch früher oder später ins Netz.«

»Ich würde dir liebend gern von Fortschritten berichten, aber dieser Fall unterliegt offenbar dem dritten Gesetz der Thermodynamik: Alles strebt dem Chaos zu. Je intensiver wir suchen, desto weniger finden wir. Mit zunehmender Dauer entgleitet uns der Fall immer mehr.«

»Ich danke dir jedenfalls für die neuen Informationen, Mike. Sag Bescheid, wenn du etwas über die Leute der Kindergartenliste herausfindest. Ich melde mich dann morgen.«

»Nicht nötig«, sagte Blackwell. »Sobald Ihre Woche um ist, sehen Sie mich wieder. Keine Sekunde später. Die Presse giert nach einem Verdächtigen, und ich gebe ihr einen.«

»Egal, wo Sie ihn herbekommen.«

Blackwell baute sich ganz dicht vor Ben auf. Sein Atem schlug Ben unangenehm warm ins Gesicht.

»Sie haben es erfaßt. Egal, wo ich ihn herbekomme.«

38

Ein paar Minuten, nachdem Mike und Blackwell gegangen waren, kam Christina ins Büro geschneit und setzte sich in ihren bevorzugten Sessel. »Janice sagt, du suchst mich.«

»Ich brauche deine Hilfe, Christina.«

»In Ordnung. Was schaust du denn so bekümmert drein? Habe ich dir je etwas abgeschlagen?«

»Man kann nie wissen. Es geht um eine verdeckte Ermittlungsaktion. Nur du und ich. Heute abend.«

»Heute abend? Du läßt mir nicht gerade viel Bedenkzeit. Und wenn ich nun schon etwas vorhabe? Die ganz große Verabredung zum Beispiel?«

»Dann mußt du sie eben absagen. Diese Aktion kann nicht warten.«

»Ach, und warum nicht?«

»Ben zupfte an seinem Kragen herum. »Ich hatte soeben Besuch vom Polizeichef.«

»Soll er dich doch einsperren, dieser Angeber! Es wird ihm nicht gelingen, dir die Sache anzuhängen.«

»Nein? Wenn es darum geht, jemandem was anzuhängen, sind die ganz groß – besonders wenn sie unbedingt einen Erfolg brauchen. Gerade du müßtest das doch wissen. Im übrigen würde schon die Festnahme allein meinen Ruf als Anwalt ruinieren, und wer Howard Hamel umgebracht hat, finde ich hinter Gittern garantiert nicht heraus.«

»Okay, okay. Wieviel Zeit hast du noch?«

»Weniger als vierundzwanzig Stunden.«

Sie schluckte. »Dann muß es ja wohl heute abend sein. Worum geht es?«

Ben erzählte Christina, was Mike ihm über Tomlinsons private Ermittlungen gesagt hatte. »Da wir nun wissen, daß alle Opfer minderjährige Prostituierte waren, haben wir einen neuen Ansatzpunkt. Mit unseren Verdächtigungen hier in der Abteilung sind wir ja nicht weitergekommen. Ich finde, wir sollten jetzt auf der anderen Seite ansetzen – bei den Opfern.«

»Einen Versuch ist es wert, zumal es für dich ziemlich eng wird. Was soll ich also tun?«

Ben räusperte sich und fuhr mit dem Finger die Bügelfalte seiner Hose entlang. »Ich möchte dich als verdeckte Ermittlerin einsetzen.«

»Und wo?«

»Du sollst auf die Straße gehen – Eleventh und Cincinnati Street.«

Christina setzte sich plötzlich ganz aufrecht hin. »Moment mal, Ben. Du glaubst doch nicht etwa …«

»Es ist der einzige Weg.«

»Da muß es noch eine andere Möglichkeit geben.«

»Nein.«

»Das mache ich auf gar keinen Fall.«

»Warum nicht? Ich habe doch bei deinen Plänen auch immer mitgespielt.«

»So etwas habe ich dir nie zugemutet. Vergiß es, Ben. Daraus wird nichts.«

»Bitte, Christina. Es ist wichtig.«

»Du hast dir wohl zu viele Folgen von *Charlie's Angels* angekuckt. Ich gebe mich nicht als Prostituierte aus.«

Ben runzelte die Stirn. »Doch nicht als Prostituierte! Als Kundin sollst du auftreten!«

Christina schlenderte die Eleventh Street hinunter. Sie vermied es, über die Schulter zu blicken. Ben hatte versprochen, ihr mit seinem Wagen in einem diskreten Abstand zu folgen. Die Frage war nur, ob man sich darauf verlassen konnte. Bei Ben fehlte manchmal nicht viel, daß er sich auf dem Weg von der Küche ins Wohnzimmer verirrte.

Die hochhackigen Schuhe, die sie auf Bens dringenden Wunsch angezogen hatten, waren einfach scheußlich. Sie hatte diese Dinger, die ihre Fersen ungewohnt nach oben zwängten, spaßeshalber in einem Secondhand-Laden erstanden. Ben hatte auf der Suche nach »angemessen schäbigen Klamotten«, ihren Kleiderschrank durchwühlt – um sich nachher über die allzu große Auswahl zu beklagen. Er entschied sich für ein Top und einen engen Minirock, die er dann auch noch mit ein paar Extras versah: mit einem Gürtel aus Kettengliedern, einer glitzernden roten Handtasche und langen Ohrgehängen.

Die Boa war zugegebenermaßen ihre eigene Idee gewesen. Dennoch gefiel ihr die ganze Richtung nicht. Mußte sie unbedingt auf billig und aufgedonnert machen? Sie hätte schließlich auch in wallendem Abendkleid als angehende Dame der Gesellschaft posieren können, einmal abgesehen davon, daß diese Kostümierung wohl unerschwinglich gewesen wäre.

Sie war bereits mehr als eine Stunde unterwegs und sprach jede Prostituierte und jeden Prostituierten an. Da Christina aussah, als ob sie hier zuhause wäre, erhielt sie recht bereitwillig Auskunft. Insofern hatte Ben recht behalten. Vor einer Frau, die dazugehörte und etwas losmachen wollte, hatten sie keine Scheu. Leider hatten sie aber auch kaum etwas Interessantes zu sagen. Niemand wollte eine Trixie kennen, und manche verstummten, sobald Christina auf das Mädchen zu sprechen kam. Als sie mit Geldscheinen gewinkt hatte, um Kooperationsbereitschaft zu wecken, hatte sie nur ein pickliges Wiesel auf den Plan gerufen, das wissen wollte, ob sie lebensmüde sei.

Jedenfalls geriet Ben immer tiefer in Christinas Schuld, und sie dachte gar nicht daran, ihn ungeschoren davonkommen zu lassen.

An der Ecke Eleventh Street und Detroit Street standen drei Frauen unter einer Laterne und stellten zur Schau, was sie zu bieten hatten. Christina war sich durchaus im klaren darüber, daß die Verantwortung für Armut, Sucht und Prostitution letztlich bei der Gesellschaft lag, und daß es falsch war, diese Frauen zu verachten. Dennoch dachte sie unwillkürlich: Schlampen.

Sie ging zu ihnen hin, um sie deutlicher zu sehen. Alle drei waren über das Teenageralter hinaus. Überhaupt hatte sie den ganzen Abend noch sehr wenige Teenager gesehen. Womöglich hatte diese furchtbare Tragödie wenigstens ein Gutes: Vielleicht wurde den Jugendlichen endlich klar, wie gefährlich dieser Beruf war.

Eine Schwarze mit ungewöhnlich stark geschminkten Lippen wandte sich in einem Ton an Christina, der alles andere als freundlich war. »Was willst du denn hier, Mädchen?«

»Ich suche jemand.«

»Tun wir das nicht alle?« Die Frau lachte wiehernd. »Zieh Leine, Kleine, hier ist kein Platz mehr frei.«

»Dieser Straßenabschnitt gehört Sonny«, ergänzte ihre Kollegin, »und der duldet keine Konkurrenz.«

»Schon gar nicht, wenn sie in solchen Klamotten daherkommt. Da kommt ja die ganze Gegend in Verruf.«

»Dieser Teil da gefällt mir aber schon«, sagte nun wieder die Negerin und zog an der Boa, die Christina um den Hals trug. »Das finde ich richtig gut.«

Christina griff schnell nach ihrem Schal und hielt ihn fest.

»Was bekomme ich dafür?«

Die Frau grinste. »Ich könnte zum Beispiel Sonny sagen, er soll dich nicht zu Hackfleisch verarbeiten.«

Christina hatte plötzlich eine sehr trockene Kehle. Sie schaute auf die andere Straßenseite, denn sie hatte das Gefühl, daß dieser Sonny sie nicht aus den Augen ließ. Vielleicht bildete sie sich das aber auch nur ein.

»Nun geh schon! Unser Team ist komplett.«

»Aber ich bin doch gar keine …« Christina musterte ihre eigene Kleidung. »Ben hat behauptet, daß ich nicht aussehe wie eine …«

»Sonst wärst du doch wohl nicht hier, Mädchen.«

»Es wäre …« Christina spürte, daß sie rot anlief. »Es wäre ja immerhin möglich, daß ich nicht verkaufe, sondern kaufe.«

»Also, solche merkwürdigen Sachen machen wir hier nicht. Vielleicht gibt's so was in der Fifteenth Street.«

»Nein, Sie verstehen mich falsch. Ich steh nicht auf Frauen.«

»Na, dann mußt du da lang.« Sie zeigte die Straße hinunter.

»Aber ich suche eine ganz bestimmte junge Frau«, sagte Christina hartnäckig. »Sie heißt Trixie.«

Die drei Frauen tauschten Blicke. »Da bist du nicht die erste.«

»Wissen Sie, wo sie ist?«

»Nein, wir wissen überhaupt nichts.«

»Jetzt versuchen Sie halt nicht, mich reinzulegen. Ich habe doch gesehen, wie Sie einander angeschaut haben. Sie wissen ganz bestimmt etwas.«

»Nee. Nie was von der gehört.«

»Sind Sie sicher?«

»Absolut sicher.«

»Könnte ich Sie vielleicht irgendwie umstimmen?«

»Nein.«

»Ich gebe Ihnen meine Boa.«

Die Frau horchte auf. Ihr Blick richtete sich auf den langen, weißen Fummel. Sie legte ihre Hand auf die Boa und zog sie Christina langsam vom Hals.

»Ich weiß immer noch nichts«, sagte die Frau, doch Christina registrierte, daß sie mit den Augen schräg über die Straße auf den nächsten Häuserblock deutete. »Halte dich einfach an die Pennies.«

»Was bedeutet …«

»Das ist alles. Geh jetzt, los!«

Christina gehorchte und kam der Aufforderung nach. Sie wechselte die Straßenseite und stieß beim nächsten Block auf zwei Männer Anfang dreißig in engen Jeans und Fransenjacken. Offensichtlich Prostituierte. Sie holte tief Luft und ging auf sie zu.

Der eine von ihnen hob eine Augenbraue. »Möchtest du ein Rendezvous?«

Trotz ihres Brechreizes sagte Christina, »eigentlich schon.«

Der Mann kam näher und legte ihr die Hand auf die Hüfte. »Dann bist du hier goldrichtig, Baby. Dreißig Dollar, und das Paradies erwartet dich.«

Christina lächelte mit zusammengebissenen Zähnen. Dann sagte sie: »Ich habe aber schon eine bestimmte Sache im Auge.«

Er strich ihr über das Haar. »Ich bin sehr flexibel.«

Sie lachte nervös. »Nein, so meine ich das nicht. Ich suche eine bestimmte Person.«

Er preßte sich mit den Schenkeln und dem Unterleib an sie. »Den vergißt du bei mir schnell. Und alle anderen, die du mal gekannt hast, auch.«

»Klingt gut.« Christina räusperte sich und glättete ihren Rock. »Aber im Ernst …«

»Das wird eine Extase, wie du sie noch nicht erlebt hast. Dein Körper wird beben, du wirst von einem Verlangen erfaßt werden, das niemand anders stillen kann als ich.« Er schaute sie lüstern an. »Und das Wunderbarste ist, wenn du mich wieder brauchst, findest du mich jederzeit hier.«

»Das … das ist ja ein Wahnsinnsangebot.« Der Atem des Manns schlug ihr ins Gesicht, was die Situation noch unangenehmer machte. »Aber ich suche eine Frau, die hier arbeitet oder jedenfalls gearbeitet hat. Sie heißt Trixie.«

Ruckartig löste sich der Mann von ihr und ging rückwärts

227

auf Distanz. »Scheiße! Sucht denn die ganze Stadt diese verdammte Nutte?«

»Sie kennen Trixie?«

»Da fragen Sie den Falschen.« Er deutete auf den anderen Mann. Sie sollten …«

Sein Kollege brachte ihn mit einem giftigen Blick zum Schweigen.

»Was sollte ich?« Christina wandte sich an den anderen Mann. »Sie fragen? Wissen Sie, wo Trixie ist?«

Der Angesprochene stieß seinen Kollegen grob zur Seite.

»Was soll das, Buddy? Ich hab' überhaupt nichts gesagt.«

»Du hast schon zu viel gesagt, du hirnrissige Hure.« Buddy fuhr sich mit der Hand durch das schüttere rote Haar. »Ich weiß nichts über diese … Trixie«, sagte er mit dünner, nervöser Stimme. »Keiner weiß etwas. Am besten gehst du gleich wieder nach Hause.«

Christina musterte ihn kurz. Buddy hatte ein schwammiges Gesicht und einen bläßlichen Teint. Die schroffe Härte der meisten Leute, mit denen sie sich bisher unterhalten hatte, fehlte ihm. Die Mackerrolle wirkte bei ihm ziemlich aufgesetzt.

»Warum versteckt sich Trixie?« fragte Christina. »Und warum schützen Sie das Mädchen?«

»Die Leute auf der Straße müssen einander beistehen. Sonst tut das sowieso keiner.«

»Die Polizei würde Trixie helfen.«

»Ach nee. Der Sitte hat sie es zu verdanken, daß sie beinahe umgebracht wurde. Hab' ich jedenfalls gehört«, fügte er hastig hinzu. »Sicher können ihr die Bullen genausowenig helfen wie den ersten vier Mädchen. Außerdem sind wir denen doch völlig egal. Blöde Fragen stellen und andauernd Leibesvisitation machen – das ist alles, was die können. Darum toben sich bei uns ja all die Abartigen und Perversen aus – weil wir für die Öffentlichkeit praktisch gar nicht existieren.«

»Könnten Sie wenigstens eine Botschaft an Trixie weitergeben?« fragte Christina. »Es ist sehr wichtig.«

»Wüßte nicht, wie ich das machen sollte. Ich hab' doch

schon gesagt, daß ich nicht weiß, wo sie ist. Ich weiß ja nicht einmal, von wem du redest. Und jetzt verschwinde hier.«

»Wir leben in einem freien Land.«

»Hier nicht. Hier muß man für alles zahlen.« Er schaute über die Straße. In dem Backsteingebäude gegenüber lehnten sich zwei extravagant gekleidete Männer aus dem Fenster. Einer von ihnen hatte etwas Glitzerndes in der Hand, das eine beunruhigende Ähnlichkeit mit einem Messer hatte.

»Es wird Zeit, daß du abschiebst.«

»Schon gut.« Christina ging weiter, wobei sie darauf achtete, daß sie weder den beiden Männern auf der Straße noch den beiden im Fenster den Rücken zukehrte. Dann ging sie ganz schnell in die Richtung, aus der sie gekommen war, und hielt nach Bens Honda Ausschau. Sie versuchte, einen klaren Kopf zu bewahren, doch sie wurde das Gefühl nicht los, daß ihr jemand immer enger auf den Leib rückte, über die Schulter sah, jede ihrer Bewegungen genau beobachtete.

Auf der anderen Straßenseite erspähte sie einen eingedellten Kühlergrill, der das betreffende Fahrzeug eindeutig als Bens Wagen identifizierte, und stürmte darauf zu. Gott sei Dank. Sie hatte es sehr eilig, von der Straße wegzukommen.

39

»Bleib unten!« zischte Ben. »Der erkennt dich vielleicht.«

»Ich bin ja unten«, murrte Christina. Sie kauerte in Bens Auto auf dem Boden. »Meinst du, ich kann mich ewig so zusammenknicken?«

»Geht nun mal nicht anders. Im übrigen hab' ich nicht behauptet, daß eine Beschattung ein Spaziergang ist.«

»Da kannst du von Glück sagen. Ich würde dich wegen Vertragsbruchs verklagen.« Sie hob den Kopf ein wenig. »Wie lange sollen wir denn noch warten?«

»Nicht mehr lange. Er setzt sich gerade in Bewegung.«

Ben legte den Gang ein. »Komm schon, Buddy. Führe uns nach Hause.«

Ben beobachtete den blaßen Mann in der Fransenjacke, der jetzt die Straße überquerte und, ohne zu zögern, zügig nach Norden ging in Richtung Cincinnati Street.

Ben folgte, ohne das Licht einzuschalten, in einem möglichst großen Abstand. Er holte ein Fernglas aus dem Handschuhfach, und als er es auf Buddy eingestellt hatte, ließ er den Abstand noch größer werden.

»Glaubst du wirklich, daß man das so macht?« Warum sie flüsterte, wußte sie selber nicht so genau, aber irgendwie schien es der Situation angemessen zu sein.

»Aber sicher. Das ist nicht meine erste Beschattung. Mike hat mir mal gezeigt, wie man sich mit dem Auto an einen Verdächtigen hängt.«

»Mike? Wirklich?«

»Ja, warum?«

»Klingt überhaupt nicht nach Mike. Ich hätte erwartet, daß er den Verdächtigen sofort packt und die Handschellen zuschnappen läßt.«

Ben lächelte. »Mike kann auch zurückhaltender sein.«

»Sogar so zurückhaltend, daß er nicht auffindbar ist.«

Ben sah, daß Buddy an der Einmündung zur Eighth Street stehen blieb, wie wenn er auf etwas warten würde. Er schaute auf die Uhr, klopfte ungeduldig mit dem Fuß auf den Boden, blickte nach rechts, nach links und dann über die Schulter. Schließlich setzte er seinen Weg in nördlicher Richtung fort.

»Gott sei Dank konnte er dich nicht sehen.«

»Wonach hat er sich wohl umgeschaut?«

»Weiß ich nicht. Er hat sich wie jemand verhalten, der damit rechnet, daß er verfolgt wird. Stimmt ja auch.«

»Als ich mit ihm gesprochen habe, war er total nervös«, sagte Christina. »Als ob ihm hinter der nächsten Ecke jemand auflauern könnte. Er wollte nicht einmal Trixies Namen aussprechen. Wie wenn sie schon durch die Nennung ihres Namens gefährdet wäre.«

»Vielleicht hat er recht.« Ben versuchte, den Abstand zwischen Buddy und seinem Wagen konstant zu halten. »Bist du dir sicher, daß er weiß, wo Trixie ist?«

»Sicher bin ich mir natürlich nicht. Ich weiß nur, daß er ganz merkwürdig reagierte, als er ihren Namen hörte. Fast mit einer Art Beschützerreflex. Außerdem hat sein Kumpel angedeutet, daß Buddy über Trixie informiert ist, und die Schöne der Nacht, die jetzt meine Boa spazierenführt, hat auch durchblicken lassen, daß ich mich an Buddy halten soll, wenn ich Trixie finden will.«

»Hoffentlich hat das auch gestimmt. Ich glaube nämlich kaum, daß wir die Boa zurückverlangen können.«

»Vielleicht möchte ich sie ja gar nicht wiederhaben.«

Buddy bog nach links ab und fünf Minuten später noch einmal nach links.

»Ich glaube, hier ist es«, sagte Ben.

Buddy ging auf ein kleines zweistöckiges Haus mit weißer Backsteinfassade zu. Das Gebäude war nicht im besten Zustand, doch gerade das verlieh ihm einen gewissen Charme. Es schien in eine frühere Periode dieser Gegend zu gehören. In dem Haus brannte nirgends Licht. Buddy fischte seine Schlüssel aus der Tasche und schloß auf.

Sobald er im Haus verschwunden war, setzte sich Christina auf. »Elegantes Stadthaus. Glaubst du, er wohnt hier?«

Ben zuckte mit den Schultern. »Er hat jedenfalls einen Hausschlüssel.«

»Ich dachte, alle Prostituierten wohnen auf dem Strich, unter dem Daumennagel ihres Zuhälters.«

»Keine Ahnung. Vielleicht ist es bei Männern anders. Ohne Grund ist er jedenfalls nicht hierher gekommen.«

»Und was machen wir jetzt?«

»Wir warten.«

Zunächst ging in einem kleinen Raum im Erdgeschoß (vermutlich im Bad) das Licht an, dann im Flur und schließlich in einem größeren Zimmer im oberen Stock. Durch das Fenster sah Ben Buddys Silhouette.

»Bingo«, flüsterte Ben.

»Was ist?«

Ben nahm das Fernglas und stellte es auf das Fenster ein.

»Da, eine zweite Silhouette. Er ist nicht allein.«

»Kannst du sehen, wer es ist?«

»Dazu bräuchte ich schon Röntgenaugen. Aber da ist zweifellos eine zweite Person – dünn und eher klein.«

»Ein junges Mädchen vielleicht?«

»Habe ich auch gerade gedacht.«

Ben hielt das Fernglas noch eine Weile auf das Fenster gerichtet, dann fuhr er los.

»Wo willst du denn hin?« fragte Christina. »Ich dachte, wir wollen ihn observieren.«

»Jetzt wissen wir, wo er wohnt. Ich bringe dich jetzt nach Hause.«

»Wer sagt, daß ich nach Hause will?«

»Ich.«

»Was soll denn das? Irgend so ein ›Das Fräulein muß behütet werden‹ – Machogehabe, oder was?«

»Keine Spur.«

»Du setzt mich nur deshalb zuhause ab, weil du glaubst, daß es gefährlich werden könnte.«

»Schließlich muß jemand Mike auf den neuesten Stand bringen und im Büro die Stellung halten.« Und gefährlich kann es natürlich auch werden, fügte er in Gedanken hinzu. Gesagt hätte er es auf keinen Fall.

Christina legte Ben ihre Hand auf die Schulter. »Du willst da reingehen, stimmt's?«

Ben nickte.

»Schon fünf Menschen sind umgebracht worden, Ben. Sei vorsichtig.«

Er legte seine Hand auf die ihre. »Glaub mir, ich werde höllisch aufpassen.«

Ungefähr eine Stunde später verließ Buddy das Haus. Er trug noch dieselbe Kleidung, hatte sich aber zusätzlich einen Schal um den Hals geschlungen. Nachts wurde es sehr frisch. Ben hätte selbst gern einen Schal gehabt.

Buddy verschwand um die Ecke in Richtung Eleventh Street. Sobald er außer Sichtweite war, stieg Ben leise aus seinem Wagen und ging zu dem Haus.

Die Lichter waren gelöscht, doch er wußte, daß noch jemand da war. Er ging durch die weiße Gartentür zum Eingang. Die Klingel war neben dem Briefkasten. Er läutete zweimal.

Im Haus rührte sich nichts.

Vielleicht hatte er sich getäuscht? Vielleicht war gar keine zweite Person im Zimmer gewesen, und was er gesehen hatte, war nur ein seltsamer Lichtreflex oder eine Spiegelung gewesen.

Er klopfte laut genug an die Tür, daß man ihn auch noch auf dem Speicher hören mußte. Keine Reaktion.

Er drehte den Türknauf. Zu seiner Überraschung war die Tür nicht abgeschlossen. Er öffnete einen Spaltbreit.

»Hallo? Ist da jemand?«

Seine Stimme hallte durch das leere Haus.

»Ist da jemand?« wiederholte er.

Keine Antwort. Ben machte die Tür jetzt ganz auf und trat ein. Im Haus war es dunkel. Er tastete nach einem Lichtschalter, besann sich dann aber anders. Vielleicht war es besser, nicht darauf hinzuweisen, daß er jetzt im Haus war.

Er versuchte, sich im Wohnzimmer zurechtzufinden, so gut es ging. Die Möbel machten einen muffigen, altväterlichen Eindruck. Größtenteils schienen sie mindestens fünfzig Jahre alt zu sein. Auf dem Sofa lagen Spitzendeckchen; an den Fenstern hingen ausgeblichene Vorhänge, und in der Ecke stand ein altes Klavier. Aber keine Spur von einem menschlichen Wesen.

Auf der anderen Seite war eine Pendeltür. Da wird es wohl in die Küche gehen, dachte Ben. Er schob die Tür auf.

Sowie er in den Raum eingetreten war, sprang ihn von hinten etwas an, und jemand packte ihn am Hals.

40

Ben drehte sich im Kreis und versuchte den Klammergriff abzuschütteln. Jetzt spürte er, daß sein Hals von Fingern zusammengepreßt wurde – es war also eindeutig eine Person. Er warf die Schultern zurück und versuchte, den Angreifer abzuschütteln. Es ging nicht. Auch die Hände konnte er nicht von seinem Hals losreißen. Plötzlich wurde er in die Seite gestochen.

»Uuhhh!« Er wollte die Hand auf seine Seite pressen, wußte aber, daß es um ihn geschehen wäre, wenn er nicht gleich wieder an den Händen riß, die ihn würgten. Er bekam keine Luft mehr. Vor seinen Augen tanzten Punkte; er konnte kaum mehr klar denken.

Ben torkelte rückwärts, und ließ sich gegen die Pendeltür fallen, wobei er die Person in seinem Rücken als Rammbock benutzte. Er geriet aus dem Gleichgewicht und stürzte auf den Dielenboden.

Beim Aufprall lösten sich die Finger um seinen Hals. Es gelang ihm, seitlich wegzurollen. Verzweifelt schnappte er nach Luft. Seine Lungen füllten sich und sein Gehirn wurde wieder klar.

Er versuchte sich auf das Bündel zu konzentrieren, das er durch seinen Sturz ebenfalls auf den Boden befördert hatte, doch der Angreifer war bereits spurlos verschwunden.

»Ich heiße Ben Kincaid«, keuchte er schwer, »ich möchte …«

Bevor er seinen Satz beenden konnte, stürzte sich wieder ein Schatten auf ihn. Wieder stach ihn der spitze Gegenstand in die Seite, direkt unterhalb der Rippen. Diesmal war der Schmerz noch schlimmer. Er fiel zur Seite. Die Person stürzte sich auf ihn und würgte ihn erneut.

Die Luft ging ihm aus. Er mußte sich sofort aus dem Würgegriff befreien, sonst hatte er keine Chance mehr. Mit ganzer Kraft drückte er die Arme des Angreifers, der auf ihm kniete, nach oben, doch sie gaben fast nicht nach.

Dann riß er die Arme plötzlich zur Seite. Darauf war sein Gegner nicht gefaßt, und fiel zur Seite. Ben wand sich unter ihm hervor. Sein Gegner wollte sich davonmachen, doch Ben stieß ihn an seinen schmalen Schultern mit voller Wucht nach hinten. Die Gestalt stolperte über den Couchtisch und fiel auf das Sofa mit den Zierdeckchen.

»Hören Sie, ich bin unbewaffnet!« rief Ben. »Ich bin keine Gefahr, ich tu Ihnen nichts!«

Die Gestalt auf dem Sofa beugte sich vor. Ben sah, daß sie etwas vom Couchtisch nahm; es war lang und spitz und glitzerte – wie ein Messer.

Ben rannte zur Tür und machte das Licht an. Die plötzliche Helligkeit blendete ihn. Er blinzelte. Erst nach einer Weile konnte er deutlich sehen.

Die Person auf dem Sofa war ein junges Mädchen. Fünfzehn, höchstens sechzehn. Sie hatte einen Brieföffner in der Hand.

»Sie müssen Trixie sein.« Er versuchte mit ruhiger Stimme zu sprechen. »Ich heiße Ben Kincaid.«

Ihre Augen waren weit aufgerissen. Die Hand, die den Brieföffner umklammerte, zitterte. Ben wäre gern auf sie zugegangen, doch er wollte kein Risiko mehr eingehen. Teenager oder nicht – dieses Mädchen hatte ihn beinahe erwürgt.

»Ich will Ihnen helfen«, sagte er – immer noch keuchend. »Ich bin nicht der Mann, der ihre Freundin umgebracht hat.«

Das Mädchen schien zu keiner Bewegung mehr fähig.

Ben zog seine Brieftasche heraus und warf sie dem Mädchen zu. »Überzeugen Sie sich selbst. Da drin ist meine Anwaltszulassung. In meinem Büro wurde jemand umgebracht, und da gibt es einen Zusammenhang mit den Morden an den Mädchen. Wenn Sie wollen, kann ich Ihnen die Telefonnummer von einem Freund in der Polizeizentrale geben. Er wird sich für mich verbürgen.«

Ohne Ben aus den Augen zu lassen, schnappte sie sich die Brieftasche vom Boden und prüfte den gesamten Inhalt: Ausweise, Mitgliedskarten, Scheckkarten. Dann warf sie ihm die Brieftasche zurück: »Wie haben Sie mich gefunden?«

»Ich bin Buddy gefolgt.«

Sie nickte. »Was wollen Sie?«

»Ich möchte, daß Sie mir alles erzählen, was Sie wissen. Ich will herausfinden, wer die Morde verübt. Ich will Ihnen helfen.«

»Mir helfen?« Sie lachte ungläubig. »Für mich hat noch nie jemand etwas getan. Außer Buddy.«

»Ich kann Ihnen wirklich helfen«, sagte Ben und machte vorsichtig einen Schritt nach vorn. »Ich kann Ihnen Polizeischutz verschaffen oder auch Schutz durch Nichtpolizisten, wenn Ihnen das lieber ist. Ich kann dafür sorgen, daß dieser Irre Ihnen nichts tut.«

Ben sah, daß es sie schauderte. Sie schaute ihn verzweifelt und flehend an.

»Wie können Sie mir helfen«, sagte sie ganz leise.

Ben ging zu ihr hin und nahm ihr sachte den Brieföffner aus der Hand. »Fangen wir ganz vorne an«, sagte er. »Was können Sie mir über den Kindergarten-Club sagen?«

41

Auf Bens Vorschlag gingen sie in die Küche und erledigten den Abwasch von mindestens einer Woche. Ben spülte und Trixie trocknete ab. Er hoffte, daß sie sich durch den schlichten Rhythmus einer alltäglichen Beschäftigung beruhigen und zu einem freieren Redefluß finden würde.

Es schien zu klappen. Eine halbe Stunde später redete sie, beinahe ohne zu stocken.

»Ursprünglich kommen Sie also aus St. Louis?« fragte Ben.

»Ja.«

Ben nahm einen Teller aus dem Spülwasser. »Und wie sind Sie in Tulsa gelandet?«

»Das ist eine lange Geschichte.«

»Ich habe Zeit.«

»Warum wollen Sie das wissen?« Ihre Stimme bekam einen bitteren Beiklang. »Bisher hat sich noch keiner dafür interessiert.«

Ben fuhr mit dem Schwamm in ein Whiskey-Glas. »Vielleicht haben Sie es nie der richtigen Person erzählt.«

»Ich habe es allen erzählt, die ich kannte. Alle haben zu meinem Stiefvater gehalten.«

»Hast du dich nicht mit ihm verstanden?«

»Er hat mir weh getan. Und er hat mich belästigt. Mehrere Male.«

Ben stellte das Glas auf ein Geschirrtuch. »Oh.«

Sie schaute zu ihm auf. »Wissen Sie, das ist das erste mal, daß ich darüber rede. Als es passierte, habe ich gar nicht gewußt, was er da macht, und warum er es macht, und wie das heißt.«

»Wann hat es angefangen?«

»Vor drei Jahren. Gleich als er meine Mutter geheiratet hatte und bei uns eingezogen war. Er hat mich andauernd im falschen Moment und an den falschen Stellen berührt. Außerdem hat er blöde Witze gerissen und dumme Fragen gestellt. Ob ich mit ihm unter die Dusche gehen will und so.«

»Es ist immer schlimmer geworden. Und dann hat er mal eine große Party für seine Freunde geschmissen – lauter Männer. Sie haben getrunken und Haschisch geraucht und sind ausfällig geworden. Mein Stiefvater kam in mein Zimmer und hat gesagt, ich soll zu ihnen kommen. Ich wollte nicht, aber er hat mich gezwungen. Meine Mutter war natürlich nicht zuhause. Er hat mich aus meinem Zimmer geschleift, und sie haben mir Alkohol zu trinken gegeben, obwohl ich noch nie Alkohol getrunken hatte, und dann sollte ich Haschisch rauchen, und bald haben sie mich dann einfach herumgereicht und haben mich betrachtet und haben mir unter den Rock gefaßt und …«

Sie schaute weg. »Es war scheußlich. Aber ich war schon so hinüber, daß ich gar nicht richtig wahrgenommen habe, was passiert ist. Das heißt, ich habe es schon mitgekriegt, aber es war, als ob das eigentlich gar nicht ich wäre – oder wie in einem Traum. Irgendwann muß ich dann bewußtlos geworden sein. Ich bin erst am nächsten Morgen wieder aufgewacht.«

Sie nahm ein Glas in die Hand und rieb es auch dann noch heftig ab, als es längst trocken war. »Als ich aufgewacht bin, habe ich gemerkt, daß ich ganz nackt war. Und ich habe sonst nicht nackt geschlafen, falls Sie sich das gerade überlegen. Dann habe ich gesehen, daß ich nicht in meinem Zimmer war, sondern in seinem. In seinem Bett. Und dann …« Sie stellte das Glas auf die Ablage. »Und dann habe ich gemerkt, daß er neben mir lag und auch nichts anhatte.«

Sie schloß die Augen, um die Tränen zurückzuhalten. »Ich hätte nicht gedacht, daß es noch schlimmer kommen könnte. Aber da habe ich mich getäuscht. Als ich mich aufsetzte, sah ich, daß ein Freund von meinem Stiefvater auf der anderen Seite von mir lag, und der war auch nackt.«

Ben spürte, wie sich sein Magen krampfte. Er ließ ein paar Teller ins Spülwasser gleiten.

»Ich wußte nicht, was ich machen soll, ich wußte nur, daß ich da weg mußte. Ich habe mich angezogen und bin aus dem Haus gerannt. Ich wollte einfach weglaufen und nie mehr zurückgehen. Aber wo konnte ich hin? Ich hatte kein Geld, keine fünfzig Cent. Ich wußte nichts über Busse oder Züge oder Asyle. Ich bin einfach ziellos durch die Straßen geirrt. Ein paar Stunden später hat er mich gefunden. Er hat mich an den Haaren gepackt, ein paarmal ins Gesicht geschlagen und ins Auto gezerrt. Zuhause hat er mich dann richtig zusammengeschlagen. Ich hatte Blutergüsse, ein blaues Auge und Striemen. Die Narbe auf der Nase habe ich auch daher. Meine Mutter war die ganze Zeit dabei, aber sie hat kein Wort gesagt. Ich habe nach ihr geschrien, aber sie ist nicht dazwischengetreten. Sie hatte selber fürchterlich Angst vor ihm.«

»Sie hätten zur Polizei gehen sollen«, sagte Ben.

»Habe ich gemacht. Ungefähr eine Woche später, als mir mein Stiefvater gesagt hatte, daß er wieder eine Party schmeißen will, und daß ich gefälligst dazusein hätte. Um die Gäste zu bewirten. Ich mußte unbedingt verhindern, daß es noch einmal geschah. Sonst würde ich sterben, daß war ich ganz sicher. Deshalb bin ich zur Polizei gelaufen, und habe denen erzählt, was er mit mir gemacht hat. Sie haben mich in einen winzigen Raum geführt, in dem vier Polizisten waren, und ich habe ihnen alles erzählt, immer wieder. Ich habe mich über mich selber gewundert – es ist nur so aus mir herausgesprudelt. Ich habe ihnen alles über meinen Stiefvater erzählt.«

»Und?«

Ihre Lippen verzogen sich und begannen zu zittern. »Sie haben mir nicht geglaubt. Keiner von ihnen. Sie haben gesagt, das sei alles erfunden.«

»Ob sie Ihnen geglaubt haben oder nicht – sie hätten auf jeden Fall ermitteln müssen.«

»In gewisser Weise haben sie das auch gemacht. Sie haben meinen Stiefvater angerufen. Obwohl ich sie angefleht habe, ihm nichts zu sagen. Er ist total wütend auf die Wache gekommen. Sie haben ihn zu mir in diesen winzigen Raum gebracht, und – wer hätte das gedacht! – er stritt alles ab.«

»Gab man Ihnen die Möglichkeit, Zeugen zu benennen?«

»Wen hätte ich benennen sollten? Außer seinen Kumpels und meiner Mutter wußte ja niemand etwas davon. Und die hätten nichts gesagt. Es stand einfach Aussage gegen Aussage, und die haben meinem Stiefvater geglaubt.«

»Gab es eine Verhandlung?«

»Ja.« Mit beiden Händen hielt sie sich am Spültisch fest. »Mein Stiefvater ist mit einem Anwalt und einem Polizistenkumpel aufgetaucht, und dann war da noch so ein Typ. Den habe ich überhaupt nicht gekannt, aber der hat behauptet, er sei mein Vormund. Was für ein Witz! Kein Wort hat der mit mir geredet. Der Polizistenkumpel hat dann alles arrangiert. Er hat sich ganz im Vertrauen mit dem Richter unterhalten, und bevor seine Kollegen ihre Aussagen machten, hat er sich mit denen verständigt. Er hat alle davon überzeugt, daß ich bloß eine Querulantin sei. Ein Disziplinproblem haben sie mich dann dauernd genannt.«

»Ich habe gar nicht alles verstanden, was der Richter sagte. Jedenfalls hat er die Entlassung aus der elterlichen Gewalt abgelehnt und angeordnet, daß ich wieder zu meinem Stiefvater zurück muß. Stellen Sie sich das mal vor! Ich kam da einfach nicht weg, egal was ich auch versuchte. Ein Rich-

ter ordnete an, daß ich wieder bei dem Mann wohnen mußte, der ...« Sie wandte sich von Ben ab und wischte sich die
Augen.

Ben räusperte sich. Er wollte sie trösten und hätte ihr gern
gesagt, daß er sie verstand, doch er wußte nicht, wie er es
anfangen sollte.

»Beim Jugendamt liegt vieles im argen.«

»Recht?!« Nun ließ sie ihren Tränen freien Lauf. Ben nahm
ihr den Teller aus der Hand und brachte sie ins Wohnzimmer. Schluchzend rollte sie sich auf dem Sofa zusammen.
Ben setzte sich neben sie und wartete.

Es dauerte ziemlich lange, bis Trixie sich beruhigt hatte.
Erst dann stellte Ben wieder eine Frage. »Bist du nach der
Verhandlung mit deinem Stiefvater nach Hause gegangen?«

»Ich hatte keine andere Wahl. Die haben mich direkt zu im
ins Auto gesetzt. Sobald wir um die nächste Ecke gebogen
waren, hat er mich mit der Faust ins Gesicht geschlagen und
gesagt, das war nur ein Vorgeschmack, warte nur, bis wir
zuhause sind.«

Ben schluckte. Er scheute sich zu fragen, was dann passiert war.

»Als wir im Haus waren, hat er sich richtig haßerfüllt zu
mir umgedreht, wie wenn er mich mit bloßen Händen umbringen würde, und da habe ich ihn direkt zwischen die Beine getreten. Bevor er wußte, was los war. Ganz fest. Er ist zu
Boden gegangen. Ich habe mir seine Brieftasche geschnappt,
bin zur Tür hinausgerannt und zum Busbahnhof gelaufen.
Dort habe ich den ersten Bus genommen, der abfuhr, und
bin nicht ausgestiegen, bis ich in Tulsa war.«

»Hast du Verwandte in Tulsa?«

»Nein, ich habe überhaupt keine Verwandten. Jedenfalls
weiß ich von keinen. Ich bin hier ausgestiegen, weil mir das
Geld ausgegangen ist. Aber am Busbahnhof hat mich jemand mitgenommen. Einer, der da für Sonny die Augen of-
fenhält.«

»Sonny ist ... Ihr Boß?«

»Ja. Ich hatte eigentlich keine Hoffnung mehr. Das Geld
von meinem Stiefvater war fast aufgebraucht. Ich habe ge-

dacht, ich müßte verhungern oder erfrieren – oder ich würde zu meinem Stiefvater zurückgeschickt werden, was das Allerschlimmste gewesen wäre. Sonny hat mir Hoffnung gegeben. Er hat mir angeboten, daß er sich um mich kümmert.«

»Wenn Sie für ihn arbeiten.«

»Ja. Gefallen hat es mir nicht, aber was sollte ich machen? In meinem Alter hätte ich nicht einmal bei McDonald's einen Job bekommen. Sogar Sonny wollte mich zuerst nicht für sich arbeiten lassen.«

»Ich wußte gar nicht, daß er es so genau nimmt.«

»Sonny verlangt von allen seinen Mädchen regelmäßig ein Gesundheitszeugnis. Bevor man bei ihm anfängt, sowieso. Er sagt, er will nicht, daß wir Krankheiten verbreiten, weil das Kunden abschrecken würde. Ohne mich irgendwie ausweisen zu können, bekam ich aber kein Gesundheitszeugnis. Gott sei Dank war da noch Buddy. Der beste Freund, den ich je hatte. Im Grunde mein einziger Freund. Er hat sich als mein Stiefvater ausgegeben und eine Kopie von meiner Geburtsurkunde ergattert.«

»Und Sie haben die Gesundheitstests bestanden?«

»Natürlich. Seither gehe ich auf den Strich. Was ich mir erträumt habe, ist das nicht gerade, aber von irgendwas muß ich ja leben!«

Ben blieb einen Augenblick lang stumm, bevor er sagte: »Das ist aber sehr riskant.«

»Mensch, das ganze Leben ist ein Risiko. Wenn Sie mir nicht glauben, müssen Sie bloß mal versuchen, in diesen Stöckelschuhen über die Straße zu gehen.«

»Wie lange sind Sie schon von zuhause weg?«

»Schon über ein Jahr.«

Ben sackte auf dem Sofa etwas zusammen. Über ein Jahr. Schon mehr als 365 Tage auf der Straße. »Trixie, das tut mir alles so leid, ich möchte …«

»Ach was, mir müßte es leid tun. Was bin ich doch für eine Heulsuse.« Sie wischte sich die Tränen ab und lächelte. »Sie sind ein netter Typ, wissen Sie das. Richtig süß.«

»Jeder andere würde genauso reagieren …«

»Ich weiß nur zu gut, daß das nicht stimmt. Das können Sie mir glauben.« Sie zeigte mit dem Kopf zur Treppe. »Wollen Sie … Sie wissen schon … Wollen sie mit mir raufkommen?«

Ben schloß die Augen. »Nein, Trixie. Ich glaube nicht, daß das …« Er suchte krampfhaft nach den richtigen Worten. »Wir müssen noch mehr miteinander besprechen. Ich weiß, das ist schwer für Sie. Aber ich muß wissen, wie Sie in diesen Kindergarten-Club geraten sind.«

Trixie zuckte mit den Schultern. Sie war enttäuscht, wollte es aber nicht zeigen. »Den Kindergarten-Club gab es schon lange vor meiner Zeit. Ich bin erst spät dazugekommen. Sie haben mich reingenommen, als Carol Jo nach Los Angeles gegangen ist.«

»Und wer ist in diesem Club?«

»Ein Haufen alter Männer. Auf dem Strich oder in Lokalen, wo man Frauen haben kann, wollten sie sich nicht sehen lassen. Darum hat einer von ihnen alles arrangiert. Quasi der Oberfiesling. Der hat uns immer abholen und zum Spielplatz fahren lassen – das ist nördlich von Tulsa in einer Gegend, wo sonst niemand hingeht, auch keine Bullen. Wenn wir fünf Mädchen dann dort waren, sind die Männer aufgekreuzt, und dann haben wir … irgendwelche Sachen gemacht.«

»Was für Sachen?«

»Was die gerade wollten. Das hat sich von einer Nacht zur nächsten geändert. Meistens irgendeine komische Vorführung, damit die auf Touren gekommen sind und zum Abschluß dann die übliche Orgie.«

»Orgie?«

»So haben die das immer genannt. Es war aber eigentlich keine Orgie, weil es die meisten von den Typen nur einmal gebracht haben, und dann auch nur dreißig Sekunden lang.«

»Und was für Vorführungen?«

»Ach, wir haben irgendwelche Kostüme angezogen, oder wir haben einen Striptease gemacht. Einmal haben wir uns ausgezogen und dann irgendwie aneinander rumgemacht. Das fanden die echt gut. Ein anderes Mal haben wir sie auf uns pinkeln lassen. Das hat sie total angetörnt. Einmal haben wir auch ein paar von denen gefesselt und, na ja, ihre Pimmel gekitzelt. Ich hab' mich aber nicht fesseln lassen. Da hab ich gesagt, bis hierher und nicht weiter.«

Gott sei Dank. Ben biß die Zähne fest zusammen. Er wußte nicht, was schwerer zu ertragen war: Daß sie an allen diesen Sachen beteiligt gewesen war, oder daß sie so sachlich darüber sprach. »Warum haben Sie da mitgemacht?«

»Weil Sonny mir das befohlen hatte. Außerdem war es sehr gut bezahlt. Nach jedem Club-Abend konnte ich es mir leisten, eine oder zwei Nächte freizunehmen. Manchmal hat mir Sonny die Erlaubnis gegeben.« Ihre Stimme wurde leiser. »Dafür kann man verdammt viel in Kauf nehmen.«

»Dieser eine Typ, den Sie erwähnt haben, der Oberfiesling – wie hat der ausgesehen?«

»Das weiß ich nicht. Ich habe nur von ihm gehört. Gesehen habe ich ihn nie.«

»Und die anderen Männer. Würden Sie sie wiedererkennen?«

»Hhmm. Möglich. Wissen Sie, man sagt uns, wir sollen den Typen nicht ins Gesicht schauen, und ich glaube, das ist ein guter Rat.«

»Können Sie sich an *irgendeinen* von denen erinnern?«

»Einen habe ich wiedererkannt, als ein Bild in der Zeitung war. Den hat jemand umgebracht.«

Ben beugte sich gespannt vor. »Wie war sein Name?«

»Weiß ich nicht mehr, aber es war der Typ, der uns immer zum Spielplatz rausgefahren hat.« Trixie ging zum Wandschrank auf der anderen Seite des Zimmers und holte eine zusammengefaltete Zeitung heraus. »Da, ich habe die Zeitung aufgehoben.«

Ben sah sofort, daß es der Artikel über den Mord an Howard Hamel in der Tulsa World war. Links oben war ein Bild von Howard.

»Haben Sie nicht geahnt, daß auch Sie in Gefahr sind, als Sie dieses Bild sahen?«

»Das wußte ich bereits. Geahnt habe ich es schon, als Angel verschwunden ist.« Ihre Augen röteten sich. »Ich habe

243

ihr zum Geburtstag eine Halskette mit einem abgebrochenen Goldherzen geschenkt. Die eine Hälfte habe ich behalten, und sie hat die andere bekommen. Ein Symbol dafür, daß wir das ganze Leben lang Freunde bleiben wollten.« Sie starrte auf den Teppich. »Am nächsten Tag war sie schon nicht mehr da, und nun ist sie tot.«

»Was haben Sie dann gemacht?«

»Verdacht habe ich schon bei Angel geschöpft. Aber als dann auch Suzie und Barbara verschwunden sind, war ich ganz sicher. Ich habe versucht, Bobby Rae in Sicherheit zu bringen, aber es war schon zu spät. Und jetzt verfolgt er mich.«

»Wer?« Ben packte sie fest an den Schultern. »Wer verfolgt Sie?«

»Ich weiß es nicht. Ich habe ihn nie gesehen. Am Tag, nachdem er den Polizisten beinahe umgebracht hat, suchte er den ganzen Strich nach mir ab.«

»Deshalb sind Sie untergetaucht.«

»Ja. Nur wußte ich nicht, wo ich mich verstecken konnte. Sonny hat mir überhaupt nicht geholfen. Er wollte mich gleich wieder auf die Straße schicken. Der Polizei hätte ich mich auf keinen Fall noch einmal anvertraut. Der einzige, der mir Hilfe angeboten hat, war Buddy. Dieses Haus hat er von seiner Großmutter geerbt. Er hat gesagt, daß ich hier unterkriechen kann.«

»Gott sei Dank«, murmelte Ben. Wenn Buddy das Mädchen nicht von der Straße geholt hätte … Er mochte gar nicht daran denken, was passiert wäre. »Lebt Buddy allein?«

»Ja. Abgesehen von mir. Mit seinem früheren Freund hat es irgendwie nicht mehr funktioniert. Er hatte also genügend Platz für mich.«

»Als wir Sie suchten, hat man uns gesagt, wir sollten den Pennies folgen. Darf ich fragen, was es mit den Pennies auf sich hat?«

Sie errötete. Nun war sie zum erstenmal verlegen. »Ach, das … Das ist unwichtig.«

»Ich bin aber neugierig.«

»Ach, ich versuche eben, Leuten eine kleine Freude zu ma-

244

chen, wenn ich kann. Hier ist alles so schlimm. Ich finde, da
tut jede Kleinigkeit gut. Manchmal klaue ich einem Typen
das Kleingeld aus der Tasche und kaufe Blumen für die anderen Mädchen. Oder ich organisiere ein Frühstück im Bett.
Und wenn ich Pennies bekomme, werfe ich sie immer auf
den Boden. Damit andere sie finden können.«

»Für den Finder ist das dann ein Glückspenny.«

»Genau.« Sie war richtig rot geworden. »Total blöd, natürlich.«

Ben lächelte. »Absolut nicht.«

Sie rutschte verlegen auf dem Sofa herum.

»Etwas möchte ich sie noch fragen.« Ben betastete vorsichtig seine Seite. »Womit haben Sie mich gestochen?«

»Oh! Als Sie hereingekommen sind, war ich gerade in der
Küche. Ich habe mir einfach das Erstbeste geschnappt – den
Stab von Bens Elektromesser.«

»Das hat verdammt weh getan«, sagte Ben. »Bin ich froh,
daß Sie nicht bis zum Besteckkasten vorgedrungen sind.«

»Es tut mir so leid, daß ich Sie verletzt habe. Aber ich hatte
schreckliche Angst.« Sie legte ihre Hand auf sein Bein.
»Kann ich das nicht irgendwie wiedergutmachen?«

»O doch.« Ben nahm ihre Hand und ließ sie sachte in ihren Schoß fallen. »Schließen Sie in Zukunft die Haustür
ab.«

42

Nachdem Ben fast drei Stunden mit Trixie gesprochen hatte,
bekam er das Gefühl, daß er alles wußte, was sie ihm sagen
konnte. Das meiste bezog sich nicht direkt auf die Mordfälle.
Wie er jedoch aus Erfahrung wußte, erwies sich oft gerade
das, was zunächst irrelevant erschien, als besonders aufschlußreich. So versuchte er soviel wie möglich über Trixie,
den Kindergarten-Club und das Leben auf der »Promenade«
zu erfahren.

»Trixie, ich muß für eine kurze Zeit weg, aber ich möchte

sie nicht allein lassen. Wie lange dauert es noch, bis Buddy wiederkommt?«

Trixie schaute auf die Wanduhr. »Er müßte eigentlich schon da sein. Wahrscheinlich trinkt er noch irgendwo einen Kaffee. Er kommt sicher gleich.«

»Ich lasse Sie nicht allein«, sagte Ben entschieden. »Ich rufe einen Freund an, der bei Ihnen bleibt, bis ich wieder da bin.«

Ihr Gesicht verriet plötzlich wieder Angst. »Aber keinen Polizisten. Ich will hier keine Polizisten haben.«

»Trixie, es ist zu Ihrem Schutz.«

»Das haben die schon mal gesagt, und gleich darauf bin ich zusammengeschlagen worden. Woher soll ich wissen, daß der Mörder kein abartiger Bulle ist?«

»Trixie, ich glaube nicht …«

»Wenn Sie einen Polizisten anrufen, laufe ich sofort weg. Sie werden mich nicht daran hindern können.«

Ben seufzte. »Okay. Was ist dann mit einer Frau? Keine Polizistin. Eine Frau, die ich gut kenne, und der ich vertrauen kann.«

Sie nickte kaum merklich. »Das wäre wohl in Ordnung. Ihre Freundin?«

»Eine Freundin von mir. Eine sehr gute.«

Ungefähr eine halbe Stunde später kam Christina. Sie war noch sehr verschlafen und ihr Haar war ein einziges wirres Durcheinander. Aber sie war da. Sie trug einen grauen Trainingsanzug und Turnschuhe.

»Ben, weißt du, wie spät es ist.«

Er schaute auf die Uhr. »Fast vier Uhr früh.«

»Das war eine rhetorische Frage, Ben.« Sie nickte dem Mädchen zu, das vom Sofa wachsam herüberschaute. »Ist das …?«

»Ja. Die langgesuchte Trixie.«

»Dachte ich mir. Du entwickelst dich langsam zum Meisterdetektiv. Alle Achtung.«

Ben stellte die beiden einander vor. Als sie ein paar Minuten miteinander geplaudert hatten, schien sich Trixie in Christinas Gesellschaft schon recht wohl zu fühlen. Chri-

246

stina gelang es in kürzester Zeit, das Mädchen in ein lebhaftes Gespräch über Rockgruppen und Videoclips zu verwickeln. Für den Notfall schrieb Ben Trixie seine Geschäfts- und Privatadresse und seine Telefonnummern auf.

»Ich fahre zu meinem Appartement«, erklärte er ihr. »Ich muß im Büro Bescheid sagen, daß ich heute nicht komme, und dann muß ich noch bei einem … Freund von mir anrufen. Außerdem muß ich meine Katze füttern. Wenn ich das alles erledigt haben, komme ich sofort wieder her.«

»Prima.« Ben freute sich, daß Trixie ein wenig lächelte. Allmählich vertraute sie ihm.

Er winkte Christina zum Eingang und sagte leise: »Sie hat eine höllische Angst vor der Polizei. Deshalb habe ich noch nicht bei Mike angerufen. Ich hole das aber gleich nach, wenn ich zuhause bin. Wenn dir irgend etwas verdächtig vorkommt, oder wenn sich hier jemand anders als Buddy Zutritt verschaffen will, rufst du sofort die Polizei an, ob das Trixie nun paßt, oder nicht.«

»Alles klar.«

»Geh kein Risiko ein.«

»Das größte Risiko ist wohl, daß ich wieder in den Schlaf versinke, nach dem mein Körper so dringend verlangt.«

Ben wandte sich an Trixie. »Falls Christina die Augendeckel zufallen sollten, geben Sie ihr einfach einen Stoß mit dem Mixerstab.« Er grinste Christina an. »Dann bist du garantiert gleich wieder hellwach.«

Die Straßen Tulsas lagen noch in tiefer Dunkelheit. Die Lichter der Universität, an der Ben vorbeikam, warfen einen fahlen bläulichen Schein auf die Windschutzscheibe. War das vielleicht eine Nacht gewesen! Aber es hatte sich gelohnt, daß er sie sich um die Ohren geschlagen hatte. Die Einzelteile des Puzzles paßten allmählich zusammen. Hamel, der Kindergarten-Club, der Unfall in Camp Sequoyah – so langsam ergab das alles einen gewissen verqueren Sinn. Zwar wußte er immer noch nicht, wer der Mörder war, doch die Anzahl der Personen, die in Frage kamen, hatte deutlich abgenommen.

247

Ben bog nach Lewis ab und hielt ein paar Minuten später vor seiner Pension am Bordstein. Im Parkverbot. Aber um diese Zeit brauchte man das wohl nicht so genau nehmen. Er stieg aus und reckte sich. Vielleicht sollte er sich eine Dusche und eine Rasur gönnen, um wieder einen klaren Kopf zu bekommen, bevor er Mike anrief.

Ben ging auf das Haus zu, blieb aber gleich wieder abrupt stehen. Komisch. Sein Fenster stand offen. Dabei konnte er sich nicht erinnern, es aufgemacht zu haben. Er ließ es eigentlich nie offenstehen. Allein schon, damit Giselle nicht entwischte. Hatte vielleicht Mrs. Marmelstein das Fenster geöffnet? Aber sie ging doch normalerweise nicht in sein Appartement, wenn er nicht da war.

Er stellte sich direkt unter das Fenster. Es war gar nicht offen – es war eingeschlagen.

Ben stieß die Tür auf und rannte die Treppe hinauf. Im Flur zögerte er einen Augenblick. Wenn der Einbrecher nun noch da war? Und wenn schon! Das Risiko mußte er eingehen.

Er drehte den Türknauf und warf die Tür mit Schwung auf. Ihm stockte der Atem.

Das Zimmer war nicht nur durchwühlt, sondern völlig demoliert worden.

43

Als Buddy zu sich kam, fand er sich an einen Stuhl gefesselt wieder. Seine Hände waren an etwas festgebunden – an einem Tisch vielleicht. Es war zu dunkel, um genau sagen zu können, was es war, oder wo er sich befand. Was zum Teufel war ihm auf dem Heimweg von der Promenade zugestoßen?

»Ah, unser Dornröschen erwacht.«

Buddy hörte Absätze auf sich zuklappern. »Was geht hier vor? Was ist mit mir passiert? Warum bin ich gefesselt?«

Ein leises Knacken und plötzlich war der Raum in ein gleißendes Licht getaucht. Buddy konnte immer noch nicht erkennen, wo er sich befand. In einem billigen Motelzimmer? Ein Mann, den er noch nie gesehen hatte, stand vor ihm. Er war ganz in schwarz gekleidet, bis hinab zu den Spitzen seiner Cowboystiefel. »Ich möchte Ihre Fragen in umgekehrter Reihenfolge beantworten – Sie sind gefesselt, damit Sie nicht entwischen können; ich habe Ihnen in der Eighth Street einen Knüppel auf den Kopf geschlagen; Sie werden mir sagen, wo Trixie ist.«

»Trixie? Wer ist denn diese Trixie? Schon die ganze Woche fragen Leute nach ihr, aber ich weiß überhaupt nichts über sie.«

Der Mann lächelte. »Meine Informanten sind anderer Meinung.«

»Dann sind Ihre Informanten nicht ganz richtig im Kopf. Ich hab's nicht mit Frauen. Schon gar nicht mit Nutten.«

»Ach ja? Und woher wissen Sie, daß Sie eine Nutte ist? Ich dachte, Sie wissen überhaupt nichts über sie?«

Buddy stockte einen Augenblick. »Das ist doch naheliegend …«

»Geben Sie sich keine Mühe. Ihr Gesicht verrät sie.«

»Hören Sie, ich habe einen Bekannte, der kennt jede Nutte, die in den letzten zwanzig Jahren hier durchgekommen ist. Mit dem bringe ich Sie zusammen, dann wird sich schon …«

»Halten Sie den Mund.« Er beugte sich über Buddy. »Sind Sie Rechts- oder Linkshänder?«

»Linkshänder. Warum?«

Der Mann nahm Buddys linke Hand und packte den Mittelfinger. »Wo ist Trixie?«

»Ich habe Ihnen doch gesagt, ich kenne keine …«

Der Mann drückte den Finger so weit nach hinten, wie er sich biegen ließ, ohne zu brechen. »Ich gebe Ihnen eine letzte Chance. Wo ist Trixie?«

Buddys Atem ging ganz schnell. Er versuchte den Schmerz und die Angst auszublenden und seinem Peiniger seine Hand zu entwinden. »Ich weiß es nicht. Fragen Sie …«

Der Mann bog den Finger ganz nach hinten. Die Knochen zersplitterten. Buddys Finger baumelte schlaff herunter.

Buddy brüllte. Noch nie hatte er derartig unerträgliche Schmerzen gehabt. Der ganze linke Arm begann heftig zu zittern. Er konnte ihn nicht ruhig halten. Alle Nerven schienen lichterloh zu brennen. Er brüllte unaufhörlich, bis er keine Luft mehr bekam.

Der Mann saß ihm am Tisch gegenüber und wartete geduldig. »Sind Sie nun bereit, zu reden?«

Buddy starrte hilflos über den Tisch. Er hätte gar nicht sprechen können, selbst wenn er es gewollt hätte. Seine Lippen formten Worte, doch er brachte keinen Ton heraus.

»Nein?« Der Mann zuckte mit den Schultern. »Wie Sie wollen.« Er nahm Buddys rechte Hand und packte den Mittelfinger. »Vielleicht wundern Sie sich, warum ich die andere Hand nehme. Nun, weil ich annehme, daß Sie in Ihrem linken Arm nicht noch mehr Schmerzen aushalten würden – und wir wollen doch nicht, daß Sie vorzeitig ohnmächtig werden. Deshalb fangen wir an anderer Stelle von neuem an.«

Er beugte sich direkt vor Buddys Gesicht. »Auf diese Weise können wir Ihre derzeitigen Schmerzen verdoppeln.«

Buddys Kopf baumelte hin und her. Mit flehendem Blick sagten seine Lippen tonlos nein. Tränen strömten ihm über das Gesicht.

»Verlieren Sie allmählich die Lust an der Geheimnistuerei? Kann ich gut verstehen. So eine junge Schlampe ist doch diese Tortur nicht wert.« Er drückte den Mittelfinger nach hinten. Das Gelenk spannte sich gegen das weiße Fleisch. »Wo ist Trixie?«

Buddy sog keuchend Luft ein. »Bitte nicht. Bitte …«

Der Mann verstärkte den Druck. Buddy spürte, daß der Knochen gleich brechen würde.

»Letzte Chance. Wo ist Trixie?«

Buddy stieß jetzt kurze, durchdringende Laute aus wie ein junger Seehund. »Nein … nicht.«

Sein Peiniger brach ihm nun auch den rechten Finger. Buddy schrie markerschütternd. Seine Schmerzen waren unerträglich. Wenn er nur ohnmächtig würde, wenn ihn nur irgend etwas von diesem Alptraum befreien würde. Doch es gab kein Entrinnen. Er sah nur noch den Mann in den schwarzen Stiefeln mit seinem bösartigen Grinsen – und fühlte nichts als den unerträglichen Schmerz.

»Wollen sie immer noch nicht reden? Erstaunlich. Die Erschütterung Ihres Nervensystems muß unglaublich groß sein.« Er legte seine Hand auf Buddys Augen.

Buddy warf den Kopf auf die Seite, doch er war vollkommen hilflos. Seine Fesseln waren so straff, daß seine heftig zuckenden Arme unbrauchbar waren.

»Bitte hören Sie auf. Bitte …«

»Ich möchte ja aufhören, Buddy.« Der Mann streichelte Buddys Gesicht. »Meinen Sie etwa, das macht mir Spaß? Nein, ich tue es nur ungern. Aber ich brauche eine bestimmte Information, und zwar schnell. Viel zuviele Leute stecken ihre Nase in meine Angelegenheiten. Wenn ich mich dieser Trixie nicht schleunigst annehme, könnte das zu schwerwiegenden Komplikationen führen. Verstehen Sie?«

Er beugte sich vor, und küßte Buddy auf die Wange. »Sagen Sie mir doch bitte, wo sie ist.«

Buddy schaute den Mann mit blutunterlaufenen Augen an. Die Schmerzen ließen nicht nach – im Gegenteil – sie wurden von Sekunde zu Sekunde schlimmer. Seine Hände schwollen immer stärker an, und er hatte das Gefühl, daß sie gleich explodieren würden.

»Bitte«, murmelte Buddy. »Lassen Sie meine Finger.«

»Ach, Sie haben Angst um Ihre Finger? ›Herr Doktor, wenn ich mit dem Leben davonkomme, kann ich dann auch Klavier spielen? Ach wirklich? Vorher konnte ich es nämlich nicht?‹« Er lachte dröhnend und schlug Buddy auf die Schulter. »Urkomisch, was? Sie lachen ja gar nicht. Ich mag' es aber, wenn die Leute über meine Witze lachen.«

Buddy versuchte zu lächeln, hatte aber nicht die Kraft dazu.

Das Grinsen hörte abrupt auf. »Ich werde Ihre Finger in Ruhe lassen, weil ich vermute, daß Sie sonst ohnmächtig werden, und mir ist sehr daran gelegen, daß Sie bei Bewußtsein bleiben. Darum werde ich einen anderen Weg einschlagen.«

Der Mann holte ein Futteral aus der Tasche und zog ein langes Messer mit breiter Klinge heraus. »Mir ist nach einem kleinen chirurgischen Eingriff, Buddy. Nichts besonders Gravierendes. Nur die Entfernung einiger wichtiger Organe. Sie werden gar nicht merken, daß Ihnen etwas fehlt.«

Er drückte seine Nase an Buddys Nase. »Die Fragerei werde ich mir jetzt schenken. Sie wissen ja, was ich hören will. Wenn Sie wollen, daß ich aufhöre, brauchen sie bloß anfangen zu reden.«

Er löste den Gürtel an Buddys Hose. »Lassen Sie mal sehen. Wo sollen wir anfangen?«

Buddy schluchzte und schrie. Er war wütend und verzweifelt zugleich. Er zitterte am ganzen Körper. Nicht nur wegen der Schmerzen fühlte er sich so elend, sondern weil er wußte, daß er reden würde.

44

Ben starrte ganz entgeistert in sein Appartement. Es glich einem Schlachtfeld, auf dem sich eine unglaubliche Zerstörungswut ausgetobt hatte. Alles, aber auch gar alles, war kurz und klein geschlagen. Plexiglassplitter von seiner Stereoanlage waren über den Boden verstreut. Die Sofakissen waren aufgeschlitzt. Der Klavierdeckel ??? stand offen. Er schaute hinein. Klar – der Mistkerl hatte es demoliert.

Im Schlafzimmer sah es genau gleich aus und in der Küche noch schlimmer, weil es hier am allermeisten zum Kaputtschlagen gegeben hatte. Dennoch deutete in der ganzen Verwüstung eigentlich nichts darauf hin, daß die Wohnung durchsucht worden wäre. Es fehlten die üblichen Anzeichen wie durchwühlte Schubladen, herumliegende Akten.

Hier hatte keine Durchsuchung stattgefunden. Dies war eine Warnung.

Ben schlug sich mit der flachen Hand an die Stirn. Giselle! »Giselle? Meine Kleine?« Er machte mit der Zunge lockende Geräusche. »Komm her, mein Kätzchen.«

Keine Reaktion.

»Miez, miez miez. Komm. Ich bin wieder da.«

Er wartete auf irgendein Lebenszeichen, aber nichts rührte sich.

Er fühlte sich ganz leer. Die arme Katze. Er bückte sich und wühlte sich durch zerbrochene Schallplatten, zerrissene Bücher und aufgeschlitzte Bettwäsche. Vielleicht war sie irgendwo unter diesem Zeug begraben, irgendwo eingeklemmt.

Moment mal. Besser keine voreiligen Schlüsse ziehen. Die immer funktionierende Lockmethode hatte er noch nicht ausprobiert. Er lief in die Küche und durchwühlte den Schrank oder vielmehr das chaotische Durcheinander, das von ihm übriggeblieben war, bis er eine Dose ›Katzenglück‹ fand – Giselles Lieblingsfutter.

Er öffnete die Dose und wartete. Normalerweise dauerte es nie mehr als ein paar Sekunden, bis das Aroma Giselle anlockte. In der Regel strich sie schon um seine Beine, bevor er den Deckel ganz geöffnet hatte. Er gab nicht auf, schwenkte die Dose durch die Luft, weil er nicht wahrhaben wollte, daß es schon viel zu lange dauerte.

Bis es sich nicht mehr leugnen ließ. Er mußte sich eingestehen, daß sie längst aufgetaucht wäre, wenn sie gekonnt hätte.

Er lehnte sich an den Kühlschrank und wischte sich eine Träne aus dem Augenwinkel. Er konnte einfach nicht glauben, daß …«

Plötzlich hörte er etwas. Ganz leise, kaum wahrnehmbar. Was war das?

Er lauschte, um das Geräusch zu lokalisieren, und ging zum Spültisch, über dem sich das zerbrochene Fenster befand, das ihm von der Straße aus aufgefallen war.

Er kletterte auf den Spültisch und steckte den Kopf durch die zerbrochene Scheibe, wobei er aufpassen mußte, daß er sich nicht an den spitzen Glassplittern schnitt. Von hier aus sah er auf einen kleinen Dachvorsprung. Am äußersten Ende, wo sie sich gerade noch halten konnte, saß eine große schwarze Katze.

»Giselle!«

Er umwickelte seine Hand mit einem Geschirrtuch, klopfte die losen Glassplitter aus dem Rahmen und schob das Fenster nach oben. »Giselle! Ich bin's.«

Giselle hob langsam den Kopf. Sie war sehr verängstigt, erkannte aber ihr Herrchen. Sie hob den Kopf und kam vorsichtig auf das Fenster zugetapst.

Ben nahm sie auf den Arm und trug sie in die Küche. »Hast du dich auf das Dach geflüchtet?« Er wiegte sie in seinen Armen. »Was du doch für ein schlaues Kätzchen bist.«

Giselle schnurrte und schmiegte sich an Bens Hals. Es dauerte kaum zehn Sekunden, bis sie die offene Dose Katzenglück bemerkte, auf den Boden sprang und zu schmatzen anfing.

Ben freute sich, doch sein Lächeln verblaßte gleich wieder, als er versuchte sich darüber klar zu werden, was das alles zu bedeuten hatte, und wann es geschehen war.

Eigentlich mußte es tagsüber passiert sein. Abends und nachts waren zu viele Menschen im Haus, die von dem Lärm auf den Plan gerufen worden wären. Wenn die Verwüstung aber tagsüber stattgefunden hatte …

Tagsüber war nur Mrs. Marmelstein zuhause.

Ben schloß Giselle in das Schlafzimmer ein, damit sie nicht davonlief, rannte die Treppe hinunter und trommelte an die Tür seiner Vermieterin.

»Mrs. Marmelstein? Hier ist Ben! Alles in Ordnung?« brüllte er.

Keine Antwort.

Er hämmerte wieder an die Tür, die plötzlich einen Spaltbreit aufsprang. Sie war wohl nicht richtig zugezogen gewesen.

Er schob die Tür auf und trat ein. Wenn dieser gottverdammte Scheißkerl Mrs. Marmelstein etwas angetan hatte …

Aus dem Schlafzimmer drang die Stimme … des Nachrichtensprechers?

»Mrs. Marmelstein? Ich bin's, Ben Kincaid.«

Die Radiostimme verstummte. Ben erinnerte sich, daß

Mrs. Marmelstein das Radio die ganze Nacht laufen ließ. Nicht weil ihr das beim Einschlafen geholfen hätte, sondern als Zeitvertreib. Er hörte schwere Schritte auf dem Teppich und ein paar Sekunden später steckte Mrs. Marmelstein den Kopf durch die Schlafzimmertür. Offensichtlich hatte er sie geweckt. »Ihr Mietverhältnis in diesem Haus ist beendet, Mr. Kincaid.«

»Wie bitte?« Jetzt war er völlig verwirrt. »Geht es Ihnen gut?«

»Es geht mir so gut, wie es einer Frau gehen kann, die gerade den schlimmsten Tag ihres Lebens hinter sich gebracht hat.« In einen rosaroten wollenen Morgenmantel gehüllt, trat sie ins Wohnzimmer. »Es ist ein Wunder, daß ich heute nacht überhaupt zu etwas Schlaf gekommen bin.«

»Was ist denn passiert?«

»Spielen Sie nur nicht den Ahnunglosen, Ben Kincaid. Ich habe schließlich gehört, was Sie da oben für einen Krach gemacht haben.«

»Warum haben Sie nicht die Polizei gerufen?«

»Ha! War die nicht sowieso schon da? Haben Sie etwa nicht mit Ihren ungehobelten Freunden von der Polizei gefeiert? Was für ein Krach! Sogar Möbel haben Sie kaputtgeschlagen. Mein Gehör ist nicht so schlecht, wie Sie meinen.«

»Mrs. Marmelstein, das war ganz anders. Jemand …«

Er brach ab. Wenn er es sich so recht überlegte, dann klärte er sie besser nicht über den Einbruch auf und ließ sie in dem Glauben, daß ein wüstes Saufgelage stattgefunden hatte.

»Schrilles Gekreische habe ich auch gehört. Zweifellos Huren.« Sie schnaubte. »Hätte ich mir ja denken können.«

Gekreische? Das mußte wohl Giselle gewesen sein, das arme Ding. Selbst in sehr viel angenehmeren Situationen reagierte sie unfreundlich auf Fremde.

»Ich habe Ihnen gleich zu Beginn gesagt, daß ich so ein unzüchtiges Betragen nicht dulde. Es tut mir leid. Sie werden mir fehlen, und wie ich zu Rande kommen soll, wenn Sie meine Buchhaltung nicht mehr machen, weiß ich auch nicht. Trotzdem kündige ich Ihnen.«

»Mrs. Marmelstein …«

»Versuchen Sie erst gar nicht, mich umzustimmen. Mein Entschluß steht fest.«

»Mrs. Marmelstein …« Er hielt ihre Hand. »Es ist mir ein Rätsel, was über mich gekommen ist. Aber Männer sind eben manchmal so, das wissen Sie doch.«

»Und ob ich das weiß! Ich werde …«

»Dann können Sie mir doch bestimmt verzeihen. Nur dies eine Mal. Ich verspreche Ihnen hoch und heilig, daß es nie wieder vorkommt.« Er versuchte, möglichst zerknirscht dreinzuschauen. »Wenn ich Sie ganz lieb darum bitte?«

»Also, ich weiß nicht …«

»Ich komme natürlich für den ganzen Schaden auf …«

»Trotzdem …«

»Und ich regele Ihre finanziellen Angelegenheiten ein ganzes Jahr lang ohne Honorar.« Welch eine Einbuße. Auch bisher hatte er nie etwas verlangt.

»Nun, eine letzte Chance könnte ich Ihnen wohl noch geben.«

»Danke, Mrs. Marmelstein. Sie sind ein Schatz.« Er gab ihr einen Kuß auf die Wange und eilte zur Tür.

»Tut mir leid, ich muß gleich los.«

Ben raste die Treppe zu seinem Appartement hinauf. Von wegen duschen und rasieren! Er mußte Mike anrufen und sofort wieder zu Trixie fahren. Wenn dieser Wahnsinnige sich wieder austobte – und die Hinweise darauf waren nur allzu deutlich –, dann durften Trixie und Christina nicht allein gelassen werden.

45

»Wo ist er denn dann, verdammt noch mal?«

Die Telefonistin, auf der anderen Seite der Leitung versicherte Ben, daß sie nicht wußte, wo Lieutenant Morelli sich im Moment aufhielt.

»Aber es ist fast fünf Uhr früh!« schrie Ben. »Wenn er nicht zuhause ist, muß er dienstlich unterwegs sein.«

»Tut mir leid, Sir. Ich bin über seinen derzeitigen Aufenthaltsort nicht unterrichtet.«

»Können Sie wenigstens eine Nachricht übermitteln? Sagen Sie Mike, daß ich Trixie gefunden habe, der Mörder aber auch mich gefunden hat und Trixie und Christina womöglich in Gefahr sind. Er soll so schnell wie möglich zu der folgenden Adresse kommen.«

Ben gab Buddys Adresse durch, und die Telefonistin versprach, die Nachricht weiterzugeben, sobald Mike sich meldete.

Ben knallte den Hörer auf die Gabel und rannte aus dem Haus. Er hoffte nur, daß er nicht schon zu viel Zeit vergeudet hatte. Wenn der Mörder sogar ihn finden konnte, mußte man damit rechnen ...

Er sprang in seinen Honda und raste die Straße hinunter. Um diese Zeit war der Verkehr einfach ideal – es gab nämlich keinen. Daß er die Geschwindigkeitsbegrenzung weit überschritt und auch noch eine ganze Reihe anderer Verkehrsvorschriften mißachtete, spielte jetzt keine Rolle. Im Gegenteil. Um so besser, wenn er die Aufmerksamkeit der Polizei erregte. Er konnte jede Hilfe gebrauchen.

In weniger als zehn Minuten schaffte er es bis zur Eleventh Street, und zwei Minuten später parkte er den Wagen gegenüber von Buddys Haus. Er ging über die Straße.

Die Haustür war offen. Sie schlug im Wind.

Er kannte Christina gut genug, um zu wissen, daß sie das verhindert hätte – wenn es ihr möglich gewesen wäre. Als er auf die Tür zulief, hörte er Reifen quietschen. Ein anderes Auto kam um die Ecke. Er versteckte sich hinter einer hohen Hecke neben dem Haus.

Ben teilte die Zweige ein wenig, um hindurchsehen zu können. Er kannte das Auto nicht, und da die Scheiben getönt waren, konnte er nicht ins Wageninnere sehen. Kam der Mörder zum Tatort zurück, oder trat er erst jetzt auf? Bens Puls raste, seine Handflächen schwitzten. Warum stieg der Fahrer nicht aus dem verdammten Auto?

Es dauerte noch ein paar Sekunden, bis die Autotür aufging und ein vertrauter schäbiger Mantel auftauchte.

»Mike!« Ben lief auf ihn zu. »Wo ist dein Trans Am? Was ist das für ein Auto?«

»Gehört der Polizei. Ich war in der Eleventh Street unterwegs – auf der Suche nach irgendwelchen Anhaltspunkten. Als ich deine Nachricht über Funk erhalten habe, bin ich sofort losgefahren. Wie lange bist du schon hier?«

»Ich bin auch gerade gekommen. In diesem Haus ist Trixie bei einem Freund, Buddy, untergekrochen. Und vor ungefähr einer Stunde habe ich Christina hier bei dem Mädchen gelassen. Mein Appartement ist total demoliert worden. Ich habe dich angerufen, und bin dann so schnell wie möglich zurückgerast.«

»Die Haustür ist offen«, stellte Mike fest. »War das schon so, als du weggefahren bist?«

»Nein. Ich habe extra noch gesagt, Sie sollten nachsehen, ob die Türen fest verschlossen sind.«

Mit einem grimmigen Blick griff Mike nach dem Mikrofon des Funkgeräts, und als er Verstärkung angefordert hatte, zog er eine kleine MP aus dem Halfter. »Gibt es noch einen anderen Ausgang?«

»Hinten. Die Küchentür.«

Mike nickte. »Ich gehe rein. Du bleibst hier.«

»Vielleicht brauchst du Hilfe.«

»Sei nicht albern. Damit komme ich allein klar.«

»Das hat Tomlinson bestimmt auch gedacht.«

Mike runzelte schweigend die Stirn. Er hielt die MP mit beiden Händen in Schulterhöhe, und ging auf das Haus zu. Ben hielt sich dicht hinter ihm.

Als sie durch die Tür traten, sah Ben, daß das Schloß aufgebrochen worden war. Jemand hatte sich gewaltsam Zutritt verschafft. Das Wohnzimmer sah im wesentlichen noch gleich aus wie vorher, nur Trixie und Christina waren nicht da. Das Licht war ausgeschaltet. Ben sah den Mixerstab auf dem Sofa liegen. Einer der Schemel war umgefallen.

Plötzlich kam aus der Küche ein Geräusch, das er nicht identifizieren konnte.

»Christina!« rief Ben. »Trixie!«

Keine Antwort.

»Wohin geht es da?« fragte Ben.

»In die Küche.«

Die MP im Anschlag, schob sich Mike durch die Pendeltür. In der Küche war noch alles so, wie Ben es in Erinnerung hatte, nur der Wasserhahn war aufgedreht. Mike hob eine Geschirrtuch auf und drehte den Hahn zu. Er prüfte die Hintertür. Sie war von innen verschlossen.

»Du bleibst besser hier an der Tür«, sagte Mike.

»Versuch nicht dauernd, mich loszuwerden.«

»Das ist kein Vorwand. Wenn der Mörder im Haus ist, dann möchte ich auf keinen Fall, daß er durch die Hintertür entkommt. Warum soll ich den Kopf riskieren, wenn er uns dann doch durch die Lappen geht?«

»Ich bin dafür, daß wir zusammenbleiben.«

»Wieso? Die Verstärkung muß jede Minute kommen. Paß du einfach nur auf, daß der Kerl inzwischen nicht abhaut.«

»Mike, wir sollten wirklich …«

»Ben, mach bitte dieses eine Mal ganz einfach, was man dir sagt, ja?« Er schüttelte den Kopf, und Ben sah, daß ihm der Schweiß über die Schläfen lief. Auch Mike machte die Anspannung also zu schaffen.

»Gut. Ich bleibe hier. Aber nur, bis die Verstärkung da ist. Ruf bitte, wenn du Christina oder Trixie findest.«

Mike nickte und verschwand durch die Pendeltür.

46

Mike durchkämmte ohne Hast das ganze Erdgeschoß. Er bewegte sich vorsichtig, Schritt für Schritt. Für das Wohn- und Eßzimmer brauchte er nicht mehr als dreißig Sekunden – die ihm jedoch wie eine halbe Ewigkeit vorkamen.

Verdammt, reiß dich zusammen, Morelli! Du bist schließlich Polizist. Das darf dich nicht so mitnehmen.

Mike wischte sich den Schweiß von der Stirn und umklammerte die MP noch fester. Er konnte sich leider nicht verhehlen, daß er eine furchtbare Angst hatte.

Der Mörder war im Haus. Da war sich Mike ganz sicher. Der Mistkerl, der all die Mädchen ermordet hatte und beinahe auch Tomlinson umgebracht hätte, war hier irgendwo. Ben hatte den schwarzen Transporter mit den getönten Scheiben am Straßenrand stehen sehen. Aber das war nicht alles. Noch mehr konnte er sich auf seinen Instinkt als auf Beobachtungen verlassen. Er wußte einfach, daß der Mann hier war, er spürte es. Nie hätte er zugegeben, daß er sich von solchen Ahnungen leiten ließ, und dennoch war er sich ganz sicher.

Deshalb hatte er dafür gesorgt, daß Ben bei der Tür blieb. Wenn nicht einmal Tomlinson gegen diesen Kerl angekommen war, hatte Ben nicht die geringste Chance. Er wäre einfach nur im Weg. Nein, das war eine Sache zwischen ihm und dem Mistkerl, der versucht hatte, seinen Sergeant umzubringen.

Mike ging langsam die Treppe hinauf – eine Stufe nach der anderen. Die Klimaanlage sprang an. Mike zuckte zusammen. Herrgott, war er überdreht. Falls ihn der Mörder nicht tötete, erlag er am Ende noch einem Herzschlag.

Mike blieb oben an der Treppe stehen, ohne sich umzuwenden. Er hatte nicht vergessen, daß Tomlinson von dem Mörder eine Treppe hinuntergeworfen worden war und fast das Genick gebrochen hatte. Der Mistkerl sollte keine Chance erhalten, dasselbe nun auch mit Mike zu versuchen.

Von dem Flur gingen drei Türen ab; alle drei waren geschlossen. Wahrscheinlich zwei Schlafzimmer und ein Bad.

Er beschloß, sich die Zimmer der Reihe nach vorzunehmen. Vorsichtig schlich er über den Holzboden zum hinteren Zimmer, drückte sich an die Wand, fuhr dann herum und trat die Tür ein.

»Keine Bewegung!« In gebückter Haltung stand Mike in der Tür und sah sich blitzschnell um. Niemand war zu sehen.

Er schob sich langsam vorwärts und untersuchte jede Ecke, jeden Spalt. In dem Zimmer war bestens aufgeräumt, auch das Bett war gemacht. Wenn dieser Raum überhaupt genutzt wurde, dann von einer gerade, pingeligen Person. Er schaute unter das Bett und machte den Schrank auf. Nichts.

Mike trat wieder auf den Flur. Auf die gleiche Art wie vorher verschaffte er sich Zugang zum Bad. Die Tür knallte zwischen seinem Stiefel und der Wand hin und her. Sollte der Mörder noch nicht gemerkt haben, daß jemand hier war, dann wußte er es jetzt mit Sicherheit.

Auch im Bad war niemand – sofern er sich nicht in der Hausapotheke versteckte. Sei's drum. Er schaute auch dort nach. Nichts Auffälliges. Auch hinter dem Duschvorhang versteckte sich niemand.

Wieder trat er auf den Flur. Nur noch ein Raum. Hinter der einzigen Tür, die noch geschlossen war, mußte sich der Mörder befinden. Wenn nicht, konnte Ben seine Instinkte vergessen.

Er drückte sich an die Wand und fuhr herum. Bevor sein Fuß die Tür traf, spürte er, wie sich etwas um seinen Hals zusammenzog und nach hinten riß.

Er verlor das Gleichgewicht. Die MP fiel ihm aus den Händen. Nur die Kraft, die an seinem Hals zog, hinderte ihn am Fallen. Mike griff an seinen Hals, packte die dünne Schnur und versuchte, sie wegzuziehen. Doch er war nicht stark genug. Nun war die Schnur schon zweimal um seinen Hals gewickelt. Sie drückte ihm nicht nur die Luft ab, sie schnitt ihm auch ins Fleisch. Er biß die Zähne zusammen und zog mit all seiner Kraft, ohne irgend etwas zu bewirken.

Der Sauerstoffmangel machte sich schon bemerkbar – er brauchte ganz schnell Luft. Er streckte die Hände hinter den Kopf, packte den Angreifer an den Armen und versuchte ihn über seine Schultern zu ziehen. Ohne Erfolg. Der Mann mußte aus Beton sein, Mike konnte ihn keinen Zentimeter von der Stelle rücken.

Er war schon ganz benommen. Daß das so schnell ging, hätte er nicht gedacht. Er fiel auf die Knie. Dabei sah er, daß im Bad eine Tür offenstand. Natürlich: Eine Verbindungstür zwischen Bad und Schlafzimmer. So war der Mörder in seinen Rücken gelangt. Was er doch für ein blöder Idiot war – er hatte nichts anderes verdient, als erwürgt zu werden.

Mikes Kraft ließ schnell nach. Ihm war klar, daß ihm allenfalls noch zu einem letzten Versuch Zeit blieb. Unvermittelt

warf er sein ganzes Gewicht auf die Seite. Damit hatte der
Angreifer nicht gerechnet: Er beugte sich vor. Mike erkannte
seine Chance und rammte den Ellbogen nach hinten. Er traf
den Mann in den Bauch. Sein Gegner stöhnte, Mike versuchte, die Schnur zu lösen.

Doch der Angreifer erholte sich schnell. Viel zu schnell. Er
schlug Mike die Hände weg und zog ihm die Schnur noch
fester um den Hals. Mike fiel nach vorne, er bekam jetzt
überhaupt keine Luft mehr. Seine Lippen öffneten sich. Die
Zunge hing ihm aus dem Mund. Er konnte nicht mehr richtig denken und sah fast nichts mehr. Er hatte alles versucht,
aber vergeblich. Ben war wohl als Nächster dran. Er wollte
gar nicht daran denken.

Ein paar Sekunden später mußte er nicht mehr denken.

47

Ben hielt es einfach nicht mehr aus. Mike hatte ja recht.
Wenn der Mörder durch die Küchentür entkam, war nichts
gewonnen. Doch er konnte einfach nicht mehr untätig herumstehen, während Mike das ganze Risiko auf sich nahm.
Seit die Klimaanlage angesprungen war, hörte er nicht einmal mehr Mikes Schritte.

Mike würde natürlich wütend sein. Na, wenn schon. Die
Verstärkung hätte längst dasein müssen. Da sie aber immer
noch auf sich warten ließ, ernannte er sich eben selber zur
Verstärkung.

Gerade als er ins Wohnzimmer ging, hörte Ben im oberen
Stock einen dumpfen Schlag. Er schaute die Treppe hinauf.
Durch die Stäbe des Geländers sah er, daß Mike auf dem
Boden kniete und hinter ihm jemand stand, der ihn mit einer
Schlinge strangulierte. Diese Person konnte er nur von den
Hüften abwärts sehen. Seinen ersten Impuls, sofort hinauf-
zulaufen, unterdrückte Ben. Um überhaupt eine Chance zu
haben, brauchte er eine Waffe. Er suchte mit den Augen das
Zimmer ab, fand aber nichts – nicht einmal den sprichwört-

lichen Feuerhaken. Nur den Mixerstab mit den Messerchen, den Trixie auf dem Sofa liegenlassen hatte. Das mußte genügen. Ben nahm ihn und lief die Treppe hinauf.

Der Mann hörte Ben zu spät, um seinen Angriff noch parieren zu können: Ben warf sich von hinten gegen seine Beine. Durch die Wucht des Aufpralls wurde er gegen die Wand geworfen. Er ließ die Schnur los. Mikes Kopf knallte auf den Holzboden.

Ben setzte nach und stieß seinem Gegner den Stab in die Seite. Der Mann schrie auf. Ben holte erneut aus, doch sein Gegner packte ihn am Arm und schleuderte Bens Waffe beiseite. Dieser Mensch hatte ungeheure Kraft.

Er drehte Ben den Arm auf den Rücken, stieß ihn zur Treppe und versuchte ihn über das Geländer zu drücken. Ben gelang es nicht, sich aus der Umklammerung zu befreien und sich zu dem Mann umzudrehen. Seine Beine verkantete er zwischen den Stäben des Geländers, um nicht weggedrückt zu werden. Der Mörder verstärkte seinen Druck. Ben spürte, wie die Sehnen in seinen Beinen überdehnt wurden. Lange würde er sich nicht mehr halten können.

Plötzlich hörten beide in der Ferne eine Sirene. Gott sei Dank, dachte Ben. Endlich kam die Verstärkung. Der Mann stieß Ben auf den Boden und flog die Treppe hinunter. Einen Augenblick später hörte Ben, wie die Küchentür aufgerissen und wieder zugeknallt wurde.

Ben rappelte sich auf. Es hatte keinen Sinn, ihn zu verfolgen. Er hatte bereits einen großen Vorsprung und war viel schneller. Außerdem machte sich Ben Sorgen um Mike. Er kniete sich neben seinen Freund. Mike lag mit geschlossenen Augen vollkommen bewegungslos auf dem Boden. Sein Gesicht hatte eine gräßliche Farbe angenommen. Über die Stirn lief eine lange Schnittwunde, die heftig blutete. Ben packte ihn an den Schultern und schüttelte ihn, doch Mike zeigte keinerlei Reaktion.

Er legte zwei Finger an Mikes Hals. Der Puls war schwach und unregelmäßig, aber es gab ihn noch. Gott sei Dank. Mike lebte noch. Wo sein Kopf auf den Boden geschlagen war, hatte sich eine Blutlache gebildet. Verdammt. Vielleicht hatte er zu allem Übel auch noch einen Schädelbruch. Wenn Mike nicht schnell Hilfe bekam, hatte er kaum eine Chance.

Ben rannte die Treppe hinunter, um den Notruf zu wählen, und sah zu seiner Verwunderung, daß gerade ein Krankenwagen in die Auffahrt einbog. Die Sirene, die sie gehört hatten, war gar nicht von einem Polizeiauto gekommen.

Ben rannte zur Haustür. Als die Beifahrertür aufflog, war er vollkommen perplex: Christina sprang heraus.

»Christina! Dir ist nichts passiert!« Er drückte sie an sich.

»Ich habe mir Sorgen um dich gemacht, Ben. Was ist denn passiert?«

Die Sanitäter liefen zum Haus. »Er ist fast erstickt und mit dem Kopf auf den Boden geknallt.« Die Sanitäter stiegen die Treppe hinauf.

»Wer? Mike?« fragte Christina.

»Ja. Der Mörder war's. Mich hätte er auch fast erwischt.«

Sie riß die Augen auf. »Hast du gesehen, wer es ist?«

»Nein. Verdammt! Ich konnte keinen einzigen Blick auf sein Gesicht werfen, aber vermutlich trug er sowieso eine Strumpfmaske. Wo bist du gewesen, Christina?«

»Vor einer halben Stunden hat jemand angerufen und gesagt, daß man dich in die Notaufnahme ins St. Francis gebracht hat. Ich wollte Trixie mitnehmen, aber sie hat sich geweigert, Sie hat gesagt, sie muß auf Buddy warten. Als dann im Krankenhaus niemand etwas mit deinem Namen anfangen konnte, wußte ich, daß etwas nicht stimmt. Ich bin zur Krankenwagen-Bereitschaft gelaufen und habe gesagt, daß es hier einen Notfall gibt, um schnell wieder hierherzukommen.«

»Du hast Mike wahrscheinlich das Leben gerettet. Ich glaube, es war allerhöchste Zeit, daß er Hilfe bekam.« Er schaute die Treppe hinauf und sah, daß die Sanitäter Mike eine Sauerstoffmaske über das Gesicht gestülpt hatten.

»Wer hat mich wohl angerufen, Ben?«

»Das muß der Mörder gewesen sein.«

»Und woher hatte er die Nummer?«

»Weiß ich nicht. Ist Buddy nach Hause gekommen?«

Christina schüttelte den Kopf.

»Vielleicht beantwortet das deine Frage.«

»Aber was sollte dieser merkwürdige Anruf?«

»Er wollte dich weglocken ...« Ben wurde plötzlich kreidebleich. »Mein Gott! Trixie!«

Ben rannte ins Haus, stürzte die Treppe hinauf und an den Sanitätern vorbei, die sich über Mike beugten. Zwei Türen standen offen. Die eine führte in ein Schlafzimmer, die andere ins Bad. In diesen beiden Räumen war niemand.

Die dritte Tür war verschlossen. Ben ging darauf zu. Er holte tief Luft, drehte den Türknauf und warf die Tür auf.

Trixie war da.

48

Trixies Körper hing schlaff vom Bett herunter. Der Kopf berührte fast den Teppich. Sie war ganz blau angelaufen. Am Hals hatte sie tiefe, blutige Abschürfungen.

Ben suchte gar nicht erst nach einem Puls. Er sah sofort, was los war.

Er taumelte gegen die Wand. Seine Beine waren bloß noch nutzlose, butterweiche Anhängsel. Er preßte die Hände gegen die Schläfen und starrte den leblosen Körper an. Ihm wurde übel.

Er spannte seine Beinmuskeln an und zwang sich, stehen zu bleiben, um dann ins Bad zu stolpern und sich über die Kloschüssel zu beugen.

Nachher wischte er sich das Gesicht ab und versuchte zu sprechen. »Da drin«, brachte er heiser heraus.

Ein Sanitäter blickte auf.

»Da ist noch jemand.« Er zeigte auf das Schlafzimmer. Der Sanitäter warf einen Blick durch die Tür, holte schnell seine Tasche und rannte hinein. Ben stützte sich auf die Schüssel und wartete.

Kurz darauf rief der Sanitäter, der Mike mit Sauerstoff versorgte: »Brauchst du Hilfe?«

»Nein«, antwortete der Mann im Schlafzimmer. »Bleib bei deinem Patienten. Hier ist nichts mehr zu machen.«

Ben sank zu Boden und weinte.

Er nahm nichts mehr wahr, bis er Christinas Hand auf seiner Schulter spürte. »Es ist nicht deine Schuld«, sagte sie.

Ben starrte zu ihr hinauf, antwortete aber nicht. Er konnte nichts sagen.

»Hör zu, wenn jemand schuldig ist, dann ich. Ich habe sie allein gelassen.«

»Ich hätte dich gar nicht in die Sache hineinziehen dürfen«, keuchte Ben.

Er schob sich an ihr vorbei und stolperte wieder ins Schlafzimmer. Der Sanitäter bereitete die Leiche zum Abtransport vor. Ben versuchte wegzuschauen. Sein Blick glitt über die Wände, den Schreibtisch, den Kleiderschrank. Es mußte einfach irgendeinen Anhaltspunkt geben, verdammt noch mal! Irgend etwas. Eine noch so belanglos erscheinende Nebensächlichkeit konnte ihm die Information liefern, die er brauchte, um diesen Teufel zu stoppen, bevor er wieder jemand umbrachte.

Ben durchsuchte den Kleiderschrank, fand aber nur eindeutige Hinweise auf Trixies Beruf. Der Schreibtisch war praktisch leer. Auf dem Bücherregal fand er ein kleines blaues Kochbuch. Er schlug es auf.

Eine Halskette mit einer glitzernden goldenen Herzhälfte lag darin: das Gegenstück zum Geburtstagsgeschenk für Angel. Zwischen den Seiten steckten außerdem vier Fotos von Trixie und Buddy, die vermutlich auf einem Volksfest oder Jahrmarkt aufgenommen waren, und ein grünes Dokument.

Er faltete es auseinander. Es trug den Stempel eines beglaubigenden Notars, aber Ben brauchte eine Weile, bis ihm klar wurde, worum es sich handelte. Er biß sich auf die Unterlippe. Tränen liefen ihm über das Gesicht.

Es handelte sich um Trixies Geburtsschein, also um das amtliche Dokument, das Buddy besorgt hatte, damit sie ihr Gesundheitszeugnis bekam.

Sie war dreizehn.

49

Christina führte Ben an der Hand aus dem Schlafzimmer hinaus und die Treppe hinunter. Am liebsten wäre er dageblieben. Er hatte das Gefühl, Trixie erneut zu verraten, im Stich zu lassen. Doch er wußte auch, daß niemand damit gedient war, wenn er am Tatort Spuren verwischte.

»Ich sage es nochmal, es ist nicht deine Schuld. Du hast getan, was du konntest.«

»Aber es war nicht genug«, antwortete Ben bitter.

»Es hätte überhaupt nichts geändert, wenn du da gewesen wärst. Nur würde dann auch deine Leiche hier auf dem Boden liegen.«

»Vielleicht wäre das am besten.«

»Du bist ja mit dem Kerl zusammengestoßen, und er hat dich wie eine Stoffpuppe herumgewirbelt. Wenn ihr beiden, du und Mike, nicht mit ihm fertig geworden seid, was hättest du dann zusammen mit Trixie ausrichten können?«

Sie wandte ihm das Gesicht zu. »Ben, du mußt aufpassen. Dieser Mörder ist ein Verzweiflungstäter oder ein Tobsüchtiger oder beides. Vielleicht hat er dich erkannt. Vielleicht weiß er, wer du bist.«

»Weiß er«, sagte Ben trocken. »Er war schon in meinem Appartement und hat alles auseinandergenommen. Giselle hat er so erschreckt, daß sie mindestens drei ihrer sieben Leben ließ.« Er berührte Christina am Arm. »Da er mich kennt, könnte es gut sein, daß er auch dich kennt.«

»Ben, vielleicht brauchen wir Leibwächter.«

»Gegen diesen Wahnsinnigen müßten wir ein ganzes Bataillon engagieren.«

»Wo bin ich? Und wo ist er?« sagte eine schwache, aber vertraute Stimme, die aus dem oberen Stockwerk kam.

»Mike!«

Ben rannte die Treppe hinauf und Christina gleich hinterher.

Mike lag noch im Flur, mit einem Kissen unter dem Kopf. Einer der beiden Sanitäter prüfte seine Vitalfunktionen.

Mike sah Ben ins Gesicht und runzelte die Stirn. »Was willst du hier? Du sollst doch die Küchentür bewachen.«

»Scher dich zum Teufel«, antwortete Ben.

»Wie redest du denn mit mir?« Mike fuhr sich mit der Zunge über die Lippen. »Ich bin am Verdursten. Kannst du mir was zu trinken besorgen?«

Der Sanitäter schüttelte den Kopf. »Tut mir leid. Aber wir können nicht riskieren, daß sie Erbrochenes in die Luftröhre bekommen. Außerdem könnte es ein, daß Sie wegen ihrer Kopfverletzungen operiert werden müssen.«

»Glauben Sie, daß es ein Schädelbruch ist?« fragte Ben.

»Die Wunde an der Stirn sieht böse aus, aber ich glaube nicht, daß sie allzu tief ist. Kopfwunden bluten immer sehr heftig. In jedem Fall müssen wir aber auf Hämatome untersuchen.«

»Würdet ihr bitte damit aufhören, so über mich zureden, als ob ich gar nicht da wäre?« knurrte Mike.

»Dem groben Ton nach zu urteilen, ist er wieder ganz bei Bewußtsein«, kommentierte Ben.

»Trotzdem hat er möglicherweise innere Verletzungen. Sobald er etwas zu Kräften gekommen ist, bringen wir ihn ins Krankenhaus.«

»Gut.« Eine senkrechte Falte stand auf Bens Stirn. Irgend etwas irritierte ihn. Aber was?

»Der Mistkerl mit der Strangulierschnur ist wohl entwischt?«

»Leider«, antwortete Ben. »Ich habe ihm noch ein bißchen wehgetan, bevor er geflohen ist, falls dich das beruhigt. Allerdings längst nicht so sehr, wie er mir.«

»Dann sollten sich die Sanitäter vielleicht mit dir beschäftigen, und nicht mit mir.« Mike versuchte sich aufzusetzen.

»Bleiben Sie liegen«, sagte der Sanitäter. »Versuchen Sie sich zu entspannen.«

»Ich will mich nicht entspannen, verdammt noch mal. Mir geht es gut.«

»Das wird sich zeigen. Vorläufig müssen Sir ruhig liegen bleiben.«

Mike schnitt eine Grimasse. »Nichts als Schikane.«

»Ich hab's!« Ben schnippte mit den Fingern. »Das ist die Lösung!«

Mike und Christina starrten ihn verdutzt an. »Wovon redest du?«

Ben hörte gar nicht, was sie sagten. Er war vollauf damit beschäftigt, seinen Gedankengang weiterzuverfolgen. Plötzlich war er auf etwas gekommen, was ihm bisher entgangen war, und nun paßte alles zusammen.

»Werde ich noch gebraucht, oder können Sie sich um Mike kümmern?«

Die Sanitäter nickten.

»Gut. Ich muß sofort weg.«

»Warte mal!« Mike stützte sich auf die Arme. »Was ist denn los? Wo brennt's denn plötzlich?«

»Ich weiß, wer der Mörder ist«, sagte Ben. »Und ich glaube, ich kann es auch beweisen.«

»Dann tu gefälligst nicht so geheimnisvoll und sag es uns!«

»Du mußt ins Krankenhaus.«

»Wohin gehst du?«

»Ob du es glaubst oder nicht – auf den Hochparcours in Camp Sequoyah.«

Mike und Christina riefen ihm nach, doch er nahm keine Notiz davon. Er flog die Treppe hinunter und rannte zu seinem Auto. Wenn seine Überlegung stimmte, hatte er keine Zeit zu verlieren. Endlich hatte er eine reelle Chance, die Person festzunageln, die all diese Morde verübt hatte. Dazu mußte er allerdings eine Aufgabe erfüllen, die ihn, wenn er nur daran dachte, am ganzen Leib zittern ließ und in Angst und Schrecken versetzte.

Und er mußte aufpassen, daß er vorher nicht umgebracht wurde.

50

Ben fuhr mit hundertzwanzig Sachen auf dem schmalen unbefestigten Weg. Jetzt ließ er es darauf ankommen. Diesmal mußte es klappen.

Er passierte den Torbogen, der den Beginn des Geländes von Camp Sequoyah markierte. Als er das Ende des Wegs erreichte, rumpelte er eine kleine Böschung hinauf. Das Auto zitterte und bebte, als Ben es dann auf einer holprigen Wiese ein steiles Gefälle hinuntersausen ließ. Was machte das schon. Das Auto war ja ohnehin am Auseinanderfallen.

Am Rand eines Eichenwäldchens, an das er sich noch vom letzten Wochenende erinnerte, stellte er den Wagen ab. Weiter kam er mit dem Auto nicht. Er rannte in den Wald. Die Sonne ging gerade auf, und über den Wipfeln war das Morgenrot zu sehen.

Der Hochparcours war zwar von der Polizei abgesperrt worden, doch Ben konnte mühelos unter dem Klebeband durchschlüpfen. Der Zutritt zu einem Wald ließ sich nicht so ohne weiteres unterbinden. Bewacht wurde der Tatort längst nicht mehr. Trotzdem erhöhte die Absperrung die Wahrscheinlichkeit, daß Ben noch vorfand, was er suchte.

Er war sich nun ganz sicher, daß Crichtons Sicherungsseil angeschnitten worden war. Die Polizei hatte allerdings das ganze Gelände abgesucht und sämtliche Personen vor dem Verlassen des Camps gefilzt. Wenn wirklich jemand das Seil angeschnitten hätte, wo war dann das Messer geblieben?

Ben ging davon aus, daß es irgendwo auf dem Hochparcours deponiert worden war. Zwanzig Meter über dem Boden hatte die Polizei wahrscheinlich nicht gesucht. Als Versteck würde sich die große Eiche, an der sich die Leiter des Riesen und die burmesische Brücke trafen, besonders gut eignen. Vielleicht trug das Messer die Fingerabdrücke des Täters, womit Bens Theorie bewiesen wäre.

Das einzige Problem war, daß der Hochparcours ... so hoch war. Zwanzig Meter hoch, um genau zu sein. Ben verfügte nicht über Sicherungsausrüstung, aber er hätte ja ohnehin niemanden zum Halten des Sicherungsseils gehabt. Er mußte sozusagen ohne Netz hinaufklettern. Allein.

Schon bei dem bloßen Gedanken wurde ihm schwindlig. Wie konnte er ungesichert so hoch hinaufklettern? Ihm wurde jetzt schon übel. Gleich würde er sich wieder übergeben müssen. Wie vorher, als er …

Trixie. Womöglich war dies seine einzige Chance, den Kerl dingfest zu machen, der Trixie umgebracht hatte. Und Hamel. Und beinahe auch noch Mike. Um diesen Kerl zu fangen, würde er auf den verdammten Mount Everest klettern. Dieser sadistische Schlächter mußte zur Strecke gebracht werden.

Er stellte sich auf den Baumstumpf und schwang sich auf die erste Sprosse der Leiter des Riesen. Seine Arme schmerzten. Der Zusammenstoß mit dem Mörder hatte ihn offenbar doch ziemlich mitgenommen, und in Topform war er auch zuvor nicht gewesen.

Aber jetzt war alles egal. Jetzt mußte er einfach nur weiterklettern. Er richtete sich vorsichtig auf der ersten Sprosse auf und versuchte sich daran zu erinnern, was man ihm eingeschärft hatte, als er das erste Mal auf die Leiter der Riesen geklettert war. Nicht nach unten schauen, hatte Crichton gesagt. Ein sehr nützlicher Ratschlag. Er setzte den Fuß auf einen Metallbolzen an dem Verbindungsseil. Ob ihn Crichton für einen Schlappschwanz halten würde oder nicht, war ihm einerlei, er wollte nur heil oben ankommen.

Ben zog sich nach oben, bis es ihm gelang, sich auf die zweite Sprosse zu hieven, wo er sich an den Balken klammerte. Sieben Sprossen standen ihm noch bevor. Er richtete sich auf, was auf dieser wackligen Konstruktion auch dann schwierig gewesen wäre, wenn Ben dabei nicht die Augen fest zugedrückt hätte.

Er versuchte einen festen Rhythmus zu entwickeln; zuerst hochgreifen, sich dann hochziehen, hinaufhieven und aufrichten. Am besten wäre es, wenn er diesen Bewegungsablauf ganz mechanisch ausführen könnte, ohne nachdenken zu müssen. Ganz langsam und aufmerksam schwang er sich auf die dritte Sprosse und dann in rhythmischem Schwung auf die vierte, fünfte, sechste.

Bald stand er dann auf dem neunten Balken und hielt sich an den senkrechten Drahtseilen fest. Er hatte es geschafft. Wer die Leiter des Riesen, die am meisten Körperkraft erforderte, hinter sich brachte, konnte den gesamten Hochparcours bewältigen. Er griff nach dem oberen Querseil, stellte sich auf die beiden unteren und balancierte auf die Eiche und die burmesische Brücke zu. Stolz schwellte seine Brust. Er hatte den Dämon herausgefordert und besiegt. Höhenangst hin, Höhenangst her – Ben war bis ganz nach oben vorgedrungen, was viele nicht einmal mit einem Sicherungsseil schafften. Da er keine Angst mehr verspürte, öffnete er die Augen und blickte auf den Boden hinunter.

Da unten stand jemand und schaute ihm zu. Der Mörder.

»Bravo«, rief der Mann und klatschte Beifall. »Tolle Vorstellung. Bis ganz nach oben in einer Zeit, in der es kaum eine Großmutter schaffen würde – kaum eine von den älteren jedenfalls.«

Bens Finger verkrampften sich um das obere Seil. »Was wollen Sie hier?« rief er.

»Sie natürlich. Oder haben Sie gemeint, ich laufe einfach weg und warte auf ihre nächste Attacke? Nicht mein Stil, fürchte ich. Nein, ich habe in der Eleventh Street auf Ihren Wagen gewartet und bin Ihnen nachgefahren. Kein Problem – wenn Sie auch wie ein Wahnsinniger fahren.«

»Sie müssen's ja wissen.« Ben umklammerte das Seil noch fester. Seine Handflächen waren schweißnaß, was ihm nicht gerade einen besseren Halt gab. »Was haben Sie vor?«

Der Mann grinste boshaft. »Ich kann nicht gut zulassen, daß Sie zur Polizei laufen, oder?« Er setzte sich auf den Boden. »Aber ich habe viel Zeit. Irgendwann müssen Sie wieder auf den Erdboden herunterkommen.«

»Ihre Rechnung geht nicht auf. Die Polizei ist schon unterwegs. Spätestens in einer Stunde ist das Einsatzkommando da.«

»Hhmm. Wahrscheinlich bluffen Sie bloß, aber ich will kein Risiko eingehen.« Rob Fielder stand auf, wischte sich die Hände ab und packte die erste Sprosse der Leiter des Riesen. »Wenn das so ist, hole ich sie eben runter.«

51

Ben war vor Angst wie gelähmt. Er wußte nicht, wovor er sich mehr fürchtete – zwanzig Meter tief abzustürzen oder in die Reichweite Rob Fielders zu geraten.

Nicht nur er hatte ja bereits in dem Haus einen Zusammenstoß mit Fielder gehabt, sondern auch Mike und Tomlinson – zwei Männer, die sich sehr viel besser auf Selbstverteidigung verstanden wie er. Wenn ihn Fielder erwischte, hatte er nicht die Spur einer Chance.

Fielder kletterte mühelos nach oben. Ben hatte kaum ein paar Sekunden nachgedacht, und schon war Fielder auf der dritten Stufe. In einer, höchstens zwei Minuten würde er neben ihm stehen.

Ben trippelte auf die Eiche zu. Er mußte das Ende des Hochparcours erreichen und über das Gleitseil auf den Boden kommen, bevor Fielder ihn einholte. Im Grunde seines Herzens wußte Ben, daß Fielder ihn vorher erwischen würde, doch eine andere Möglichkeit gab es nicht. Ben mußte sich durch den Parcours kämpfen. Vielleicht konnte er Fielders Tempo drosseln, indem er ihn ablenkte.

»Wenn meine Überlegungen stimmen«, sagte er, ohne stehenzubleiben, »haben Sie mich belogen. Hamel war überhaupt nicht tot, als wir ihn in meinem Büro gefunden haben.«

Fielder, der sich gerade auf der vierten Stufe aufrichtete, blieb stehen. »Sie sind ein kluges Kerlchen, Kincaid. Wenn Sie auch eine ganze Woche gebraucht haben, um das herauszubekommen.«

»Sie haben sich als Erste-Hilfe-Mann ausgegeben, damit Sie Hamels Puls messen und mir vorlügen konnten, er sei tot. Als ich losgelaufen war, um Hilfe zu holen, ist er einfach aufgestanden und weggegangen. Noch in derselben Nacht haben Sie ihn dann wirklich getötet. Da Sie wußten, daß die Polizei mich ohnehin schon des Mordes an Hamel verdächtigte, haben Sie die Leiche hinter meinem Haus abgeladen und mein Auto mit seinem Blut beschmiert.«

»Ich fürchte, das stimmt«, knurrte Fielder, während er sich auf die fünfte Sprosse schwang. »Wie sind Sie bloß dahintergekommen?«

»Ein Santitäter hat mich daran erinnert, daß Patienten mit Kopfverletzungen nichts zu trinken bekommen, weil sie an ihrem Erbrochenen ersticken könnten. Sie hingegen haben Crichton zu trinken gegeben, nachdem Doug ihn ausgeknockt hatte. Bier sogar! Zuerst dachte ich, daß Sie das eben nicht besser wußten, aber ein Rotkreuz-Mann *muß* das einfach wissen. Dann kam mir der Gedanke, daß Sie überhaupt keine Erste-Hilfe-Ausbildung haben. Vielleicht war das eine Lüge, mit der Sie erreichen wollten, daß *Sie* bei Hamel die Vitalfunktion prüfen konnten. Nun ergab plötzlich alles einen Sinn.«

»Sehr clever«, sagte Fielder. »Bravo.«

»Jetzt wurde mir auch klar, wie das alles mit dem Kindergarten-Club zusammenhängt. Sie sind das Mitglied, dessen Name aus der Liste gelöscht war.«

»Ich bekenne mich schuldig im Sinne der Anklage. Die Liste hätte nie in den Zentralcomputer eingegeben werden dürfen. Nur ein Idiot wie Hamel konnte so etwas tun.«

»Diese Liste hatte Hamel wohl gerade auf Diskette kopiert. Beim Verlassen des Computerraums hörte er uns kommen und versteckte sich in meinem Büro. Als ich die Tür aufmachte, stellte er sich tot, und Sie haben ihn gedeckt, damit er sich davon machen konnte. Vorübergehend.«

»Nur zu wahr. Übrigens, Ihr Schnürsenkel hat sich gelöst, Ben.«

Ben schaute krampfhaft geradeaus. »Kein schlechter Trick.« Er konzentrierte sich wieder auf den Baum, den er fast schon mit der Hand berühren konnte.

»Der Club war meine Erfindung. Ich habe ihn für Apollo-Angestellte mit perversen Neigungen gegründet, die zu feige waren, sich selber Frauen zu suchen. Für mich war das eine sehr lukrative Angelegenheit. Hamel war so etwas wie der Sekretär des Clubs. Ich habe ihm einen Teil des Profits überlassen, und dafür hat er Aufträge entgegengenommen, Termine gemacht, das Personal rekrutiert.«

»Ein Mädchen für alles.«

»Ja. Er war sehr von dem Geld angetan – und von dem Haus, das er damit kaufen konnte. Alles lief bestens, bis er in Panik geriet. Er war überzeugt, daß die Polizei uns auf der Spur sei, und hat gedroht, sich als Kronzeuge zur Verfügung zu stellen, um seine Haut zu retten. Vermutlich hat er sich die Adressenliste besorgt, um sie der Polizei oder einem Journalisten zu geben. Das konnte ich natürlich nicht zulassen.«

Ben umfaßte den Baum mit beiden Händen. Geschafft. Er ließ sich auf den Holzsims hinunter und nahm die burmesische Brücke in Angriff.

Er schaute über die Schulter. Fielder war fast schon auf der obersten Sprosse angelangt. In kürzester Zeit würde er die Brücke erreichen. Ben mußte unbedingt dafür sorgen, daß Fielder weiterredete.

»Und die Mädchen? Warum mußten Sie die Mädchen töten?«

Fielder blieb stehen. »Durch Hamels irrationale Drohungen wurde mir bewußt, welche Gefahr der Club für meine Karriere darstellte. Von meiner Freiheit ganz zu schweigen. Ich beschloß, alle Zeugen zu eliminieren. Vor allem diese billigen Nutten, die alles, was sie wußten, für zehn Dollar ausplaudern würden.«

Ganz ruhig setzte Ben einen Fuß vor den anderen und zog sich mit den Händen an den oberen Seilen vorwärts. »Um alle Zeugen zu eliminieren, hätten Sie auch die Club-Mitglieder töten müssen, also alle, die auf der Adressenliste standen.«

»Das ist mir nicht entgangen«, sagte Fielder kühl. »Aber die Mädchen hatten Vorrang.«

Ben hatte die Brücke halb überquert, als sie plötzlich wild zu schwanken begann. Ein Blick über die Schulter verriet ihm, daß Fielder am Anfang der burmesischen Brücke stand und die Seile hin- und herriß.

»Das braucht Sie nicht aus dem Konzept zu bringen«, lachte er. »Im Prinzip funktioniert diese Konstruktion auch, wenn Sie auf die Seite kippen, ja sogar, wenn Sie auf dem Kopf stehen. Sie dürfen nur nicht herausfallen. Es geht nämlich verdammt tief runter«, lachte Fielder widerlich fröhlich.

Bens rechter Fuß rutschte vom Seil. Seine Hände umklammerten die oberen Seile mit aller Kraft, und er fing sich wieder.

»Ihr Vorsprung schwindet. Nur noch sechs Meter«, rief Fielder. »Richtig spannend, finden Sie nicht?«

Schweißgebadet arbeitete sich Ben vorwärts. Sein Atem ging viel zu schnell, aber es gelang ihm, den nächsten Baum zu erreichen, an den sich der quergestellte Telefonmast anschloß.

»Dann haben Sie also mit der Ermordung der Prostituierten schon begonnen, bevor sie Hamel umbrachten?« rief Ben.

Fielder blieb erneut stehen. Offenbar machte es ihm Spaß, aus seiner bewegten Gesichte zu erzählen. »Richtig. Bei denen war die Gefahr am größten, daß sie redeten. Sie waren am leichtesten zu kaufen und hatten am wenigsten zu verlieren. Zum Glück hatte Hamel Fotos von ihnen gemacht. Ein Foto fehlte allerdings, und es war auch in Hamels Haus nicht aufzutreiben. Die anderen Fotos habe ich in seiner Aktentasche gefunden, und die Namen hatte ich sowieso von allen. Prostituierte zu töten ist kein Problem. Man braucht sie nur am Straßenrand aufzugabeln und in ein Hotel zu bringen.«

Er schaute selbstzufrieden in die Luft. »Den Plastiksack über den Kopf zu streifen, die Schnur um den Hals legen, zuziehen und warten. Es dauert nicht lange, und ich bin in jedem Moment Herr der Situation. Ein Gott. Fantastisch. Meistens habe ich ein Andenken eingesteckt. Dann habe ich sämtliche Spuren beseitigt und die Leiche auf dem Spielplatz abgeladen.

Den Kopf und die Hände habe ich natürlich abgeschnitten, um die Identifizierung zu erschweren. Aber selbst wenn die Polizei die Identität ermittelte, machte das eigentlich nichts. Das war ja gerade das Schöne an der Sache. Die Polizei interessiert sich doch nicht für einen Haufen kleiner Nutten. Das Sittendezernat war mir vermutlich sogar dankbar. Daher war die Gefahr, daß ich geschnappt wurde, gleich Null.«

Er verengte die Augen zu schmalen Schlitzen. »Bis dieser dämliche Zivil-Bulle mir ins Handwerk pfuschte. Und dann Sie.«

Fielder kam ihm entschieden zu nahe. Jetzt mußte Ben schnell den Telefonmast überqueren. Stell dir einfach vor, daß du auf dem Boden bist und auf dem Bordstein gehst, sagte er sich. Dieser Telefonmast ist sogar breiter. Das reinste Kinderspiel. Er schloß die Augen und ging los.

Als er halb drüben war, ließ ihn ein markerschütternder Schrei zusammenzucken. Er machte die Augen auf, ruderte mit den Armen und kam irgendwie auf dem Telefonmasten zu sitzen, ohne abzustürzen. Über die zweite Hälfte des Masts rutschte er auf dem Hosenboden.

Fielder hatte die burmesische Brücke schon fast hinter sich und lachte aus vollem Hals. »Habe ich Sie etwa erschreckt?«

»Scheißkerl«, murmelte Ben. Er hielt sich an dem Baum fest und konzentrierte sich auf den nächsten Abschnitt des Hochparcours: Die Drahtseilstrecke: eines oben, eines unten. Wenn er das auch noch heil überstand, konnte er über das Gleitseil auf den Boden rutschen. Falls Fielder ihn nicht vorher erwischte.

Ben trippelte seitwärts über das Drahtseil. »Bei dem letzten Mädchen war es aber kein Kinderspiel.«

»Das stimmt allerdings«, räumte Fielder ein. »Diese Trixie ausfindig zu machen, war schwierig. Diese gerissene Nutte ist untergetaucht, und jede zweite Nutte hat sie gedeckt. Ich habe sie natürlich trotzdem gefunden. Die Schwuchtel, bei der sie sich versteckt hielt, hat mir freundlicherweise verraten, wo sie sich aufhielt.«

»Was haben Sie mit Buddy gemacht«, fragte Ben. »Lebt er noch?«

Fielder ging nicht auf Bens Frage ein. »Für den Ärger, den sie mir bereitet hat, mußte Trixie büßen. Die anderen habe ich schnell getötet, aber bei ihr habe ich das Sterben in die Länge gezogen und ausgekostet.«

Ben wurde wieder übel. Tränen schossen ihm in die Augen. Am besten gar nicht hinhören. Er mußte sich jetzt konzentrieren.

Ben sah, wie Fielder mühelos über den Telefonmast schwebte. Offenbar hatte er nicht die geringste Angst. Man hätte meinen können, er ginge wirklich nur auf dem Bordstein spazieren. Schon kam er auf dem Drahtseil auf Ben zu.

»Das war's«, sagte Fielder.

So schnell er konnte, hangelte Ben sich weiter, doch es war sinnlos. Fielder war mehr als doppelt so schnell.

»Warum wollten Sie Crichton umbringen?« fragte Ben.

»Crichton?« Er schien ehrlich überrascht zu sein. »Der gehörte nicht zum Club. Crichton hatte ich nie auf meiner schwarzen Liste. Im Gegenteil, seine Dummheit war ganz nützlich für mich.«

Ben erreichte das Ende der Drahtseilstrecke und hielt sich am letzten Baum fest. Er streckte die Hand nach dem Gleitseil aus, doch Fielder packte ihn an den Schultern und riß ihn zurück.

Ben stemmte sich mit beiden Händen gegen Fielders Brust, um ihn wegzudrücken, doch Fielder versetzte ihm einen mörderischen Schlag auf den Ellbogen. Ben schrie auf und umklammerte mit beiden Armen Fielders Brust. Fielder drehte sich hin und her, um ihn abzuschütteln, doch Ben ließ nicht los. Fauchend schlug Fielder mit dem Kopf auf Ben ein. Ben fiel auf die Knie und klammerte sich an Fielders Beine. »Ich lasse nicht los!« rief Ben. »Wenn ich falle, dann fallen auch Sie!«

»Das werden wir gleich sehen«. Fielder griff über Bens Kopf hinweg und verschaffte sich am Gleitseil und der daran befestigten Sitzschale einen sicheren Halt. Dann rammte er sein Knie Ben zuerst unter das Kinn und dann gegen die Brust.

Ben stockte der Atem, doch er mußte um jeden Preis das Gleichgewicht halten. Fielder holte mit dem Fuß aus und trat Ben in den Magen.

Bens Hinterkopf schlug gegen den Baum. Er fiel auf die

Seite. Im allerletzten Moment konnte er sich an einen Ast klammern. Noch so einen Schlag würde er nicht überstehen.

»Ihre Zeit ist um«, sagte Fielder und holte zum tödlichen Schlag aus.

Plötzlich hörte Ben einen Schuß. Zunächst erstarrte Fielder, dann begann er merkwürdig zu zucken. Ben sah die Wunde an Fielders rechter Schulter.

»Keine Bewegung, sonst schieße ich nochmal!«

»Hinterhältiger Hosenscheißer«, murmelte Fielder. Blitzschnell beugte er sich vor und umklammerte Ben. »Dann muß er uns schon beide erschießen.«

Ben versuchte sich loszumachen, doch Fielder umklammerte ihn wie ein Schraubstock. Ben holte aus und schlug Fielder direkt über der Schußwunde mit der Faust auf die Schulter. Fielder brüllte vor Schmerz und zuckte zurück. Nur ein kleines Stück, doch es genügte. Ein zweiter Schuß traf Fielder mitten in die Brust und schleuderte ihn vom Seil. Ben beobachtete, wie er mit einem fürchterlichen Knall auf den Boden schlug.

Ben hielt sich am Baum fest, verschaffte sich einen sicheren Stand und versuchte durch ganz regelmäßige Atemzüge seinen rasenden Puls unter Kontrolle zu bringen.

»Willst du den Rest des Tages da oben verbringen?« rief Mike. Er hatte sich an einen Baumstamm gelehnt.

»Nur noch einen Moment«, keuchte Ben. »Ich will nur sicherstellen, daß ich keinen Herzstillstand bekomme.« Er nahm ein paar ganz tiefe Atemzüge. »Wolltest du nicht ins Krankenhaus.«

»Während du hier den fliegenden Trapezartisten gibst? Das könnte dir so passen.«

»Na ja, unter den gegebene Umständen war das vielleicht ganz gut so.«

»Kommst du nun runter oder nicht?«

Ben wischte sich den Schweiß von der Stirn. »Ja. Früher oder später. Nur keine Eile.«

»Und ich dachte, du leidest an Höhenangst.«

Ben versuchte zu lächeln. »So langsam gewöhne ich mich an Höhen.«

Vierter Teil

Was wir alles können

Ben schenkte sich und Christina Kaffee ein. Verdienstvollerweise hatte Chuck eine Pause vorgeschlagen, als das Abteilungs-Meeting bereits eine volle Stunde andauerte, ohne daß ein Ende abzusehen gewesen wäre.

Ben zuckte zusammen, als er die beiden Pappbecher in die Hand nahm. Seine Hände waren von dem Wettrennen auf dem Hochparcours noch ganz wund.

»Hier, dein Kaffee.« Ben reichte Christina ihren Becher. Wegen der Brisanz des Themas waren zum ersten (und vermutlich letzten) Mal auch die Anwaltsgehilfen zur Sitzung eingeladen worden.

»Danke. Wie geht es deinen Händen?«

»Gar nicht schlecht. Aber wund genug, daß ich mich wohl in Zukunft vor dem Hochparcours drücken kann.«

»Wo du gerade den Dreh herausbekommen hast?«

»Glaub mir, es war ganz schrecklich.«

»Ben, noch letzte Woche bist du in voller Montur nur mit Ach und Krach über den Parcours gekommen, und zwei Tage später machst du es ohne Sicherungsseil. Ein ziemlicher Fortschritt, würde ich sagen.«

»Der allerdings auf einer gewissen Zwangslage beruhte.«

Sie grinste. »Ist die Stimmung bei solchen Sitzungen immer so düster?«

»Nur, wenn es darum geht, daß ein Kollege einen anderen und dazu noch fünf weitere Menschen umgebracht hat.« Im Verlauf der letzten Stunde waren die Anwesenden darüber informiert worden, was für ein grausiges Geheimnis ihre Abteilung barg. Offiziell leitete Mike die Sitzung, doch eine Detaillierte Beschreibung des Tathergangs hatte Ben geliefert. Er versuchte genau wiederzugeben, wie sich das ganze Komplott nun darstellte. Er erzählte, wie Fielder den Kindergarten-Club gegründet und Hamel als Sekretär engagiert hatte, und wie sie gemeinsam absahnten.

Als Ben über minderjährige Prostituierte und Gruppensex sprach, war gelegentlich noch spöttisches Gekicher zu hören, doch das Grinsen verschwand schnell aus den Gesichtern, als er davon berichtete, wie die Mädchen erdrosselt und verstümmelt worden waren. Er erzählte, wie Fielder in Panik geriet und die Mädchen systematisch zu töten begann, eine nach der anderen; wie Hamel die Adressenliste kopierte, um sich der Polizei als Kronzeuge anbieten zu können, dabei aber von Fielder überrascht wurde und so zu dessen nächstem Opfer wurde.

Christina stupste Ben an. »Schau dir mal Shelly an.« Shelly war noch verschlossener und stiller als sonst. »Sie scheint das alles sehr schwer zu nehmen.«

Womöglich aus gutem Grund, dachte Ben, behielt es aber für sich. »Herb sieht auch ziemlich mitgenommen aus.«

»Ja. Vermutlich, weil keiner ihn zu all diesen Orgien eingeladen hat«, sagte Christina.

Ben lächelte. Er konnte sich noch einen anderen Grund vorstellen. Herb und Candice saßen nicht nebeneinander und hatten sich die ganze Zeit weder angeschrien noch sonst einen Ton gewechselt.

Crichton, der Mike gegenübersaß, schien das ganze am meisten mitzunehmen. Verständlich, dachte Ben. Er hatte ein weiteres Mitglied seiner Mannschaft verloren und sich zudem ordentlich blamiert. Crichton hielt den Blick auf die schwarze Tischplatte gesenkt. Nicht einmal Janice hatte er hereingerufen, obwohl seine Kaffeetasse leer war.

»Wenn es Ihnen recht ist«, sagte Mike laut, »möchte ich diese Angelegenheit zu Ende bringen.« Mike hatte auch schon besser ausgesehen. Er hatte sich immer noch nicht dazu bewegen lassen, sich einer ärztlichen Untersuchung zu unterziehen, weil er unbedingt diesen Fall abschließen wollte, bevor er auch nur einen Tag freinahm.

Alle nahmen ihre Plätze am Konferenztisch wieder ein.

»Da ist noch ein Punkt, den wir bisher ausgespart haben«, sagte Mike. »Seit Fielder wußte, daß Ben Trixie suchte, war er hinter ihm her. Als er Ben nicht zuhause antraf, verwüstete er seine Wohnung, was wohl als Warnsignal gedacht war.

Vielleicht hat er auch das Foto gesucht, das Ben und ich bei Hamel auf dem Speicher entdeckt hatten. Gefunden hat er aber nichts, weil es nichts zu finden gab.«

»Da Fielder, wie Sie wissen, bei seinem Absturz umgekommen ist, hat der Polizeipräsident den Fall für abgeschlossen erklärt. Damit endet diese Untersuchung«, fügte er hinzu und schaute Ben an, »was für viele eine ziemliche Erleichterung darstellen dürfte.«

Allerdings, dachte Ben.

»Ich habe eine Frage«, sage Chuck mit lauter Stimme. »Mir leuchten Ihre Ausführungen durchaus ein, nur wüßte ich gern, wer Mr. Crichtons Sicherungsseil angeschnitten hat. Ich möchte den Schweinehund in Stücke reißen.«

Natürlich. Chuck konnte seine Schnauze nicht halten. Schon gar nicht, wenn sich eine Gelegenheit bot, dem Chef in den Hintern zu kriechen. »Darauf möchte ich im Augenblick nicht eingehen«, antwortete Mike.

Chuck schlug mit der Faust auf den Tisch. »Verdammt! Ich will es aber wissen! Wenn jemand unseren Chef im Visier hat, können wir doch nicht untätig bleiben!«

Ben musterte die Gesichter am Konferenztisch und registrierte recht unterschiedliche Reaktionen. Auch wenn sich alle unbehaglich fühlten, so doch jeder auf seine Art.

»Chuck«, sagte Ben. »Ich habe das Sicherungsseil angeschnitten, wenn Sie es unbedingt wissen müssen.«

»Was? Du hast das Sicherungsseil angeschnitten?« brüllte Mike.

»Sag' ich doch gerade.«

»Und warum?« donnerte Chuck. »Sie hatten doch eben erst bei uns angefangen. Was konnten Sie gegen Mr. Crichton haben?«

»Ich wollte den Mörder aus der Reserve locken. Mir war das alles viel zu entspannt und harmonisch. Der Täter mußte aus seiner selbstgefälligen Sicherheit herausgerissen werden.«

»Und deshalb haben Sie versucht, Mr. Crichton umzubringen?«

»Natürlich nicht. Ich war ja die ganze Zeit direkt hinter

ihm. Die Entfernung von der Leiter der Riesen bis zu Crichton betrug nur einen guten Meter. Es war ganz einfach hinüberzuspringen – zumal ich wußte, was kommen würde. Er war nie in Gefahr.«

Mike und Chuck funkelten ihn böse an – Ben hätte nicht sagen können, welcher der beiden wütender war.

»Das ist der hirnrissigste und verantwortungsloseste Plan, der mir je untergekommen ist«, polterte Mike los. »Wenn du nun danebengesprungen wärst?«

»Bin ich aber nicht.«

»Du verdammtes Stück Scheiße.« Chuck war aufgestanden und kam auf Ben zu. »Mr. Crichton, Sie können dieses Arschloch keine Minute länger dulden. Sie müssen ihn rauswerfen.«

»Das besprechen wir später«, sagte Crichton, dessen Blick unverwandt auf Ben ruhten. »Möchte sonst noch jemand eine Frage an Lieutenant Morelli richten?«

Alle blieben stumm. Die Arme vor der Brust verschränkt, baute sich Chuck breitbeinig vor Ben auf und starrte ihn an.

»Wenn das nicht der Fall ist, schließe ich die Sitzung. Mr. Kincaid, kommen Sie bitte in mein Büro.«

»Ich bin verabredet. Ein Bekannter wartet auf mich.« Ben schaute auf die Uhr. »Ich schaue dann bei Ihnen vorbei, wenn ich Zeit habe.«

Bens Kollegen starrten ihn ungläubig an. Er würde *vorbeischauen, wenn er Zeit hatte?*

Obwohl Crichton kochte, sagte er nur: »Wie Sie wünschen. Ich erwarte Sie.«

53

Etwa fünfzehn Minuten später spazierte Ben mit einem Ordner unter dem Arm in das Büro seines Chefs. Crichton hatte die Beine auf dem Schreibtisch liegen und sprach ins Diktaphon.

»Schön, daß Sie es einrichten konnten.« Crichton schaute

über den Rand der Lesebrille zu ihm her. »Ich bringe Ihren Zeitplan doch hoffentlich nicht allzu sehr durcheinander.«

»Keine Sorge. Worüber wollten Sie mit mir sprechen?«

»Ich habe mich mit Harry Carter über Ihren neuen Fall unterhalten. Er ist unzufrieden mit Ihrer Arbeit.«

»Wie bei Carter nicht anders zu erwarten.«

»Harry ist in unserem Team ein wichtiger Mann. Wenn er zu einem negativen Urteil kommt, kann ich das nicht einfach übergehen.«

Ben setzte sich. »Reden wir nicht lange um den heißen Brei herum.«

Crichton zuckte zusammen.

»Ich habe gerade mit einem Freund gesprochen. Er ist Privatdetektiv und hat in meinem Auftrag Al Austin aufgespürt – den verschwundenen Entwicklungshelfer.«

Crichtons Füße plumpsten auf den Boden. »Was?«

»Loving hat sich ausführlich mit dem Mann unterhalten. Komischer Kauz. Dem haben bei Apollo bestimmte Aspekte der Firmenpolitik nicht gepaßt, da hat er einfach gekündigt. Mehr als das – er ist ganz von der Bildfläche verschwunden. Offenbar legte er großen Wert darauf, daß bei Apollo niemand wußte, wo er war.«

»Austin war schon immer ein Borderline-Fall. Paranoid. Vermutlich Alkoholiker.«

»Er hat vorausgesehen, daß Sie das sagen würden. Im übrigen behauptet er, daß man einen Planungsfehler entdeckte, als die Auslieferung des XKL-1 bereits angelaufen war. Ein Defekt, der jedes mit dieser Federung ausgestattete Fahrzeug zu einem Sicherheitsrisiko machte – besonders auf holprigem Gelände.« Ben sah Crichton direkt in die Augen. »Also zum Beispiel auf dem Brachland vor einem Football-Stadion.«

»Austin wurde entlassen, weil ihn mehrere weibliche Angestellte sexueller Übergriffe beschuldigt hatten. Wir hatten gar keine andere Wahl.«

»Daß Sie damit kommen würden, hat Austin ebenfalls vorausgesehen. Er sagt, daß alle vier Kolleginnen, die sich beschwert hatten, verschwunden waren, bevor er oder sein

Anwalt auch nur mit ihnen reden konnte. Offenbar hat man ihnen das Ausscheiden aus der Firma vergoldet.«

»Was hätten wir denn machen sollen? Wir mußten sie großzügig abfinden, sonst hätten wir ein Verfahren am Hals gehabt.«

»Ich glaube eher, das waren Ablenkungsmanöver. Der springende Punkt ist doch, daß der XKL-1 von Anfang an ein Sicherheitsrisiko darstellte.«

»Das ist nie bewiesen worden.«

Ben holte einen Packen Papiere aus seinem Ordner. »Loving mußte sich verdammt ins Zeug legen, um Austin zu finden. Fragen Sie erst gar nicht, wo er steckt, ich werde es Ihnen nämlich nicht verraten. Er bewirtschaftet eine Hühnerfarm, die er sich gekauft hat, und sagt, daß er nun viel glücklicher ist – was ich mir gut vorstellen kann.«

Ben reichte Crichton die obersten Seiten. »Vermutlich fand Al, daß Loving für seine ausdauernde Suche eine Belohnung verdient hatte. Jedenfalls hat er diese Unterlagen hervorgekramt. Daß er Kopien davon besaß, wußten Sie wohl nicht.«

Ben deute auf die erste Seite des obersten Berichts. »Das haben Sie bestimmt schon einmal gesehen. Sehen Sie da, Ihr Namenszeichen. Als die ersten Hinweise auf Schwierigkeiten mit dem XKL-1 aufgetaucht sind, hat die Firma eine recht umfangreiche Testreihe durchgeführt. Das Ergebnis war eindeutig: der XKL-1 war nicht verkehrssicher. Das war sowohl Ihnen bekannt als auch Bernie King und dem gesamten Entwicklungsteam.«

»Die Testergebnisse waren nicht stichhaltig. Ungeeignetes Kontrollgremium, wilde Spekulationen auf der Basis unzureichender Daten …«

»Sparen Sie sich das, Crichton. Ich habe den Bericht gelesen.« Er reichte ihm die nächsten Seiten. »Hier, das Protokoll von Sitzungen des Apollo-Vorstands, der ebenfalls über die Sicherheitsprobleme unterrichtet wurde und eine Entscheidung zu fällen hatte.«

Ben zeigte auf den unteren Rand der Seite. »Offenbar liefen diese Sitzungen eher langweilig ab – man beachte die Kritzeleien an den Rändern. Besonders hübsch ist diese

Zeichnung, die ein kleines Kind zeigt, das von einer XKL-1-Federung erdrückt wird. Unter Ihresgleichen pflegt man offenbar einen etwas eigenwilligen Humor.«

»Ich kann in all dem nichts Belastendes entdecken«, sagte Crichton. »Ihr Material zeugt vielmehr von einem verantwortungsbewußten Unternehmen, das die Wahrheit herausfinden will.«

»Herausfinden wollte man die Wahrheit schon. Es fragt sich nur, was man dann mit ihr anfing.« Ben warf Crichton den letzten Bericht hin. »Dies ist eine Kosten-Nutzen-Analyse, die der Apollo-Vorstand durchführen ließ. Die Kosten für eine Neuentwicklung bis zur Serienreife, die Anpassung des Fertigungsprozesses, der Rückruf der bereits ausgelieferten Federungen und die Vermarktung des neuen Produkts wurden auf fast zweihundert Millionen Dollar veranschlagt. Längst nicht so viel, daß Apollo dadurch ins Wanken geraten wäre, aber doch ein erkleckliches Sümmchen.«

»Anschließend werden dann die Kosten überschlagen, die ein Festhalten an dem defekten System verursachen würde. Der einzige Posten, der ins Gewicht fällt, besteht hier aus den Kosten der Gerichtsverfahren, mit denen aufgrund der Unfallgefahr zu rechnen ist. Man geht von ungefähr zwanzig Verfahren pro Jahr aus und nimmt an, daß man die Verteidiger in der Regel kauft ... pardon, daß man in der Regel für etwa eine Viertelmillion Dollar mit einem Vergleich abschließen kann. In aller Stille, versteht sich, ohne Aufsehen. Kurz, die Beibehaltung des alten Systems ist kostengünstiger, selbst wenn man vierzig Jahre lang prozessieren muß.«

Ben fixierte Crichton. »Wofür hat man sich wohl entschieden?«

Crichton räusperte sich. »Ein Unternehmen muß Gewinn abwerfen. Wenn die Wirtschaft krankt, leiden wir alle darunter.«

»Ersparen Sie mir Ihre merkwürdigen Rationalisierungstheorien. Dieses Unternehmen kam zu dem Ergebnis, daß die Verstümmelung und der Tod von Menschen kostengünstiger war als die Einführung eines neuen Produkts. Folglich lehnte man sich zurück und zählte die Millionen, während Menschen wie Jason Nelson starben.«

»Werden Sie jetzt bloß nicht weihevoll …«

Ben warf Crichton den Bericht ins Gesicht. »Das sind die zehn Seiten, die Sie entfernt haben, bevor man die Akten den Nelsons und ihrem Anwalt zur Einsichtnahme übergeben hat. Sie haben mir ein völlig falsches Bild vom Inhalt dieser Seiten vermittelt, und auf der Basis dieser Fehlinformation habe ich die Einstellung des Verfahrens erreicht. Wenn die Nelsons diese zehn Seiten bekommen hätten, was ihr gutes Recht war, hätte ich nicht die geringste Chance gehabt.«

»Gerichtsverfahren sind nun mal kein Honigschlecken. Bei Apollo wird mit harten Bandagen gekämpft. Unsere Verpflichtungen gegenüber den Aktionären …«

»Raffgier in derartig kaltblütiger und zynischer Form ist mir noch nicht untergekommen! Unternehmen haben die moralische Pflicht, ihre riesigen Ressourcen zum Wohle der Menschen einzusetzen. Statt dessen läßt man bei Apollo der Habgier freien Lauf – und züchtet Monster wie Rob Fielder und den XKL-1.«

Crichton stand auf. »Sie sind verdammt naiv. So ist das Geschäftsleben nun mal. Alle machen das so! Warum werden wohl für Limonadeflaschen immer noch Deckel verwendet, mit denen man sich die Augen ausstechen kann? Und warum gibt es wohl immer noch so wenige Autos mit Airbag? Unternehmen haben nicht das Gemeinwohl im Auge, ihre Aufgabe ist es, Gewinn abzuwerfen.«

»Da Sie von Ihrem Standpunkt derartig überzeugt sind, wird es Ihnen nichts ausmachen, wenn ich diese Informationen an die Öffentlichkeit trage.«

Crichton setzte sich wieder und faltete die Hände im Schoß. »Okay. Was wollen Sie?«

»Zunächst einmal müssen Sie dem Vorstand klarmachen, daß der XKL-1 ausgemustert und alle ausgelieferten Exemplare zurückgerufen werden müssen.«

»Aber, das würde doch …«

»Daran führt kein Weg vorbei! Sonst gehe ich mit diesen Papieren an die Öffentlichkeit, und dann bekommen Sie es mit Verbraucherschutzorganisationen, Behörden und ganz anderen Gerichtsverfahren zu tun.«

Crichton klappte den Mund so heftig zu, daß seine Zähne aufeinanderschlugen. »Gut. Und was noch?«

»Fünf Millionen für die Nelsons.«

»Der Fall Nelson ist abgeschlossen.«

»Aber nur, weil Sie mich belogen haben. Sonst stünde den Nelsons eine Viertelmillion von Apollo als Weihnachtsgeschenk ins Haus. Auch fünf Millionen können den Verlust des Sohns nicht ersetzen. Aber besser als nichts ist es schon.«

»Gut. Können wir sonst noch etwas für Sie tun, Kincaid?«

»Sie können Gloria Hamel finanziell unterstützen, bis sie sich wieder gefangen hat, und ihre Arztrechnungen bezahlen – auch für die notwendige plastische Chirurgie. Zweihunderttausend Dollar müßten genügen.«

Crichton blickte ihn verwundert an. »Sie wollen doch nicht etwa behaupten, daß für das, was ihr zugestoßen ist, Apollo die Verantwortung trägt?«

»Vielleicht indirekt. Aber Mrs. Hamel braucht Unterstützung, und Sie können ihr helfen.«

»Gut.« Crichton nahm seinen Terminkalender zur Hand. »Die nächste Vorstandssitzung ist morgen früh. Ich werde Ihre Vorschläge darlegen.«

»Informieren Sie mich über das Resultat.«

»Und wenn der Vorstand ablehnt?«

»Dann gehe ich an die Öffentlichkeit.«

»Als Anwalt des Apollo-Konzerns haben Sie Treuepflichten. Mit der Veröffentlichung dieser Papiere würden Sie auf eklatante Weise gegen die anwaltliche Schweigepflicht verstoßen.«

»Das ist mir vollkommen egal. Wenn der Vorstand sich unwillig zeigt, geht eine Kopie des Beweismaterials an jede Zeitung im Südwesten der USA.«

»Dann sorge ich dafür, daß Sie ihre Zulassung als Anwalt verlieren.«

»Und ich sorge dafür, daß Sie wegen fahrlässiger Tötung eingesperrt werden.«

Crichtons Lachen klang sehr hohl. »Damit kommen Sie nie durch.«

»Wollen Sie es darauf ankommen lassen?«

Die beiden Männer starrten einander lange schweigend an.

»Haben Sie überhaupt kein Ehrgefühl?« fragte Crichton. »Kein Pflichtgefühl?«

»Ihnen gegenüber? Nein.«

»Sie sind eingestellt worden, um die Interessen von Apollo zu vertreten.«

»Ich habe mich aber nicht als gutgläubiger Trottel einstellen lassen.«

Crichton grinste hämisch. »Ihnen ist wohl immer noch nicht aufgegangen, warum wir Sie geholt haben?«

Ben hob das Kinn. »Wie meinen Sie das?«

Crichton schüttelte den Kopf. »Sie einfältiger egozentrischer Narr. Haben Sie etwa die ganzen schauderhaften Komplimente, die ich Ihnen gemacht habe, für bare Münze genommen?«

»Ich weiß nicht, was Sie wollen …«

»Sie wurden eingestellt, weil wir wußten, daß Sie die Nelsons in einem früheren Verfahren vertreten hatten, bei dem es um Körperverletzung ging. Aus keinem anderen Grund. Wir brauchten Material gegen die Nelsons, damit wir sie gleich im Anfangsstadium zu einem Vergleich zwingen und zum Stillschweigen vergattern konnten. Den Gerichtsakten war zu entnehmen, daß es damals neben körperlichen auch um psychische Schäden gegangen war. Wenn wir nun ein ärztliches Attest über psychische Störungen bei allen beiden oder wenigstens bei einem von ihnen in die Hand bekamen, konnten wir die Glaubwürdigkeit der Nelsons erschüttern und sie als labile, paranoide Menschen darstellen, die unbedingt einen Sündenbock brauchten.«

»Sie haben doch wohl nicht geglaubt, ich würde Ihnen Zugang zu belastendem Material aus einem früheren Verfahren gewähren.«

291

»Nein. Ein eingebildeter Schnösel wie Sie würde das natürlich nicht tun – jedenfalls nicht wissentlich. Wie Sie sich vielleicht erinnern, hat sich Hamel, als er Ihnen die Stelle angeboten hatte, als erstes um die Überführung Ihrer Akten gekümmert.«

Ben preßte die Finger an die Schläfen. »Deshalb hat sich Ihre Haltung mir gegenüber schlagartig geändert, als ich den Fall gewonnen hatte.«

»Haben Sie vielleicht gemeint, ich schmiere Ihnen ewig Honig um den Bart? Richtig schlecht geworden ist mir davon. Aber wir brauchten unbedingt Ihre Akten. Das dachten wir zumindest. Wir konnten ja nicht wissen, daß es auch ohne ärztliches Attest gehen könnte, und zwar weil Sie aus lauter Profilierungssucht den Fall mit juristischen Winkelzügen gewinnen wollten. Im Endergebnis kam es aber auf dasselbe heraus. Sobald der Fall über die Bühne war, habe ich Sie dann Harry zugeteilt, um Sie möglichst bald an die frische Luft setzen zu können.«

Ben stieg die Galle hoch. »Sie sind ein widerlicher Kerl, Crichton. Die ideale Verkörperung dieser ganzen ekelhaften Machenschaften.«

Crichton schnaubte verächtlich. »Blödes Gelaber.«

»Ich rufe Sie morgen direkt nach der Vorstandssitzung an – und zwar aus der Eingangshalle der Tulsa World.«

»Nur zu.«

»Betrachten Sie dies als meine Kündigung.« Ben erhob sich und ging zur Tür.

»Schön. Wir geben Ihnen natürlich die üblichen zwei Wochen Zeit.«

»Nicht nötig,« sagte Ben. »Ich gehe noch heute.«

54

»Sergeant Tomlinson, ich möchte Ihnen zwei Freunde vorstellen, Ben Kincaid und Christina McCall«, sagte Mike.

Ben streckte dem hageren Mann, der in einem Bett des St.

John's Hospital lag, die Hand entgegen. Tomlinson hatte immer noch Schläuche in Mund und Nase, und die untere Hälfte seines Körpers steckte in einem Gipsverband. Er hatte schwarze Ringe unter den Augen, doch ansonsten hatte sich seine Gesichtsfarbe ziemlich normalisiert. Er schien schon wieder recht gut bei Kräften zu sein. »Guten Tag.«

»Ich möchte Ihnen zu Ihren eigenwilligen Ermittlungen gratulieren,« sagte Ben. »Eine vielversprechende Leistung als Ermittler in einem Mordfall.« Er stieß Mike in die Rippen. »Nicht wahr?«

»Wie bitte? Ach … ja. Könnte man sagen.«

»Eigentlich müßte man Ihnen gratulieren«, erwiderte Tomlinson. Sie haben den Kerl schließlich gefunden. Ich habe mich ja fast von ihm abmurksen lassen.«

»Dadurch haben Sie aber einem Mädchen das Leben gerettet.« In Gedanken setzte er hinzu: Für ganze drei Tage.

»Wie geht es Ihnen?« fragte Christina.

»Viel besser, auch wenn es noch an ein paar Stellen weh tut. Besonders, wenn ich versuche, die Beine zu bewegen. Aber sagen Sie davon nichts zu meiner Frau, falls Sie ihr im Flur begegnen. Karen macht sich immer gleich Sorgen.«

»Ich habe draußen Ihre Tochter gesehen«, sagte Ben. »Ein süßer Fratz. Wie hat das Kind reagiert?«

»Ach, Kathleen geht es bestens. Sie will nur immer auf meinem Gips herumkriechen, wovon der Arzt gar nichts hält.«

»Kann ich mir vorstellen. Also, Mike«, sagte Ben aufmunternd, »war da nicht noch etwas, was du Sergeant Tomlinson sagen wolltest?«

Tomlinson bekam ganz große Augen.

»Was denn?« fragte Mike. »Ach ja, … Sie haben Ihre Sache gut gemacht, Tomlinson.«

»Oh. Danke, Sir.«

»Perfekt war es natürlich nicht, aber mit Sicherheit nicht schlecht. Sie haben gezeigt, daß sie Mumm in den Knochen haben.«

»War es das, was Sie mir sagen wollten?«

»Ja.«

»Ah.« Das Leuchten in seinen Augen erlosch. »Vielen Dank.«

Mike wandte sich zum Gehen. Dann drehte er sich noch einmal um. »Ach ja, noch etwas – ich habe Ihre Versetzung ins Morddezernat bewilligt.«

»Sie haben ...« Tomlinson strahlte. »Oh, vielen, vielen Dank, Sir. Ich werde Sie nicht enttäuschen. Vielen, herzlichen Dank.«

Mike grinste. »Gern geschehen. Sie haben es verdient, mein Junge. Übrigens, wenn es Ihnen langweilig wird, können Sie sich mit Buddy austauschen. Das ist der Typ, der das Mädchen versteckt hat. Der liegt auch hier, auf dem gleichen Stock. Wir haben ihn in einem Lagerhaus gefunden, ganz in der Nähe der Eleventh Street. Er war böse zugerichtet und hatte sehr viel Blut verloren, aber ich glaube, er kommt durch.«

»Großartig«, sagte Tomlinson. »Freut mich, daß noch jemand überlebt hat.«

Ja, dachte Ben. Jemand.

»Wissen Sie, Tomlinson, es verhält sich so. Wenn Fielder nicht gestoppt worden wäre, hätte er alle umgebracht, die auf der Kindergartenliste standen. Sie haben also viele Menschenleben gerettet. Stimmt doch, Ben?«

Ben stand nicht mehr neben dem Bett. Er war inzwischen zum Fenster gegangen und starrte in den Sonnenuntergang.

In Bens Hand glitzerte etwas: eine Halskette mit der einen Hälfte eines gezackten, auseinandergebrochenen Herzens.

Mike und Christina sahen einander an. Man konnte nichts für ihn tun. Nur die Zeit würde ihn darüber hinwegbringen.

Eine Krankenschwester schob einen Rollstuhl ins Zimmer.

»Für wen ist denn der?« fragte Mike.

»Für sie«, sagte sie schwungvoll.

»Einen Moment mal ...«

»Keine Widerrede, Mike.« Christina schob ihn auf den Rollstuhl. »Diese Untersuchungen sind längst überfällig. Es ist schon eine ganze Weile her, seit du mit Fielder gekämpft hast. Du könntest an hundert verschiedenen Stellen innere Blutungen haben.«

»Aber …«

»Ich will jetzt gar nichts hören.« Sie winkte die Krankenschwester herbei. »Bringen Sie ihn auf sein Zimmer.«

An der Tür blieb die Schwester noch einmal stehen. »Ach, Mr. Kincaid?«

Ben drehte den Kopf nur ein wenig zur Seite.

»Draußen wartet jemand, der mit Ihnen sprechen möchte.«

Bevor er aus dem Zimmer ging, drehte Ben den Kopf wieder zurück und schaute eine ganze Weile aus dem Fenster.

Shelly erwartete ihn im Besucherzimmer. Sie trug einen förmlichen Hosenanzug – vermutlich kam sie gerade aus dem Büro. In den Armen hielt sie ein kleines Kind in einem weißen Kleidchen mit blauen Schleifen.

»Das muß Angie sein«, sagte Ben.

»Ja. Ich habe sie gerade im Hort abgeholt. Ist sie nicht goldig?« Angie rieb sich mit den kleinen Fäustchen die Augen und schaute Ben verschlafen an. »Kann ich mit Ihnen reden?«

»Natürlich, Shelly. Was beschäftigt Sie denn?«

»Ich wollte mich nur bedanken.«

»Wofür?«

»Mir ist klar, daß Sie Bescheid wissen.«

Ben nahm einen Pappbecher und schenkte sich Wasser ein. »Wollen Sie darüber reden? Ich verspreche Ihnen, daß es unter uns bleibt.«

Sie seufzte und drückte ihr Baby an sich. »Ich bin seit sechs Jahren in der Rechtsabteilung von Apollo.«

Ben war überrascht. Shellys Position hätte eher darauf schließen lassen, daß sie seit einem, höchstens zwei Jahren dabei war.

»Es heißt zwar immer, daß man in der Rechtsabteilung eines großen Unternehmens als Anwältin noch am ehesten Beruf und eine Familie verbinden kann. Acht-Stunden-Tag, kaum Überstunden. Ich habe durchaus keine besonderen Vergünstigungen erwartet, sondern wollte nur einigermaßen anständig behandelt werden.«

»Ich habe schnell gemerkt, daß nicht stimmte, was man mir über die Tätigkeit als Firmenanwältin gesagt hatte – bei

Apollo jedenfalls nicht. Hier wird man genauso hart herangenommen wie in den Kanzleien – wenn nicht härter. Man hätte meinen können, ich wäre Crichtons Besitztum. Er herrscht über die Rechtsabteilung wie ein absoluter Fürst.«

»Crichton und die anderen Männer haben mich immer Schatz genannt oder die *süße* Kleine. Und dann andauernd diese Fragen! Wie es um mein Liebesleben bestellt ist, und wann ich mit dem Kindermachen anfange, und ob Sie mir dabei behilflich sein könnten. Wenn ich sauer reagiert habe, hieß es, die versteht keinen Spaß.«

»Jedenfalls bin ich schon sechs Jahre hier und immer noch S1-Anwältin. Herb ist befördert worden, Chuck, sogar Doug. Herrgott! Sämtliche Männer in der Abteilung sind befördert worden. Nur ich nicht.«

»Sie sollten eine förmliche Beschwerde einreichen.«

»Oh, dafür sind die längst gerüstet. Vom ersten Tag an hat es Einträge in meine Personalakte gehagelt. Wissen Sie, ich war nicht immer die unscheinbare verschüchterte Person, als die Sie mich kennen. Als ich hier anfing, konnte ich es mit jedem aufnehmen. In meiner ersten Beurteilung stand dann, ich sei zu aggressiv. Einem männlichen Kollegen würden Sie das nie vorwerfen. Mir schon.«

»Das war wohl Crichton?«

»Ja. Dabei kommt es ihm wohl gar nicht in den Sinn, daß er Frauen benachteiligt. Seine merkwürdigen Verhaltensweisen und Erwartungen, seine ganze sexistische Einstellung ist so tief verankert, daß er gar nicht merkt, was er tut.«

»Wie dem auch sei, es war klar, daß ich bald auf der Straße stehen würde, wenn ich weiterhin aktiv und aggressiv auftrat.«

»Deshalb haben Sie sich geändert.«

»Ja. Ich sah keine andere Möglichkeit. Ein ziemlich fauler Kompromiß, aber Sie wissen ja, wie es auf dem Arbeitsmarkt aussieht. Nach einer Entlassung mit miserablen Arbeitszeugnissen sieht es natürlich noch viel schlechter aus. Darum habe ich getan, was man von mir wollte. Ich habe nur noch still und leise meine Arbeit gemacht. Befördert wurde ich deswegen noch lange nicht.«

»Vielleicht sollten Sie unter Berufung auf Artikel sieben ein Verfahren anstrengen.«

»Genau damit habe ich gedroht, als Crichton mich unter Druck gesetzt hat, weil ich Schwangerschaftsurlaub nehmen wollte.«

»Wie hat er reagiert?«

»Er hat Candice befördert. Nur um eine Stufe. Längst nicht auf das Niveau ihrer männlichen Kollegen. Es ist kein Geheimnis, warum gerade sie in den Genuß dieser Alibi-Beförderung gekommen ist – weil sie Herb gab, was er wollte.

»Wenn ich nun eine Klage wegen systematischer Diskriminierung einreiche, präsentieren sie erst einmal ihre Vorzeige-Anwältin. Und dann ziehen sie den ganzen Mist hervor, den sie in meine Personalakte geschrieben haben und ›beweisen‹ damit, daß ich nur wegen meiner ungenügenden Leistungen nicht befördert wurde.«

»Das ist eine absolute Schweinerei«, sagte Ben. »Sie sollten sich wehren. Früher oder später werden Sie bei einem Richter Gehör finden.«

»Ben, ich kann es mir einfach nicht leisten, diese Stelle zu verlieren. Wer stellt mich jetzt noch ein – eine alleinerziehende Mutter mit einem drei Monate alten Kind? Niemand. Die wissen, daß ich ihnen ausgeliefert bin. Crichton hat ja kein Hehl daraus gemacht. ›Dann verschwinden Sie doch‹, hat er gesagt, ›fragt sich nur, wohin?‹«. Sie preßte ihre freie Hand gegen die Stirn. »Und dann hat Chuck, mein direkter Vorgesetzter, mich andauernd schikaniert und mir gedroht, daß er für meine Entlassung sorgt. Es war schrecklich. Sie wissen wahrscheinlich, daß Howard Angies Vater war?«

»Ich habe es mir gedacht.«

»Als er umgebracht wurde, wußte ich überhaupt nicht mehr weiter.«

Ben war der Meinung, daß sie ohne Hamel besser dastand, doch das behielt er für sich.

»Bei diesem Outdoor-Wochenende in Camp Sequoyah ist mir das alles über den Kopf gewachsen. Crichton warf mir vor, ich würde zuviel Zeit mit meinem Kind verbringen, und Chuck drohte mir mit Rausschmiß. Sie erinnern sich vermutlich noch an die Szene, die er mir gemacht hat. Am nächsten Tag beim Hochparcours haben dann Crichton und Chuck die Köpfe zusammengesteckt. Das ist Ihnen bestimmt auch aufgefallen. Da haben sie über mich geredet, und Crichton hat ein Gesicht gemacht, als ob er Chuck die ganzen Lügen abnimmt.«

»Und dann haben Sie Crichtons Sicherungsseil angeschnitten.«

Shelly nickte. »Wie haben Sie das herausbekommen?«

»Meine ursprüngliche Theorie erwies sich als falsch, als ich auf dem Hochparcours kein Messer fand. Ich habe mir dann möglichst genau zu vergegenwärtigen versucht, wie jener Morgen verlaufen war – wo die einzelnen Leute saßen, was sie machten. Schließlich ist mir wieder eingefallen, daß Sie Mayonnaise-Brote schmierten, also mit einem Messer hantierten.«

»Ein ganz normales Küchenmesser – das allerdings ziemlich scharf war. Als ich es getan hatte, habe ich das Messer einfach mit dem anderen Geschirr wieder an seinen Platz gelegt. Gerade weil es ganz offen dalag, wo es hingehörte, haben die Polizisten es übersehen.« Ein flüchtiges Lächeln zeigte sich auf ihrem Gesicht. »Danke, daß Sie mich auf der Sitzung gedeckt haben.«

Ben warf den Pappbecher in den Abfalleimer. »Kein Problem. Ich hatte nicht den Eindruck, eine hartgesottene Kriminelle zu decken.«

»Für Crichton wäre das ein gefundenes Fressen. Er würde mich auf jeden Fall rauswerfen, vielleicht auch anzeigen. Und wenn ich ins Gefängnis müßte, was würde dann aus Angie?« Sie küßte Angie auf die Wange. »Aber daß Sie die Schuld einfach so auf sich genommen haben. Immerhin könnten Sie ernsthafte Schwierigkeiten bekommen. Vielleicht zeigt Crichton Sie an.«

»Das glaube ich kaum. Zur Zeit bin ich ihm gegenüber in einer ziemlich starken Position. Übrigens hätte ein Freund von mir, Clayton Langdell, vermutlich eine Stelle für Sie. Ich könnte aber bestimmt auch dafür sorgen, daß Sie Ihren gegenwärtigen Job auf absehbare Zeit nicht verlieren. Was immer Ihnen lieber ist.«

»Lassen Sie mich überlegen«, sagte sie zögernd. »Ich finde den Laden zwar unerträglich, aber ich möchte nicht einfach aufgeben.«

»Kann ich gut verstehen. Es wird bestimmt hart, aber solche Kämpfe tragen dazu bei, die Welt lebenswerter zu machen ...« sagte Ben und piekte Angie mit dem Finger in den Bauch, »... für Menschen wie Sie.«

Angie griff nach seinem Finger, und Ben nahm das Kind auf den Arm.

»Sie haben mir sehr geholfen«, sagte Shelly mit feuchten Augen. »Ich weiß nicht einmal, warum.«

Ben ließ das kleine Mädchen auf seinen Armen herumhüpfen. »Nun, man tut, was man kann.«

Angie patschte ihre Händchen zusammen und quietschte vor Vergnügen.

Blinde Gerechtigkeit
01/9526

Tödliche Justiz
01/9761

William Bernhardt

Gerichtsthriller der Extraklasse. Spannend, einfallsreich und brillant wie John Grisham!

01/9526

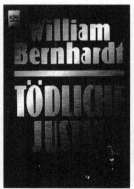

01/9761

Heyne-Taschenbücher

Das Thriller-Quartett
••••••••••••••••••••••••••••

01/9095

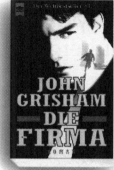

01/8822

01/9114

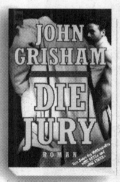

01/8615

JOHN GRISHAM

Heyne-Taschenbücher

Nancy Taylor Rosenberg

»Wie John Grishams Schwester konstruiert die Autorin eine brillant ausgedachte Story... Die Qualität ist hervorragend.«
ABENDZEITUNG

Mildernde Umstände
01/9519

im Hardcover:

Im Namen der Gerechtigkeit
43/26

01/9519

Heyne-Taschenbücher

»Die intelligente Maschine und ihre noch intelligentere Überlistung – ein Thriller der Extraklasse!«

Titel, Thesen, Temperamente

»ENIGMA ist nicht nur ein gelungener Kriegsroman aus ziviler Perspektive, nicht nur Agenten- und Liebesgeschichte, sondern auch ein atmosphärisch dichtes Buch, das bei wiederholter Lektüre nichts an Faszinationskraft einbüßt.«
RHEINISCHER MERKUR

»Einer der aufregendsten Romane dieses Herbstes.«
BRIGITTE

»Eine perfekte Symbiose aus Historie und Fiktion.«
DIE WELT

Robert Harris
ENIGMA
Roman
Heyne

444 Seiten
Hardcover

Philip Friedman

Monatelang auf den Bestseller-Listen: Philip Friedmans Gerichtsthriller gehören zum Allerbesten, was Spannungsliteratur zu bieten hat!

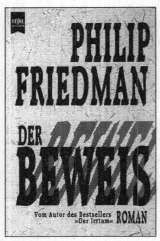

01/9068

Außerdem erschienen:

Der Irrtum
01/8824

Wilhelm Heyne Verlag
München